HERBERT H. BERSCHIN

Handbuch Controlling

Systematisches Planen,
Führen, Steuern, Überwachen
des Unternehmens und seiner
Abteilungen

Originalausgabe

Wilhelm Heyne Verlag
München

HEYNE KOMPAKTWISSEN
Nr. 22/236

Herausgeber der Reihe »kompaktwissen«:
Dr. Uwe Schreiber

Copyright © 1989
by Wilhelm Heyne Verlag GmbH & Co. KG, München
Printed in Germany 1989
Umschlaggestaltung: Atelier Ingrid Schütz, München
Satz: Schaber, Wels
Druck und Bindung: Ebner Ulm

ISBN 3-453-03352-3

Inhalt

Kapitel 1: Was ist Controlling? 9
1. Die Aufgaben des Controlling 10
2. Modernes Controlling 18
3. Mehr als Revision und Wirtschaftsprüfung 20
4. Controlling als Gewissen des Unternehmens 24
5. Welche Controller gibt es? 27
6. Der Aufbau einer Controller-Organisation 28

Kapitel 2: Das Unternehmen durch Controlling steuern 37
1. Die Unternehmensentwicklung 37
2. Das Unternehmungskonzept des St. Galler Managementmodells 41
3. Grundsätze der Unternehmensplanung 44
4. Die Planungsphilosophie: Top-down oder bottom-up 48
5. Die Planung im Mehrbereichsunternehmen 49
6. Die Zeiträume der Unternehmensplanung 57
7. Flexibilität durch Planungsanpassung 60

Kapitel 3: Der Controlling-Planungsprozeß 67
1. Die produktbezogene Planung 70
2. Operative Programme und Budgets festlegen 77
3. Mit dem Ertragsbudget steuern 82
4. Den Zeitplan festlegen 92
5. Durch Soll-Ist-Vergleiche überprüfen 95
6. Die Termine der Soll-Ist-Vergleiche festlegen ... 100
7. Mit dem Planungshandbuch arbeiten 104
8. Mit Planungsformularen arbeiten 107

Kapitel 4: Die Ziele des Unternehmens bestimmen 119

1. Der Geschäftsauftrag 125
2. Die Ertragsquellen 127
3. Innovation und Produktivität 129
4. Die Finanzen 130
5. Mitarbeiter und Management 132
6. Das Unternehmensimage 133
7. Die Überlebensfragen 136

Kapitel 5: Die Instrumente der Unternehmensanalyse 137

1. Die Unternehmenskennzahlen.................... 137
2. Der Produktlebenszyklus 152
3. Die Vier-Felder-Matrix 160
4. Die Portfolio-Matrix 162
5. Die Erfahrungskurve 173

Kapitel 6: Die Gegenstände der Unternehmensanalyse 179

1. Der Marktanteil 179
2. Die Stabilität des Absatzmarktes 184
3. Der Jahresabschluß 187
4. Der Cash-Flow 214
5. Die Finanzsituation 220
6. Synergieeffekte 226
7. Das langfristige finanzielle Gleichgewicht 235
8. Die Gap-Analyse 243
9. Die Misfit-Analyse 246

Kapitel 7: Die Strategien des Unternehmens entwickeln 249

1. Das Unternehmens-Portfolio 250
2. Schlüsselgrößen erkennen und festlegen 254
3. Chancen für die mittelständische Wirtschaft 257
4. Das Ist-Portfolio bewerten 258

5. Alternative Strategien entwickeln 259
6. Das Ziel-Portfolio prüfen 274
7. Das Ziel-Portfolio festlegen 279
8. Flankierende Strategien entwickeln 282

Kapitel 8: Erfolgreiche Controlling-Konzepte 289

1. Das strategisch-operationale Controlling 289
2. Strategie und Taktik unterscheiden 292
3. Das Vorwärtscontrolling 295
4. Controlling als Frühwarnsystem 300
5. Management- und Personalführungsstile 305

Kapitel 9: Spezielle Controlling-Techniken 311

1. Ein kurzer Überblick 311
2. Die Null-Budgetierung 319
3. Das Planning-Programming-Budgeting-System .. 321
4. Verfahren zur kurzfristigen Umsatz- und
   Gewinnsteigerung 323

**Kapitel 10: Der Weg zum erfolgreichen
Controller** 325

1. Welche Anforderungen werden gestellt? 325
2. Die Ausbildung zum Controller 332
3. Die Zukunft des Controllers in Europa 337

Kleines Controlling-Lexikon 343
Literaturverzeichnis 351
Stichwortregister 355

Ein bekannter Unternehmer wurde einmal gefragt, ob er besondere Leitsätze für seine tägliche Arbeit habe.

Die Antwort war: Ja. Und zwar insbesondere die folgenden drei:

- Je besser das Unternehmen unter **Kontrolle** gehalten, d. h. gesteuert wird, desto weniger ist zu kontrollieren.
- **Kiss** — Keep it simple and stupid
  Halte es einfach und überschaubar.
- **Think** — Denke.

Kapitel 1:
Was ist Controlling?

Controlling ist ein schillernder Begriff, mit dem in den Unternehmen zunehmend gearbeitet wird. Ausgehend von den USA hat er Eingang in andere Sprachkreise gefunden und wird heute international gebraucht. Worum geht es? Bevor diese Frage beantwortet wird, ist es interessant festzustellen, wie sich dieser Begriff entwickelt hat.

In Meyers Konversationslexikon von 1890 gibt es zum Stichwort Kontrolle eine ausführliche Auskunft. Meyer bezieht sich dabei auf das französische Wort Contrôle, von Contr' Rôle = Gegenregister:

»Gegenaufzeichnung bei der Rechnungsführung durch eine zweite Person zu dem Zweck, die Rechnung auf ihre Richtigkeit zu prüfen ... Kontrolleur (Gegenschreiber in der Bergwerksverwaltung) heißt in Deutschland auch vorzugsweise der Aufsichtsbeamte der Zoll- und Steuerbehörden...«

Der Begriff »Controller« hat im heutigen Wirtschaftsleben jedoch einen anderen Bedeutungsinhalt. Er kommt aus dem angelsächsischen Sprachkreis, die Berufsbezeichnung aus den USA. Der Ursprung liegt im englischen Verb »to control«. »To control« heißt dabei nicht »kontrollieren«, sondern — je nach Kontext — »unter Kontrolle halten« bzw. »steuern«.

Die Bedeutung »steuern, leiten« findet sich z.B. in Begriffen wie Air Traffic Control oder Electronic Control Systems. Ganz modern spricht man auch vom Controller als dem Copiloten des Unternehmens.

Aber vielleicht noch einmal zurück in die USA:

Der Controller der öffentlichen Verwaltung in den USA gilt vielen als historisches Vorbild des Controlling. Zur Kontrolle der Ausgaben der neugeschaffenen Union der amerikanischen Bundesstaaten wurde ein Controller bestellt, der das Gleichgewicht des Budgets und die Verwendung der Einnahmen in angebrachter Weise zu kontrollieren hatte.

Diese Aufgabenstellung aus der öffentlichen Verwaltung wurde von den Unternehmen übernommen und weiterentwickelt.

Das Controlling-Konzept für Unternehmen wurde hier Anfang der 30er Jahre entwickelt. Neben dem Einfluß der Weltwirtschaftskrise kamen weitere entscheidende Impulse aus wachsenden Unternehmensgrößen, zunehmender Komplexität und mangelnder Transparenz unternehmerischer Tätigkeit. In diese Zeit fällt die Gründung eines »Controller's Institute of America«.

Seit den 60er Jahren wird über Controlling auch in der Bundesrepublik Deutschland mit zunehmender Intensität diskutiert.

1. Die Aufgaben des Controlling

Das Controller's Institute of America (CIA) veröffentlichte 1962 zum Zeitpunkt der Umbenennung in Financial Executive Institute (FEI) einen Aufgabenkatalog des Controlling, der folgende sieben Tätigkeitsbereiche umfaßt:

- **Planung:** Diese Funktion umfaßt die Aufstellung, Abstimmung und Koordination der Unternehmensgesamt- und -teilpläne.
- **Berichterstattung und Interpretation:** Im Rahmen dieser Tätigkeit sollen die Abweichungen ermittelt, ihre Ursachen ergründet und der Unternehmensführung interpretiert werden.

- **Beratung:** Alle Teile des Managements sollen hinsichtlich der Vorgaben und Ausführungen beraten werden, für die sie verantwortlich sind.
- **Steuerangelegenheiten:** Der Controller hat Richtlinien und Verfahren für die Bearbeitung von Steuerangelegenheiten zu entwickeln und deren Einhaltung zu überwachen.
- **Berichterstattung an staatliche Stellen:** Die Controlling-Abteilung soll Berichte, die an staatliche Stellen gehen, koordinieren und kontrollieren.
- **Sicherung des Vermögens:** Durch Kontrollen und Prüfungen hat der Controller für die Sicherung des Vermögens zu sorgen.
- **Volkswirtschaftliche Untersuchungen:** Die Controlling-Abteilung sollte ständig Untersuchungen der volkswirtschaftlichen Entwicklung durchführen.

Aus heutiger Sicht werden sicherlich nicht mehr alle diese Aufgaben in den Controlling-Abteilungen der einzelnen Unternehmen durchgeführt. Einige Aufgaben wurden wohl mehr aus praktischen Erwägungen als aufgrund einer geschlossenen Konzeption dem Controller zugeordnet. Als Grundfunktionen des Controlling sind Planung, Lenkung und Kontrolle anzusehen. Um die Lenkungsfunktion erfüllen zu können, müssen zunächst die Daten, die für die Entwicklung des Unternehmens von Bedeutung sind, gesammelt und ausgewertet werden. Mit Hilfe dieser Daten läßt sich der Unternehmenskurs der nächsten Jahre festlegen und durch vorgegebene Plangrößen und Budgets steuern. Aus dem Vergleich zwischen den Plangrößen und dem Istzustand können die Abweichungen erkannt und Korrekturmaßnahmen ergriffen werden, um das Unternehmensgeschehen wieder auf den vorgeschriebenen Weg einzuregulieren.

Eine Erläuterung zum heutigen Verständnis von Controlling vermittelt auch ein aktueller Einladungsprospekt eines Instituts aus dem Jahr 1989:

Modernes Controlling
— Eine Notwendigkeit in den 90er Jahren —

Controlling ist das wirkungsvollste Instrument, die Aktivitäten des Unternehmens kompromißlos auf den Unternehmenserfolg auszurichten. Es ermöglicht auch riskante Entscheidungen abzusichern — ohne Dynamik und Initiative im Unternehmen zu zerstören. Unternehmensleitungen, die die Chancen des Controlling ignorieren, handeln zumindest fahrlässig.

Controlling wird angeblich in 90% der Unternehmen betrieben: Meist sind es aber Kostenrechnungen, Kennziffern-Systeme, Soll-Ist-Vergleiche, die zum »Controlling« erklärt werden. Die Verwirrung ist vollständig, wenn Controlling mit Revision verwechselt wird, oder Leiter und Mitarbeiter der Finanzbuchhaltung, der Kostenrechnung, des Rechnungswesens als Controller bezeichnet werden.

(Quelle: Institut für Controlling und Datenverarbeitung, Heidelberg, Frühjahr 1989.)

Controlling ist somit kein Selbstzweck, sondern ein zielorientiertes Instrument. Das Ziel ist der Unternehmenserfolg. Diesen gilt es zu erreichen. Hier setzt das Controlling an. Der Unternehmenserfolg wird daran gemessen, wie fünf Aufgabengebiete des Unternehmens bewältigt werden:

1. **Ertragsquellen pflegen und entwickeln.**
2. **Innovation und Produktivität steigern.**
3. **Kapitalressourcen bereitstellen.**
4. **Humankapital entwickeln und weiterentwickeln.**
5. **Durch Öffentlichkeitsarbeit unterstützen.**

1.1 Ertragsquellen pflegen und entwickeln

Das erste Aufgabengebiet des Unternehmens betrifft das **Leistungsangebot**. Nur wenn es dem Unternehmen gelingt, die Güter und Dienstleistungen anzubieten, die der Kunde willens ist zu akzeptieren, kommt ein Leistungsaustausch zustande. Das unternehmerische Denken und Handeln ist daher auf Ertragsquellen auszurichten.

Ertragsquellen sind Güter und Dienstleistungen in Teilmärkten. Das Leistungsangebot des Unternehmens berücksichtigt dabei unterschiedliche Kundenwünsche. Der Gesamtmarkt ist keine einheitliche Größe. Für eine erfolgreiche Marktdurchdringung ist er im allgemeinen in Teilmärkte aufzuspalten. Teilmärkte können dabei nach verschiedenen Gesichtspunkten gebildet werden. Häufig anzutreffen ist eine Marktsegmentierung nach folgenden Kriterien: Länder, Qualitätsklassen, technische Spezifikationen, Abnehmergruppen und Preisklassen.

Das Aufgabengebiet »Ertragsquellen« hat in den letzten Jahren zunehmend an Bedeutung gewonnen. Ausgelöst wurde diese Entwicklung durch den Markt. In vielen Bereichen sind aus Verkäufermärkten Käufermärkte geworden. Auf vielen Märkten ist eine Sättigung eingetreten. Der Konsumnachholbedarf, aufgestaut durch den letzten Weltkrieg, ist auf vielen Gebieten befriedigt. Durch verstärkte Anstrengungen der Unternehmen, neue Kundenbedürfnisse zu befriedigen, sind die Lebenszyklen vieler Produkte kürzer geworden. Das wiederum zwingt die Geschäftsführungen, sich schneller auf sich ändernde Marktverhältnisse einzustellen, um nicht im Konkurrenzkampf Boden zu verlieren.

Zum Aufgabengebiet »Ertragsquellen« gehören insbesondere alle Marketingaktivitäten. Die Methoden und Verfahren des Marketings haben sich in den letzten Jahren besonders schnell entwickelt. Galt längere Zeit das Hauptaugenmerk dem Verteilen und Verkaufen von Gütern und Dienstleistungen, so gewann später das Vermarkten an Bedeutung. Heute verlagert sich das Marketing mehr und mehr darauf, Märkte zu erahnen und die unternehmerische Zukunft bewußt mitzugestalten. In der neueren Literatur wird hier auch häufiger von »New Marketing« gesprochen.

Das unternehmerische Denken richtet sich dabei insbesondere auf Marktanteile. Um Kostendegressionen zu erreichen, wird ein weiteres Ziel das Wachstum der Märkte sein. Die verschiedenen Phasen der Lebenszyklen der Produkte stellen unterschiedliche Anforderungen an die Unternehmen, um den Markterfolg zu gewährleisten. **Der Erfolg stellt sich ein, wenn es gelingt, ein langfristiges finanzielles Gleichgewicht zu erreichen.**

1.2 Innovation und Produktivität steigern

Zum Aufgabengebiet »**Technologien**« gehören alle unternehmerischen Aktivitäten, die sich mit **neuen Produkten** und **neuen Verfahren** beschäftigen. Mit neuen Produkten wird das Leistungsangebot für den Kunden reichhaltiger. Mit neuen Verfahren wird die Produktivität erhöht. Dadurch gelingt es, die gleiche Leistung mit einem geringeren Einsatz von Mitteln zu erzielen.

Gesättigte Märkte zwingen den Unternehmer verstärkt, sein Leistungsangebot zu überdenken und neu zu gestalten. Mit neuen Produkten kann es besser gelingen, auch auf gesättigten Märkten zusätzliche Käuferpotentiale zu erschließen. Verkürzte Lebenszyklen verstärken den Druck, rechtzeitig Nachfolgeprodukte zu entwickeln und marktreif zu gestalten. Gleichzeitig wächst aufgrund des Wettbewerbs die Schwierigkeit, nach der abgeschlossenen Entwicklung eines Produktes dieses auch erfolgreich am Markt durchzusetzen.

Neuentwicklungen erfordern auch zunehmend einen höheren Einsatz von Personal und Kapital. Aus kleinen Labors, in denen früher oft bahnbrechende Technologien entwickelt wurden, sind wesentlich größere Laborkomplexe geworden. Diese sind auch nötig, um mit den Anstrengungen der Konkurrenten Schritt zu halten. Diese höheren Kosten müssen aber häufig in einer kürzeren Zeitspanne amortisiert werden. Das wiederum zwingt den Unternehmer, durch erhöhte Produktivität diese zusätzliche Kostenbelastung aufzufangen.

Daß auf dem Gebiet der Innovationen eine schnellere Gangart eingeschlagen wird, um Wettbewerbsvorteile zu erkämpfen, verdeutlicht auch folgendes Beispiel:

*Dr. Helmut Hagemann, in München residierender Direktor der McKinsey & Company, betreibt nicht nur Wortspielerei, sondern bringt die besondere Situation auf den Punkt, wenn er sagt, daß sein Unternehmen eine »**Innovation zur Entwicklungszeitverkürzung von Innovationen entwickelt**« hat: Etwa fünfköpfige Beraterteams schwärmen in den Unternehmen aus, um dort ihr besonderes Know-how an die Firma zu bringen, das die Entwicklungsgeschwindigkeit um 40 bis 50 Prozent erhöht: »Dadurch können längere Zeit Monopolgewinne erzielt und diese in wiederum neue Entwicklungen investiert werden.«*

(Quelle: Wirtschaftswoche vom 23. 3. 1989, Karriere-Beilage)

Zum Aufgabengebiet »Technologien« gehören insbesondere alle Anstrengungen, durch ein verbessertes Vorschlagswesen die Innovationskraft eines Unternehmens zu steigern. **Das Ziel sind verbesserte oder ganz neue Produkte und Verfahren, um das Leistungsangebot für den Kunden weiterhin attraktiv zu halten.** Durch gesteigerte Produktivität gelingt es auch, dieses Leistungsangebot kostengünstig genug zu erstellen. Rationalisierung wird dabei als ein fortwährender Prozeß verstanden. Das schließt alle Bereiche des Unternehmens ein.

1.3 Kapitalressourcen bereitstellen

Zum Aufgabengebiet »Kapital« gehören alle unternehmerischen Aktivitäten, die die **Zahlungsbereitschaft** und die **finanzielle Gesundheit** des Unternehmens betreffen. Das bedeutet unter anderem, den Finanzbedarf zu decken, für Liquidität zu sorgen und gegenüber Banken und anderen Kapitalgebern kreditwürdig zu sein.

Viele Kreditgeber sind zunehmend beunruhigt, daß die Eigenkapitalquoten vieler Unternehmen abnehmen. Geringeres Eigenkapital erhöht die Gefahr, in finanzielle Anspannung zu geraten. Zunehmende Gefahren gehen davon aus, daß durch verschärften internationalen Wettbewerb die Verkaufspreise unter Druck geraten. Die Erlösspannen bei den einzelnen Produkten verringern sich, die Rentabilität des eingesetzten Kapitals sinkt. Negative Reaktionen auf sich verschlechternde Renditen bleiben nicht aus. Die Attraktivität der Kapitalanlage in Aktien zum Beispiel leidet darunter. Die Wertschätzung alternativer Kapitalanlagemöglichkeiten mit fester Verzinsung und geringerem Risiko steigt. Das wiederum engt den unternehmerischen Spielraum ein, Risikokapital in genügender Höhe und zu annehmbaren Bedingungen zu beschaffen.

Zum Aufgabengebiet »Kapital« gehören insbesondere alle Anstrengungen, eine annehmbare **Verzinsung des eingesetzten Kapitals** zu erwirtschaften. Das unternehmerische Augenmerk ist weiterhin darauf zu richten, eine gute **Umsatzrentabilität** zu erzielen. Ein genügend hoher **Cash Flow** garantiert, daß der Finanzmittelbedarf und die Finanzmittelverwendung nicht den unternehmerischen Finanzierungsspielraum einengen. Finanzielle Risikovorsorge schafft Kapitalreserven für die Zukunft. **Das Sorgen für ausreichende Liquidität ermöglicht es dem Unternehmen, jederzeit seinen fälligen Zahlungsverpflichtungen nachzukommen.**

1.4 Humankapital entwickeln und weiterentwickeln

Zum Aufgabengebiet »**Mitarbeiter**« gehören alle unternehmerischen Aktivitäten, den notwendigen Mitarbeiterstamm mit ausreichender **Qualifikation** und mit entsprechender **Motivation** zu beschaffen und zu halten. Die unternehmerische Leistung wird dabei insbesondere darauf gerichtet sein, Mitarbeiter nicht nur physisch am Arbeitsplatz zu wissen, sondern ihr Potential für die Ziele des Unternehmens einzusetzen.

Diese Aufgabe hat in den letzten Jahren zunehmend an Bedeutung gewonnen. Der dispositive Faktor Mensch genießt für eine effektive Leistungserstellung einen immer größeren Stellenwert. Dabei sind in gutgeführten Unternehmen die Wünsche der Mitarbeiter durchaus im Einklang mit den Zielsetzungen des Unternehmens. Wenn die Absichten beider Partner in die gleiche Richtung gehen, dann sind Interessenkonflikte ausgeschlossen.

Ein Schwerpunkt der Unternehmensführung liegt darin, die Bedürfnisse der Mitarbeiter zu erkennen und auch zu erfüllen. Diese sind oft sehr verschieden. So gibt es die Grundbedürfnisse nach Sicherheit und angemessener Entlohnung. Daneben treten weitere Erwartungen, wie zum Beispiel das Bedürfnis der Selbstentfaltung und der Wunsch, gestaltend mitwirken zu können. Differenzierte Erwartungen erfordern eine unterschiedliche Behandlung, um weitgehend Interessengleichheit herzustellen.

Zum Aufgabengebiet »Mitarbeiter« gehören insbesondere alle Anstrengungen, durch eine längerfristig angelegte Geschäftspolitik eine möglichst **kontinuierliche Entwicklung des Mitarbeiterstammes** zu gewährleisten. Durch entsprechenden Einsatz sowie **Aus- und Weiterbildung** gelingt es, die meist kostspielige Fluktuation der Mitarbeiter gering zu halten. Durch vorbeugende Behandlung und **zweckdienliche Gestaltung des Arbeitsplatzes** ist es leichter, mögliche Ausfälle durch Krankheit zu verringern. **Information** und **Motivation** sorgen dafür, daß das Interesse am betriebsinternen Vorschlagswesen geweckt und zweckdienlich eingesetzt wird.

1.5 Durch Öffentlichkeitsarbeit unterstützen

Zum Aufgabengebiet »**Unternehmensimage**« gehören alle Aktivitäten, die die Wertschätzung des Unternehmens in der Öffentlichkeit beeinflussen. Die Entwicklung der letzten Jahre hat gezeigt, daß auch diese Aufgabe bei der Geschäftsleitung zunehmend an Bedeutung gewinnt.

Der Ruf, den das Unternehmen in der Öffentlichkeit genießt, beeinflußt alle Geschäftsbeziehungen. Das betrifft Zulieferer, Abnehmer, Kreditgeber, Kooperationspartner und künftige Mitarbeiter. **Je größer die Wertschätzung, die das Unternehmen in der Öffentlichkeit genießt, desto größer ist auch die Wahrscheinlichkeit, daß diese guten Beziehungen für weiteren Erfolg sorgen.**

Diese Aufgabe rückt insoweit stärker ins Blickfeld, als sich die Angriffe von außen gegen die Unternehmen verstärken. Unternehmerische Aktivitäten stellen oft einen Eingriff in die Natur dar. Übergeordnete gesellschaftspolitische Ansprüche konkurrieren mit den Ansprüchen eines freien Unternehmertums. Interessenkonflikte zwischen verschiedenen Gruppen der Gesellschaft lassen sich nicht vermeiden. Durch vorbeugende Öffentlichkeitsarbeit kann die Gefahr einer Konfrontation vermindert werden. Die Darlegung verschiedener Standpunkte kann helfen, ungünstige Entwicklungen zu vermeiden.

Zum Aufgabengebiet der Öffentlichkeitsarbeit eines Unternehmens gehören insbesondere alle Anstrengungen, um ein **gegenseitiges Verständnis** zu wecken. Sozialbilanzen tragen dazu bei, den Beitrag für Staat und Gesellschaft darzustellen. Ständiges Beobachten der Umwelt zeigt auf, welche Wertschätzung das Unternehmen in der Öffentlichkeit genießt und wie sie verbessert werden kann.

2. Modernes Controlling

Der Begriff »Controlling« wird heute in Theorie und Praxis sehr weit ausgelegt.

Modernes Controlling hat dabei vor allem zwei Aspekte:
- einen **operativen**, d.h. einen kaufmännischen und
- einen **strategischen**, d.h. einen marktorientierten Aspekt,

oder anders ausgedrückt:
- eine unternehmensinterne Optimierung und
- eine langfristige Ausrichtung auf ertragreiche Märkte.

Das Controlling hat beide Aspekte zu unterstützen. Beide Aspekte hängen notwendigerweise eng zusammen. Die strategische Ausrichtung eines Unternehmens kann nicht losgelöst von der existierenden Ist-Situation erfolgen. Die Möglichkeit, bei Null anzufangen, ist angesichts laufender Geschäfte nicht möglich. Die Strategie muß im Tagesgeschäft umgesetzt werden. Wenn dies nicht geschieht, wird der Stratege zum Exoten im Unternehmen. Zugleich vernachlässigt ein sich nur auf das Tagesgeschäft Konzentrieren die langfristige Existenzsicherung des Unternehmens sträflich.

Will Controlling in einem Unternehmen eine wesentliche Rolle spielen, dann muß es sich gleichermaßen operativen wie strategischen Aufgaben widmen. Zwei Punkte hat es dabei zusätzlich besonders zu beachten.

Es muß:

- **blind spots** erkennen und
- sich vor **Axiomen** hüten.

Blind spots sind blinde Flecken. Sie sind insbesondere für die organisationsinternen Tätigkeiten des Controllers von besonderer Bedeutung. Blind spots entstehen, wenn man sehr nahe an einer Sache steht, so nahe, daß das Blickfeld notwendigerweise verengt wird. So sind beispielsweise Punkte für die Verbesserung der Effizienz vorhanden, werden aber aus einer besonderen Perspektive heraus nicht mehr gesehen. **Controlling hat blinde Flecken zu erkennen.**

Axiome sind unbeweisbare, unbestreitbare Grundsätze. Nur zu bekannt sind Aussagen wie: »Das geht nicht. Das wurde schon häufiger versucht. Unmöglich. Kann nicht funktionieren.« Die moderne Psychologie spricht hier auch gerne von Totschlagargumenten. Hier ist aus der Sicht des Controlling einfach zu vermerken: Unternehmensexterne und unternehmensinterne Bedingungen bleiben nicht konstant. Organisationen sind lebende Gebilde. Was lebt, verändert sich. Eigentlich eine sehr selbstverständliche Aussage. **Controlling hat sich vor Axiomen zu hüten.**

3. Mehr als Revision und Wirtschaftsprüfung

Controlling kann mit Kontrolle verwechselt werden. Oft ist es auch nur ein kleiner Schritt, Controlling als Funktion von Revision und Wirtschaftsprüfung zu verstehen. Daher ist es nützlich, diese unterschiedlichen Aufgabengebiete abzugrenzen, aber auch zu verdeutlichen, wo die Ansatzpunkte für eine Zusammenarbeit bestehen.

3.1 Zusammenarbeit zwischen Controlling und Interner Revision

Solche Möglichkeiten der Zusammenarbeit zeigt folgendes Beispiel:

Beide Abteilungen sind Managementinstrumente und erfüllen abgeleitete Aufgaben der Unternehmensleitung. Controlling erfüllt permanente Planungs-, Koordinierungs-, Informations-, Steuerungs- und Korrekturprozesse und von Fall zu Fall Sonderaufträge der Unternehmensleitung. Der Controller arbeitet mit Informationen und Daten, die er als richtig und aussagefähig unterstellt und entscheidungsgerecht auswertet.

Die Interne Revision wird aufgrund des Revisionsplanes und erteilter Sonderaufträge schwerpunktmäßig und funktionsübergreifend tätig. Starke Prüfungsakzente liegen im Bereich Materialwirtschaft.

Arbeitsüberschneidungen sind denkbar. Um Doppelarbeiten zu vermeiden, ist eine Abstimmung der Aufgaben notwendig.

Die Überwachungsaufgabe der Internen Revision umfaßt die gesamte Unternehmung und damit auch die Controllerfunktion. Im Rahmen des Operational Auditing prüft die Interne Revision den Controllerbereich unter verfahrenstechnischen und materiellen Gesichtspunkten. Beispielsweise Planungstechnik, Planungsinhalte, Richtigkeit der verwendeten Daten, Systeme und Prämissen usw. Die durch den Controller getroffene Bewertung der Sachverhalte unterliegen nicht der Prüfung.

Eine Kooperation ist im Interesse des Unternehmens wichtig. Die Ergebnisse des Controlling, insbesondere eklatante Abweichungen von Soll-, Plan- und Budgetwerten, geben Ansatzpunkte für gezielte Prüfungen. Selbstverständlich stehen dem Controlling Revisionsberichte und Arbeitspapiere der Internen Revision zur Verfügung, die für seine Arbeit von Bedeutung sind.

(Quelle: ZIR — Zeitschrift Interne Revision, 4. Quartal 1988, Prof. Dr. Rolf Hofmann, Bochum)

Aber auch auf den Sinn einer stärkeren Abgrenzung von Controlling und Revision soll hingewiesen werden:

Die Unterstellung der Internen Revision unter den Controller, die in der nordamerikanischen Praxis üblich war, wird sowohl in den USA als auch in Deutschland kritisiert. Der enge Zusammenhang zwischen Controller und Interner Revision resultiert noch aus der Zeit, in der die Revisionstätigkeit auf das financial auditing ausgerichtet war, bei der das Rechnungswesen im Vordergrund der Prüfung stand. Da die Interne Revision nach moderner Auffassung eine Ergänzung ihres Aufgabenbereichs durch das operational auditing erfahren hat, arbeitet die Interne Revision wirkungsvoller, wenn sie von der Controlling-Abteilung getrennt ist.

3.2 Zusammenarbeit zwischen Interner Revision und Wirtschaftsprüfung

Die Wirtschaftsprüfer erhalten ihren Auftrag von der Hauptversammlung oder von der Gesellschafterversammlung. Im Verhältnis zur Unternehmensleitung sind sie unabhängig. Ihr Testat geben sie in Eigenverantwortung. Wirtschaftsprüfer müssen sich von der Ordnungsmäßigkeit und Sicherheit der Jahresrechnung, Buchführung und internen Kontrolle überzeugen.

Eine Zusammenarbeit zwischen Interner Revision und Wirtschaftsprüfung aus Sicht der Internen Revision zeigt folgendes Beispiel:

Im gesamten Aufgabengebiet des Finanz- und Rechnungswesens, im Bereich der internen Kontrolle und im Rahmen von Systemprüfungen arbeiten beide Prüforgane auf dem gleichen Betätigungsfeld.

Wirtschaftsprüfer werden im Rahmen der Pflichtprüfung tätig. Sie sind an gesetzliche Vorschriften gebunden. Ihnen steht für die Prüfung des Jahresabschlusses eine begrenzte Zeit zur Verfügung. Mit der Größe und Komplexität eines Unternehmens wächst die Gefahr von Informationslücken und Fehlinterpretationen.

Beiden Organen gemeinsam sind die Prüfungsmethoden und das Ziel, vorhandene Mängel in der Rechnungslegung aufzuzeigen und Anregungen für deren Beseitigung zu geben.

Wirtschaftsprüfer sollten im Interesse der Erhöhung ihres Wirkungsgrades Erfahrungen und Detailkenntnisse der Internen Revision nutzen.

Durch Kooperation und Einsicht in die Prüfungsberichte der Internen Revision sind sie in der Lage, Fachwissen, Qualifikation und Arbeitsergebnisse dieser Abteilung zu beurteilen.

Wie die Erhebung des IIR (Institut Interne Revision) aus dem Jahre 1983 zeigt, werten 61 % der Wirtschaftsprüfer die

Prüfungsberichte der Internen Revision für ihre Urteilsfindung aus. 29% nehmen Einsicht in die Arbeitspapiere und 26% führen Gespräche über die Abstimmung des Prüfungsprogramms.

Günstig für die Zusammenarbeit sind:
- *Periodische Besprechungen über Prüfungsprogramme bzw. geplante Prüfungen*
- *Einsicht in die Berichte und Arbeitspapiere der Internen Revision*
- *Abstimmung über Prüfungstechniken und -methoden.*

Bei sinnvoller Zusammenarbeit kann die Interne Revision sich verstärkt auf Prüfungsgebiete konzentrieren, die Wirtschaftsprüfer im Rahmen ihrer Pflichtprüfung nicht intensiv behandeln.

Durch Abstimmung werden unwirtschaftliche Doppelprüfungen gleicher Sachgebiete vermieden.

(Quelle: ZIR — Zeitschrift Interne Revision, 4. Quartal 1988, Prof. Dr. Rolf Hofmann, Bochum)

3.3 Internal-Control

In diesem Zusammenhang ist auch der Begriff »**Internal-Control**« zu erwähnen. Mit ihm wird zunehmend operiert.

Internal-Control prüft die Controlling-Eignung der im Unternehmen eingesetzten betriebswirtschaftlichen Verfahren. Das betrifft z.B. typische betriebswirtschaftliche Verfahren wie Kostenrechnung, Budgetierung, Planung, Organisation und Berichtswesen. Die Entwicklung geht dann von einem rechnungswesen-orientierten Controlling zu einem planungs-orientierten und entscheidungs-orientierten Controlling. Aktuell ist das Internal-Control besonders in bezug auf die Überprüfung der Anwendungs-Software.

Internal-Control ist dabei keineswegs identisch mit dem Internen Kontroll-System. Das Internal-Control ist ein wichtiges Teilgebiet des modernen Controlling. Das Interne Kontroll-System gehört dagegen zum Aufgabengebiet der Revision und der Wirtschaftsprüfung.

(Quelle: Institut für Controlling und Datenverarbeitung, Heidelberg, Frühjahr 1989)

4. Controlling als Gewissen des Unternehmens

Die Controlling-Abteilung ist ein Managementinstrument und erfüllt abgeleitete Aufgaben der Unternehmensleitung. Controlling erfüllt permanente Planungs-, Koordinierungs-, Informations-, Steuerungs- und Korrekturprozesse und von Fall zu Fall Sonderaufträge der Unternehmensleitung.

Der Controller ist gleichsam das Gewissen des Unternehmens. Er verdeutlicht die Mangelhaftigkeit bzw. Richtigkeit unternehmerischen Handelns. Von ihm wird erwartet, daß er das

- Ertragsgewissen,
- Risikogewissen,
- Produktivitätsgewissen,
- Systemgewissen und
- Friedensgewissen

des Unternehmens ist.

Das kann kurz wie folgt skizziert werden:

1. Das **Ertragsgewissen**
   - Darstellung der Ergebnisentwicklung im Vergleich von Plan und Ist mit einer Hochrechnung.
   - Plausibilitätsprüfung dieser Rechnung.
   - Betrachtung des gesamten Portfolios des Konzerns unter dem Gesichtspunkt, ob der Ausgleich zwischen starken und schwachen Ergebnissen der verschiedenen Sparten erreicht wird.

2. Das **Risikogewissen**

   Der Controller muß die Risiken aus dem Geschäftsverlauf des Konzerns erkennen, herausstellen und für die Mitglieder der Konzernführung deutlich machen.

   In der Planungsphase kommentiert er diese Risiken in seiner Ausarbeitung zum Gesamtplan des Unternehmens. Er geht dabei z.B. auf folgende Punkte ein:

- Ist die Eigenfinanzierungskraft ausreichend?
- Ist die Liquidität mittelfristig gesichert?
- Ist das Fremdwährungsportfolio unter Einschluß von Einkauf- und Verkaufsvolumina im Ausland ausgeglichen?

In der Überwachungsphase muß er verfolgen, welche Risiken sich aus dem derzeitigen Geschäftsverlauf für das Unternehmen ergeben haben oder nach seinen Analysen in Zukunft ergeben werden:

- Zeigen die neueren Geschäftsentwicklungen, daß die Planungsprämissen nicht mehr stimmen?
- Ergeben sich durch nicht beeinflußbare Entwicklungen Risiken für das Geschäft?
- Werden durch politische Entwicklungen die Prämissen für ein großes Investitionsprojekt geändert, z. B. durch Schließung von Absatzmärkten für ein neues Werk im Ausland?

Der Controller muß auf diese Risiken in seinem Bericht zur Lage verweisen, auf die Konsequenzen für das Ergebnis kurz- und mittelfristig aufmerksam machen und schließlich auf Maßnahmen bestehen, wenn seine Kollegen seine Einschätzung bestätigen.

3. Das **Produktivitätsgewissen**

Die Ertragskraft des Konzerns ist abhängig vom Produktivitätsfortschritt in den Sparten. Der Controller muß diesen Fortschritt verfolgen durch Prüfung der Produktivität der einzelnen eingesetzten Faktoren:

- Produktivität des Anlagevermögens,
- Produktivität des Umlaufvermögens,
- Produktivität des Personals in den Sparten,
- Produktivität des Personals in der Zentrale.

Er stützt sich dabei auf Vergleichswerte aus der Planung sowie aus veröffentlichten Berichten. Diese Aufgabe ist vornehmlich in der Planungsphase, weniger in der Begleitphase auszuüben. Es sind dabei z. B. folgende Fragen zu stellen:

- Steigt die Produktivität mindestens im gleichen Maße wie in den Industriezweigen?
- Zeigen sich Produktivitätsfortschritte aus Neuinvestitionen im Ergebnis?

- Werden die geplanten Produktivitätsgewinne in Kernarbeitsgebieten erreicht?

4. Das **Systemgewissen**

   Ein zuverlässiger Bericht des Controllers über den Stand des Konzerns ist nur möglich, wenn die Systeme einheitlich, richtig, genau, zuverlässig und schnell sind. Der Controller muß die Kompetenz haben, diese Systeme zu entwickeln und zu verfeinern. Seine Berichterstattung muß möglich sein mit einem Minimum an zusätzlicher Bearbeitung der Daten und Fakten.

5. Das **Friedensgewissen**

   Der Controller muß die Aufgabe wahrnehmen, als Moderator zwischen verschiedenen Interessengruppen im Konzern zu wirken. Es geht dabei um Konflikte zwischen den ergebnisverantwortlichen Einheiten des Konzerns:
   - Verrechnungspreise zwischen Sparten für bezogene Zwischenerzeugnisse,
   - Gewinnverteilung zwischen Sparten und Landesgesellschaften bei Produkten für ein bestimmtes Land,
   - Kostenverrechnung zwischen Konzern-Zentrale und Sparten für bezogene Dienstleistungen,
   - Wechselkursfestsetzungen für bestimmte Geschäfte zwischen Sparten und Landesgesellschaften,
   - Aufwandsbeteiligung von Sparten bei der Entwicklung eines neuen Marktes in einer Landesgesellschaft.

   Der Controller muß hier darauf achten, daß er zu einfachen, von beiden Seiten leicht zu durchschauenden Lösungen kommt, die in der Durchführung nicht zu ständig neuen Konflikten führen.

Wenn er alle diese Aufgaben mit höchster Sorgfalt ausführt, kann das Ergebnis kontraproduktiv sein:

- Mit großem Stab, hohen Kosten und viel Aufwand für die Sparten versucht der Konzern-Controller, sein Gewissen zu beruhigen und sich nach allen Seiten abzusichern. Daraus ergibt sich voraussichtlich eine kaum rechtfertigbare Bürokratie und eine Verzögerung der Entscheidungsfindung.

Die Kunst des Konzern-Controllers besteht nun darin, seinen Gewissenskonflikt mit dem sparsamen Einsatz von Instrumenten zu lösen, ohne in seiner Kenntnis der Zusammenhänge in den Wolken zu schweben und ohne ständig Entscheidungen in die Zentrale zu ziehen. Denn das führte zur Delegation nach oben durch die Sparten/Landesgesellschaften. Er darf aber auch nicht reiner Kommentator werden, der ohne Nachfassen zu können berichtet wie ein Wirtschaftsjournalist.

(Quelle: Dr.-Ing. Hasso Freiherr von Falkenhausen, Industrie-Planungsgesellschaft mbH. Betriebswirtschaftliches Forum Universität Frankfurt, Winter 1988/89)

5. Welche Controller gibt es?

Der Controllerbegriff ist schillernd, wie die Praxis zeigt. Wurde der Begriff des Controllers früher eher als ein für sich allein stehender Begriff gebraucht, so wird er in jüngster Zeit mit einer Reihe von Zusatzbegriffen ergänzt.

So spricht die Praxis heute z.B. vom Werkscontroller, Fertigungscontroller, Vertriebscontroller, Finanzcontroller, Technischer Controller, Logistikcontroller, Controller für Beteiligungsgesellschaften und Konzern-Controller, um nur einige Bezeichnungen zu nennen. Diese Aufzählung ist nicht vollständig.

Diese zusätzlichen Begriffe sind zunehmend gebräuchlich, weil auch der Grundbegriff des Controllers umfassender gesehen wird. Controlling bedeutet unter Kontrolle halten, d.h. steuern. Unter Kontrolle halten kann man z.B. Werke, Fertigungs- und Produktionsstätten, den Vertriebsbereich, die Finanzen, den technischen Bereich, den Logistikbereich, Beteiligungsgesellschaften, Auslandsaktivitäten und zentrale Aufgaben des Konzerns, um auch hier wiederum nur einige Aufgabenfelder zu nennen. Auch diese Aufzählung ist nicht vollständig.

Heute lassen sich folgende Controller unterscheiden:

- **Funktionscontroller.** Seine Aufgabenstellung bezieht sich auf einzelne Funktionsbereiche des Unternehmens wie z.B. Produktion oder Marketing.

- **Spartencontroller.** Da auch die Gliederung der Controlling-Abteilung der Organisationsstruktur des Gesamtunternehmens folgt, wird in divisionalisierten Unternehmen eine Abgrenzung in den Corporate-Controller und die verschiedenen Division-Controllers vorgenommen.
- **Regionalcontroller.** Die Tätigkeiten des Controllers beziehen sich auf ein begrenztes räumliches Gebiet, z. B. eine Ländergruppe.
- **Projektcontroller.** Seine Tätigkeit besteht in der Planung, Steuerung und Kontrolle von Großprojekten, eine Aufgabenstellung, die in Zukunft verstärkt Aufmerksamkeit finden wird.
- **Branchencontroller.** Die Aufgaben dieses Controllers beziehen sich auf eine Branche; in diese Richtung hin erfolgt die Spezialisierung.
- **Controlling-Ausschüsse.** Für Aufgabenstellungen, die eine weitgehende Koordination mehrerer Stellen und einen hohen Informationsstand der Entscheidungsträger erfordern, eignen sich besonders Ausschüsse oder Komitees. So findet man in den USA häufiger, aber auch in deutschen Großunternehmen derartige Gremien, die für die Controlling-Aufgabe verantwortlich sind.

6. Der Aufbau einer Controller-Organisation

Beim Aufbau jeglicher betrieblicher Organisation ist ein wichtiges Grundprinzip zu beachten: Die Struktur folgt der Strategie (nach dem Prinzip Chandlers: »Structure follows strategy«). **Die Organisationsform ist ein Hilfsmittel, um die Unternehmensziele zu erfüllen.** Die Unternehmensziele sind damit die alleinige Richtschnur für die zweckmäßigste Organisationsform. Wenn sich diese Ziele ändern, dann ist dies auch meist mit einer Änderung der Organisationsform verbunden. Wie haben sich nun Controller-Organisationen in der Praxis entwickelt?

Analog zur Entwicklung des Konzepts des Controlling hat sich auch die Controller-Organisation entwickelt. Auch hier standen die USA Pate. Als das Controlling-Konzept noch weitgehend mit dem Rechnungswesen gleichgesetzt wurde, war auch die Controller-Organisation schwerpunktmäßig eine Rechnungswesenorganisation. Mit der Änderung des Controlling-Konzepts änderte sich auch die Controller-Organisation. Heute wird das Controlling-Konzept meist als umfassendes Führungsmodell verstanden, das Planung und Steuerung miteinschließt. Damit hat sich auch die Controller-Organisation weiterentwickelt. Sie hat sich heute aus den engen Fesseln befreit, als sie nur als ein Instrument vergangenheitsorientierter Rechnungslegung angesehen wurde.

Wie wichtig ist nun eine Controller-Organisation für das Unternehmen? Welchen Beitrag zum Unternehmenserfolg kann sie leisten? Welche Hilfsmittel stehen ihr zur Verfügung, um die Aufgaben zu erfüllen? Wer verkörpert die Controller-Organisation?

Lehrbuchmäßig besteht die Controller-Organisation im Unternehmen aus zwei Stellen:

1. Aus der **Geschäftsleitung** (mit direkter Weisungsbefugnis und Disziplinargewalt) und
2. aus **neutralen Stellen** (ohne direkte Weisungsbefugnis und Disziplinargewalt).

Organisatorisch werden die neutralen Stellen meist in der Form von zentralen Stabsstellen geführt.

Relativ einfach ist die Controller-Organisation im Einbereichsunternehmen mit einem Produktionsstandort und kleinen regionalen Vertriebsstützpunkten. Die Organisation ist überschaubar und weitgehend an einem Standort konzentriert. Wenige und kurze Wege erleichtern die Kommunikation. Der Eigentümer-Unternehmer ist Geschäftsführer und Controller in einer Person.

6.1 Die dotted-line-Organisation

Mehrbereichsunternehmen stellen zusätzliche Anforderungen an die Controller-Organisation. Das gilt noch mehr mit zunehmender Größe des Geschäftes, mehreren Produktionsstandorten, regionalen Forschungs- und Entwicklungsstätten, nationalen und internationalen Vertriebsstellen, Stützpunkten, Tochtergesellschaften und Landesgesellschaften.

In einem Mehrbereichsunternehmen kann die Controller-Organisation beispielsweise wie folgt aussehen:

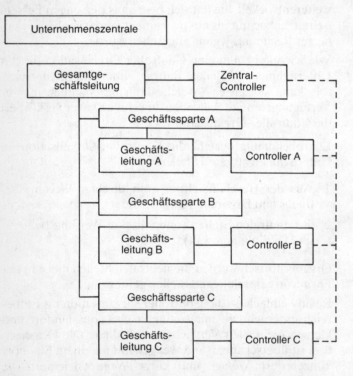

Abb. 1 *Controlling-Organisation in einem Mehrbereichsunternehmen (dotted-line-Organisation)*

Das Mehrbereichsunternehmen mit den drei Sparten A, B und C hat in der Unternehmenszentrale einen Zentral-Controller. Er ist disziplinarisch der Gesamtgeschäftsleitung unterstellt. Er kann aber ebenfalls ein Teil der Gesamtgeschäftsführung sein, z.B. als Vorstandsmitglied oder als Geschäftsführer.

Jede der drei Sparten hat einen eigenen Controller. Er ist der jeweiligen Spartengeschäftsführung unterstellt. Aber auch hier kann der Sparten-Controller wieder ein Teil der Spartengeschäftsführung sein.

Die Sparten-Controller sind mit dem Zentral-Controller durch eine gestrichelte Linie verbunden (amerikanisch = dotted-line). Diese dotted-line deutet an, daß die Sparten-Controller dem Zentral-Controller fachlich unterstellt sind, jedoch nicht disziplinarisch.

In diesem Fall spricht man auch von einer **dotted-line-Controller-Organisation** oder auch von der Organisationsform einer kontrollierten Dezentralisation.

In der Praxis gibt es jedoch auch Fälle, bei denen die Anbindung der Sparten-Controller an den Zentral-Controller viel stärker ist. Am ausgeprägtesten ist dies der Fall, wenn die Sparten-Controller direkt disziplinarisch dem Zentral-Controller unterstellt sind. Die Sparten-Controller sind dann nur noch dem Zentral-Controller weisungsgebunden. Sitz und Büro haben sie jedoch vorort in den Sparten.

Diese Form der Controller-Organisation ist meist dann in der Praxis zu finden, wenn der Zentral-Controller ein Mitglied der Geschäftsführung ist, häufig auch deren Sprecher, und damit eine starke Position in der Organisation einnimmt. Diese Form der Controller-Organisation ist auch anzutreffen, wenn neue Unternehmen erworben werden und schnell in den Gesamtunternehmensverbund eingegliedert werden müssen.

Eine weitere Organisationsform der Praxis ist geprägt durch den funktionalen Controller, z.B. den Forschungs- und Entwicklungs-, den Produktions- und den Vertriebscontroller. Dann kann sich zum Beispiel folgende Controller-Organisation herausbilden:

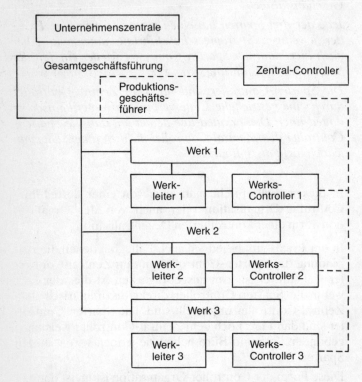

Abb. 2 *Controlling-Organisation in einem Mehrbereichsunternehmen mit Funktions-Controller (dotted-line-Funktions-Controller-Organisation)*

In einem Unternehmen bestehen drei Produktionsstätten. Jede Produktionsstätte besitzt einen Werks-Controller. Dieser ist wiederum über eine dotted-line mit dem Produk-

tionsgeschäftsführer verbunden, disziplinarisch aber dem Werksleiter unterstellt.

Eine ähnliche Hierarchie kann es auch für andere funktionale Controller geben. Sie sind dann ebenfalls über eine dotted-line mit ihrem direkt zuständigen Fachvorgesetzten in der Unternehmenszentrale verbunden, unterstehen aber disziplinarisch der Geschäftsführung der entsprechenden Sparte.

Die jeweils gewählte Form der Controller-Organisation hängt in der Praxis u.a. stark vom Grad der gewählten Zentralisation oder Dezentralisation der Organisation ab. Im Rahmen einer stärkeren Dezentralisation wird die Gesamtunternehmensleitung notwendigerweise durch stärkere zentrale Funktionen versuchen, das Gesamtgeschäft unter Kontrolle zu halten, das heißt zu steuern.

6.2 Die Eingliederung in die Unternehmensorganisation

Auf welcher Ebene des Unternehmens soll die Controlling-Abteilung nun eingegliedert werden?

Die oberste Unternehmensführung zieht aus der Tätigkeit des Controllers den wesentlichen Nutzen, da sie auf alle Unternehmensbereiche ausgerichtet ist und die Funktionen Planung, Steuerung und Kontrolle umfaßt. Diese Aufgaben können nur dann wirkungsvoll erfüllt werden, wenn die Tätigkeiten des Controllers auf Geschäftsleiter-Ebene einsetzt. Der Controller muß deshalb im Vorstand vertreten sein.

(Quelle: Peemöller, »Management-Lexikon«)

Hierbei handelt es sich ohne Zweifel um die oberste Controllingfunktion im Unternehmen, um den Zentral-Controller. Funktions-Controller, spezialisiert auf bestimmte Funktionen im Unternehmen, sind entsprechend in Teilbereiche des Gesamtunternehmens eingebunden.

Das verdeutlicht auch folgendes Beispiel:

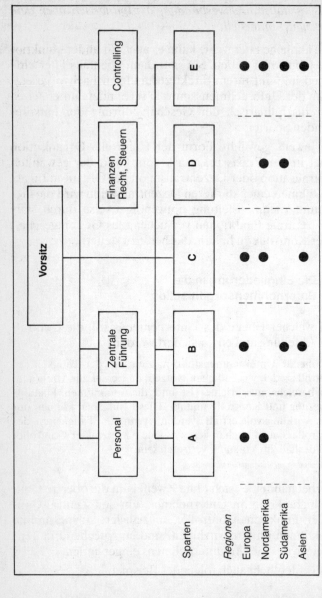

Abb. 3 Controllingfunktion im Mehrbereichsunternehmen mit Auslandsgeschäft

Einen weiteren Hinweis zur organisatorischen Eingliederung des Controllers gibt auch folgende Position:

Wichtig ist eine funktionsgerechte Eingliederung in die Unternehmenshierarchie und die eindeutige Fixierung von Aufgabenstellung, Weisungsbefugnis bzw. Mitspracherecht.

Die Autonomie, d.h. die Verantwortung der Unternehmensbereiche für ihre Aufgabenerfüllung bleibt erhalten. Der Controller kann für sie keine Verantwortung übernehmen. Controlling ist eine kooperative Aufgabe mit empfehlendem, weisungs- und mitspracheberechtigtem Charakter.

Um seine Aufgabe optimal erfüllen zu können, sollte der Controller in der zweiten hierarchischen Ebene angesiedelt sein, damit er von den Bereichs- bzw. Spartenleitern als Gesprächspartner akzeptiert wird.

Die Abteilung sollte personell überschaubar bleiben. Diese Forderung resultiert nicht nur aus Kosten- und Wirtschaftlichkeitsüberlegungen, sondern auch aus der Erkenntnis, daß unnötige administrative Aufgaben die Effizienz der Funktion eher hindern.

Grundsätzlich ist die Controlling-Konzeption den Gegebenheiten der Unternehmung bzw. des Konzerns anzupassen.

(Quelle: ZIR — Zeitschrift Interne Revision, 4. Quartal 1988, Prof. Dr. Rolf Hofmann, Bochum)

Kapitel 2:
Das Unternehmen durch Controlling steuern

Ist Controlling das wirkungsvollste Instrument, die Aktivitäten des Unternehmens auf den Unternehmenserfolg auszurichten, dann ist auch die Bedeutung dieses Instruments sehr weit zu fassen. Controlling zielt umfassend auf die Planung und Entwicklung des Unternehmens.

1. Die Unternehmensentwicklung

Die Unternehmensentwicklung ist das Festlegen der Stellung und der Bedeutung des Unternehmens in der Gesellschaft, in der Öffentlichkeit. Das Management und der Controller wissen, daß das Unternehmen Teil einer größeren Gemeinschaft ist, zu der die Gemeinde, die Region, Länder und Staaten und in einigen Fällen sogar über die Landesgrenzen hinaus mehrere Nationalstaaten gehören. Diese Stellung und Bedeutung versuchen nun das Management und der Controller bewußt mitzugestalten.

Das Unternehmen wird als »gesellschaftliche Veranstaltung« betrachtet.

Die Unternehmensentwicklung geht einen Schritt weiter als die Unternehmensplanung: Die Unternehmensplanung beschäftigt sich vor allem mit dem Markt, mit den Lieferanten, den Produkten und den Kunden, die Unternehmensentwicklung darüber hinaus mit der rechtlichen und organisatorischen Einheit Unternehmen und deren Wirkung auf die Öffentlichkeit. Das betrifft auch gesellschafts- und wirtschaftspolitische Aufgaben. In diesem Zusammenhang wird oft von der Identität von Unternehmen (corporate identity) gesprochen. Dabei sind u.a. folgende Fragen von Interesse:

- Die **Rechtsform des Unternehmens**. Unternehmen können z.B. privat, halbstaatlich oder staatlich sein. Es können Publikumsgesellschaften mit vielen Volksaktionären sein.
- Die **Organisationsform des Gesamtunternehmens**. Die Zentrale kann eine Holding sein, die Organisation zentral oder dezentral. Hierunter fallen auch Kooperationsabkommen, Beherrschungs- und Organschaftsverhältnisse.
- Die **internationale Ausrichtung**. Das Unternehmen kann z.B. stark national, international oder multinational ausgerichtet sein.

Fragen der Unternehmensentwicklung sind grundsätzlicher Natur. Sind sie beantwortet, so haben sie auch meist für einen längeren Zeitraum Gültigkeit.

Ziel der Unternehmensentwicklung in einer Wettbewerbswirtschaft ist es, zwischen den fünf Aufgabengebieten des Unternehmens ein Gleichgewicht herzustellen.

1. Ertragsquellen pflegen und entwickeln.
2. Innovation und Produktivität steigern.
3. Kapitalressourcen bereitstellen.
4. Humankapital entwickeln und weiterentwickeln.
5. Durch Öffentlichkeitsarbeit unterstützen.

Zielkonflikte zwischen den einzelnen Aufgabengebieten sind nicht zu vermeiden. Der Versuch, auf einem Aufgabengebiet Hervorragendes zu leisten, wird oft mit den Interessen der anderen Aufgabengebiete in Widerspruch stehen und zu Fehlentwicklungen führen.

So sind zum Beispiel dem Unternehmen nicht nur vom Markt her Grenzen gesetzt, Umsatz- und Kapitalrenditen kontinuierlich zu steigern. Hohe Erträge werden in der Öffentlichkeit mit kritischen Augen betrachtet. Vorwürfe monopolistischer Geschäftspraktiken, wie Ausnützen der Marktmacht und Ausbeutung der Gastländer, werden erhoben. Die Wertschätzung des Unternehmens in der breiten Öffentlichkeit sinkt, der Ruf nach staatlicher Intervention folgt.

Eine starke Betonung der Zukunft mit kostspieligem Engagement in zukünftigen Technologien kann kurzfristig zu Liquiditätsschwierigkeiten führen. Umgekehrt kann die Geschäftsleitung kurz- und mittelfristig hohe Erträge ausweisen, dabei aber die Zukunftssicherung durch rechtzeitiges Entwickeln neuer Ertragsquellen gefährden.

Neben unweigerlichen Interessenkonflikten zwischen den fünf Aufgabengebieten liegen ihnen aber auch gemeinsame Interessen zugrunde. Wenn zum Beispiel ein Unternehmen die vom Konsumenten geforderten Produkte am Markt erfolgreich bereitstellt, wird der erwirtschaftete Ertrag, der für die Kapitalgeber und für die Mitarbeiter zur Verfügung steht, größer sein und deren gemeinsamen Interessen entgegenkommen.

Die Aufgabe des unternehmerischen Entscheidungsprozesses besteht darin, möglichst viele, oft verschiedene Interessen zufriedenzustellen und einen Ausgleich zwischen ihnen herbeizuführen, der den Zielsetzungen des Gesamtunternehmens entspricht.

Idealerweise stützen sich dabei die Geschäftsführung und der Controller auf **drei Grundbedingungen erfolgreichen Wirtschaftens**:

1. Die Mitarbeiter orientieren sich an gemeinsam erarbeiteten und gleichgerichteten Zielsetzungen.

2. Das Unternehmen orientiert sich am Markt und richtet alle Ressourcen auf die Befriedigung von Kundenbedürfnissen.

3. Die Mitarbeiter entwerfen ihre Programme unter dem Gesichtspunkt des Beitrags zum Erfolg, d.h. der Zielerfüllung, und führen sie entsprechend aus.

Effektive und effiziente Steuerungsinstrumente des Controllers garantieren dabei für das Unternehmen:

- **Flexibilität** und **Risikobereitschaft** der Organisation,
- **Aufgeschlossenheit** gegenüber Veränderungen und rechtzeitige **Anpassung**,
- **Abkehr von reiner Routine,** die den Sinn für Veränderung einschläfert, Kreativität verkümmern läßt, Innovation hemmt und Zufriedenheit mit der Vergangenheit erzeugt, die sich verändernde Zukunft dabei aber vernachlässigt.

Das bedeutet für den Controller:

- Steigerung der Effektivität = »**Die richtigen Sachen machen**«.
- Steigerung der Effizienz = »**Die Sachen richtig machen**«.
- Beides zusammen = »**Die richtigen Sachen richtig machen**«.

Der Stand und die Dynamik der Unternehmensentwicklung ist für eine effektive Controllertätigkeit von großer Bedeutung. Wohin bewegen sich Unternehmen? Können Entwicklungen realistisch abgeschätzt werden? Wann treten insbesondere Entwicklungssprünge auf?

Hierüber liegen Studien aus der Praxis vor. Aufgrund von Untersuchungen in amerikanischen Unternehmen wurde ein Modell entwickelt, das fünf Wachstumsphasen eines Unternehmens beschreibt (siehe Abbildung). Jede neue Phase wird ausgelöst durch organisatorische Probleme und bestimmt durch die Anwendung bzw. Neugestaltung organisatorischer Regelungen.

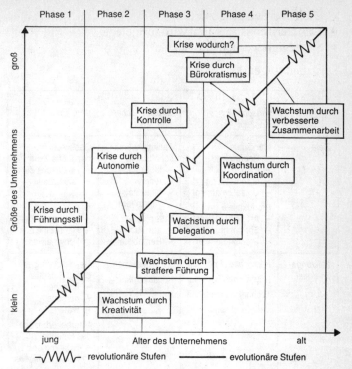

Abb. 4 *Wachstumsphasen eines Unternehmens*

(Quelle: Kirsch/Esser/Gabele, »Das Management des geplanten Wandels von Organisationen«)

2. Das Unternehmungskonzept des St. Galler Managementmodells

Anfangs der siebziger Jahre entstand unter der Leitung von Professor Hans Ulrich, Ordinarius für Betriebswirtschaftslehre an der Hochschule St. Gallen, das sogenannte St. Galler Managementmodell. Ein Teil davon ist für den Controller besonders wichtig: das Unternehmungskonzept.

- Ziele werden gesetzt.
- Das Leistungspotential wird festgelegt.
- Strategien werden entwickelt.

Das zeigt folgendes Bild:

	Leistungswirtschaftliches Konzept	Finanzwirtschaftliches Konzept	Soziales Konzept
Ziele	Marktziele – Bedürfnisse – Märkte – Marktstellung – Umsatzvolumen Produktziele – Art und Qualität – Sortiment – Produktmengen (Produkt-/Markt-Konzept)	Zahlungsbereitschaftsziele – Liquiditätsreserve – Liquiditätskennziffern Ertragsziele – absolut – Rentabilitäten	Gesellschaftsbezogene Ziele – Restriktive Ziele – Zusatzziele Mitarbeiterbezogene Ziele – generelles Ziel – Hauptziele des Personalwesens
Leistungspotential	Personelles Potential Räumliches Potential Technisches Potential Verbrauchsgüter	Kapitalvolumen Kapitalstruktur – Finanzierungsgrad – Deckungsgrad	Gesellschaftsbezogenes Potential – finanziell – personell – materiell Mitarbeiterbezogenes Potential – Systeme des Personalwesens
Strategien	Strategien der Marktleistungs-Entwicklung Strategien der Leistungs-Erstellung Strategien der Leistungs-Verwertung Strategien der Leistungspotential-Beschaffung und -Verwaltung	Wirtschaftlichkeits-Strategien – Steigerung – Überwachung Finanzierungs-Strategien – Gewinnausschüttung – Kapitalbeschaffung – Kapitalüberwachung	Gesellschaftsbezogene Verhaltensnormen – Geschäftsmoral – Verhalten gegenüber Staat und gesellschaftlichen Gruppierungen Mitarbeiterbezogene Verhaltensnormen – Richtlinien des Personalwesens

Abb. 5 *Das Unternehmungskonzept*

(Quelle: Ulrich/Krieg, »Das St. Galler Managementmodell«)

Das Unternehmungskonzept ist in das Umweltkonzept eingebettet. Unternehmen als produktive soziale Systeme erfüllen in der modernen Gesellschaft unterschiedliche Funktionen. Sie werden dabei von einer Vielzahl von Faktoren beeinflußt, die wie folgt schematisiert werden:

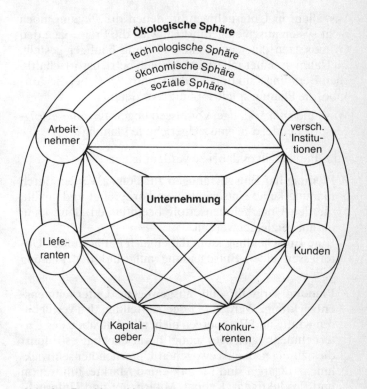

Abb. 6 *Das Umweltkonzept*
(Quelle: Ulrich/Krieg, »Das St. Galler Managementmodell«)

Diese Beziehungen und gegenseitigen Abhängigkeiten hat der Controller bei der Entwicklung und Weiterentwicklung des Unternehmens — beim Erfassen entsprechender unternehmensexterner Chancen und Risiken — zu berücksichtigen.

3. Grundsätze der Unternehmensplanung

Vor allem in Unternehmen, in denen die Planung noch nicht systematisch eingeführt ist, wird die Frage nach den Grundsätzen einer effizienten Planung häufiger gestellt. Im Rahmen seiner innerbetrieblichen betriebswirtschaftlichen Beratungsfunktion hat der Controller dabei die Aufgabe, die Planungsphilosophie zu verdeutlichen.

Was sind nun wichtige Voraussetzungen für eine erfolgversprechende, d. h. eine zielgerichtete Planung?

Fünf Punkte gilt es dabei zu verdeutlichen:

- **Planung hat Entscheidungen zur Folge.** Werden durch Planung keine Entscheidungen vorbereitet und gefällt, die den Unternehmenserfolg beeinflussen, dann kann darauf verzichtet werden.
  Eine Entscheidung kann dabei auch ein **bewußtes** Unterlassen einer Entscheidung aufgrund der Planung sein.

- **Planung sorgt für eine ausgewogene Unternehmensentwicklung.** Werden bei der Aufteilung der verfügbaren Kräfte und Ressourcen nicht alle Aufgaben des Unternehmens gleichgewichtig berücksichtigt, so führt dies zu einer unausgewogenen Unternehmensentwicklung. Aufgaben sind Produkte und Märkte, Innovation und Produktivität, Kapital, Mitarbeiter und Unternehmensimage.

- **Planung akzeptiert Veränderungen und Änderungen.** Versäumt das Unternehmen, auf Veränderungen äußerer Einflüsse schnell zu reagieren, so fehlt die marktorientierte Flexibilität. Planung ist nichts Endgültiges.

- **Planung liegt in den Händen der Planausführenden.**
  Werden die Pläne nicht von den gleichen Stellen des Unternehmens erarbeitet, die auch für deren Durchführung verantwortlich sind, so führt dies zu nachlassender Motivation und geringem Engagement. Das Ergebnis sind geringe Leistungen.

- **Planung sorgt für ein Gleichgewicht der Interessen von Zentrale und Linienstellen.** Besteht kein Gleichgewicht der Interessen zwischen der Zentrale und den Linienstellen, so führt dies zu einer Überbetonung von Einzelinteressen. Das wiederum geht auf Kosten von Gesamtunternehmensinteressen. Beide Extreme gewährleisten nicht den optimalen Unternehmenserfolg.

Das formale Ergebnis aller Planungsaktivitäten sind Pläne. Sie sind das Endprodukt des Planungsprozesses. Viel wichtiger als der Plan selbst ist meist der Prozeß des Planes; er zwingt das Management und den Controller, sich mit der Zukunft auseinanderzusetzen und die Auswirkungen gegenwärtiger Entscheidungen auf die Zukunft zu erkennen. Hierbei werden auch fundamentale Fragen gestellt, die sonst möglicherweise nicht erkannt oder berücksichtigt würden.

Unternehmensplanung ist das Festlegen der Unternehmenspolitik für das Gesamtunternehmen. Das formale Dokument hierfür ist der Gesamtunternehmensplan. Durch die Unternehmensplanung versuchen das Management und der Controller, eine einheitliche Geschäftspolitik für das Gesamtunternehmen festzulegen und zu verwirklichen.

Eine Unternehmensplanung ist immer dann notwendig, wenn neben der Zentrale noch Linienstellen vorhanden sind, die eine gewisse Selbständigkeit besitzen. Das gilt für Einbereichs- und für Mehrbereichsunternehmen.

So ergibt sich zum Beispiel folgendes Bild:

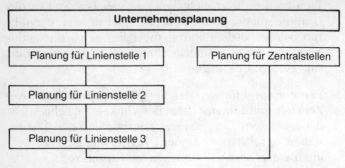

Abb. 7 *Unternehmensplanung*

Größere Unternehmen müssen sich im allgemeinen organisatorisch dezentralisieren, um am Markt erfolgreich zu sein. Dabei werden relativ selbständige Unternehmenseinheiten geschaffen wie Geschäftsbereiche, Unternehmensbereiche, Divisions- und Landesgesellschaften. Diese Einheiten planen für ihre Aufgabenbereiche. Hierüber erstellen sie auch Einzelpläne. Gleichzeitig wird Planung auch in der Zentrale für die Zentrale betrieben. Darüber hinaus ist aber ein weiterer Schritt im Planungsablauf notwendig: Die Planungsaktivitäten der Linienstellen und der Zentrale müssen zusammengebracht werden, um die Unternehmenspolitik für das Gesamtunternehmen festzulegen. Die wichtigste Aufgabe der Unternehmensplanung ist dabei das Entwickeln und Realisieren einer Unternehmensstrategie für das Gesamtunternehmen. Hierbei ist besonders zu berücksichtigen:

- Die Gesamtunternehmensstrategie ist mehr als eine Summe der Strategien der Geschäftsbereiche, Unternehmensbereiche und Landesgesellschaften. Hier müssen auch Strategien entwickelt werden für die Struktur des Gesamtunternehmens; für die Finanzierung, für die Führungssysteme und die Beziehungen zur Öffentlichkeit.

- Durch diese Strategien wird gleichzeitig auch die Zuteilung aller Mittel des Unternehmens festgelegt. Das trifft insbesondere alle verfügbaren Kapital- und Personalressourcen. Diese Zuteilung der Ressourcen erfolgt nach einem einheitlichen Prioritätenschlüssel für das Gesamtunternehmen.

Wie vielschichtig eine Unternehmensplanung in der Praxis abläuft, das zeigt auch folgendes Beispiel. Unter-

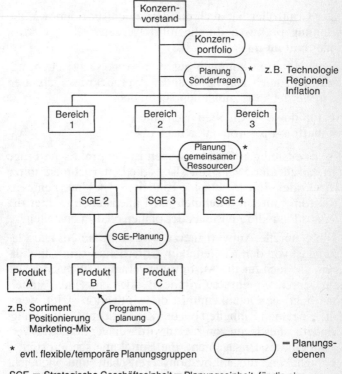

Abb. 8 *Planungsaufgaben auf unterschiedlichen organisatorischen Ebenen* (Quelle: Borrmann, »Management Lexikon«)

schiedliche Planungsaufgaben sind auf unterschiedlichen organisatorischen Ebenen durchzuführen und in einer integrierten Unternehmensplanung wieder zusammenzuführen.

4. Die Planungsphilosophie: Top-down oder bottom-up

Der Controller hat auch darüber zu entscheiden, wie die Planung praktisch durchgeführt werden soll: **Top-down** oder **bottom-up**.

Beide Begriffe kommen aus dem Angelsächsischen, haben aber auch Einzug in andere Sprachkreise gefunden und werden dort zunehmend gebraucht:

- **top-down** = von oben nach unten
- **bottom-up** = von unten nach oben.

In arbeitsteiligen Organisationen ist die praktische Frage zu entscheiden, wer plant? Ist es die Unternehmensspitze (top) oder sind es einzelne Einheiten des Unternehmens (bottom). Im Unternehmen mit Linienstellen ist hier die Frage: Plant die Zentrale oder planen die Linienstellen?

Die generelle Antwort hierzu wird wohl lauten: Die Planung ist von den Einheiten im Unternehmen durchzuführen, die auch für die Ausführung verantwortlich sind. Dafür sprechen mehrere Gründe. Bei den einzelnen Einheiten liegt die Detailkenntnis; die Motivation steigt, wenn die einzelnen Einheiten bei der Zielfestlegung mitbeteiligt sind; das Festlegen von Zielen wird weniger als Diktat verstanden; das Engagement, die Entfaltung schöpferischer Fähigkeiten, die Innovationsbereitschaft und vielleicht auch die Risikobereitschaft steigen; unternehmerische Tugenden und Fähigkeiten werden gefördert. Das Ziel ist, Zielsetzungen herausfordernd, realistisch und realisierbar festzulegen.

Dann ist weiterhin die praktische Frage zu beantworten: Wie verläuft der Planungsablauf? Von oben nach unten (top-down) oder von unten nach oben (bottom-up)?

Bei der praktischen Durchführung der Planung sind mehrere Stellen und hierarchische Ebenen des Unternehmens eingeschaltet. Die Frage ist: Welche Stellen machen die Planungsvorschläge und welche Stellen prüfen die Vorschläge? Wie verläuft der Entscheidungsprozeß?

Dabei hat sich in der Praxis folgende Planungsphilosophie als besonders praktikabel herausgestellt:

1. Beim Entwickeln der **Langfristkonzeption** verläuft die Planung top-down.
2. Die **Mittelfristplanung** wird top-down und bottom-up erarbeitet, d.h. ein wechselseitiges Erarbeiten von Zentrale und einzelnen Einheiten (Planungseinheiten) des Unternehmens findet statt.
3. Die **Kurzfristplanung** erfolgt bottom-up.
4. Die **Budgetplanung** als zahlenmäßige Verfeinerung des ersten Planjahres erfolgt nach der gleichen Vorgehensweise wie bei der Kurzfristplanung (d.h. bottom-up).

5. Die Planung im Mehrbereichsunternehmen

Eine besondere Herausforderung ist für den Controller die Planung in Mehrbereichsunternehmen.

Wie ist nun hier vom Controller am zweckmäßigsten vorzugehen? Welche Planungsphilosophie soll er vertreten? Die Schwierigkeit liegt hier insbesondere darin, Planungsaktivitäten im Gesamtunternehmen zu systematisieren und zu koordinieren.

Dies ist insbesondere notwendig, wenn das Unternehmen divisional strukturiert ist. Durch das Konzept der Divisionalisierung werden Entscheidungsbefugnis und Entscheidungsverantwortung im Unternehmen mehr auf die Linienstellen verlagert. Damit wächst aber die Gefahr der

Zersplitterung. Als Gegengewicht müssen daher wiederum eine zentrale Steuerung und Kontrolle vorhanden sein.

Diese Zusammenhänge kann der Controller relativ schnell und einfach verdeutlichen, indem er die historischen Entwicklungsstufen von Organisationen aufzeigt.

Viele Unternehmen entwickelten sich in den letzten Jahrzehnten von streng zentralistisch ausgerichteten Organisationen zu Organisationen mit relativ unabhängigen Linienstellen. Dabei veränderte sich ihre Planungsphilosophie von zentral zu dezentral. Hierbei sind die wichtigsten Unterschiede:

1. **Zentral geführte Unternehmen** betonen die Wünsche und die Vorstellungen der Zentrale und des Gesamtunternehmens. Diese Planungsphilosophie verlangt eine große Spezialisierung in den Linienstellen sowie eine zentrale Koordination und Kontrolle.

   Dezentral geführte Unternehmen dagegen betonen die Wünsche und die Vorstellungen der Linienstellen. Die Linienstellen sind dabei relativ unabhängig. Die zentrale Koordination und die zentrale Kontrolle werden so gering wie möglich gehalten.

2. **Zentral geführte Unternehmen** legen alle wichtigen Entscheidungs- und Kontrollebefugnisse in die Hand der obersten Unternehmensführung in der Zentrale. Der Gedanke dabei ist, eine lückenlose Steuerung zu gewährleisten. Diese wird wiederum möglichst weit oben in der Unternehmenshierarchie ausgeübt. In diesen Unternehmen liegt die eigentliche Planung in der Hand der Geschäftsführung oder bei einem kleinen zugeordneten Stab. Die Linienstellen haben weitgehend nur die Aufgabe, die Pläne zu verwirklichen.

   Dezentral geführte Unternehmen verlagern die wichtigsten Entscheidungs- und Kontrollbefugnisse aus der Zentrale heraus in die Linienstellen. Der Gedanke hierbei ist, Planung und Kontrolle in der Zentrale auf ein Minimum zu beschränken.

In dezentral geführten Unternehmen liegt die eigentliche Planung bei der Geschäftsführung der Linienstellen. Hier werden Zielsetzungen und Strategien erarbeitet und verwirklicht. Die Zentrale erhält dann die schon verabschiedeten Pläne nur noch für Zwecke der Konsolidierung.

Beide Organisationsformen stützen sich auf grundsätzlich unterschiedliche Planungsphilosophien. Beide Philosophien haben Vorteile, jedoch auch Nachteile.

Viele Unternehmen entwickeln sich daher in eine neue Richtung. Diese neue Organisationsform kann als **partizipative Organisation** bezeichnet werden. Entsprechend entwickelt sich auch die Planungsphilosophie dabei meist von zentraler über dezentrale zu partizipative Planung.

5.1 Durch zentrale Planung steuern

Zentrale Planung ist eine Planungsphilosophie, bei der die Planung weitgehend von der Zentrale ausgeführt wird.

Von ihr werden dabei festgelegt:

1. der **Geschäftsauftrag**,
2. die **Zielsetzungen** des Unternehmens,
3. die **Strategien**, um die Zielsetzungen zu erreichen,
4. die **Kontrolle** darüber, daß Zielsetzungen, Strategien, operative Programme und Budgets auch wirklich erreicht und ausgeführt werden.

In den Linienstellen werden weitgehend oder ausschließlich die operativen Programme und Budgets, um die Zielsetzungen und Strategien zu erreichen, festgelegt.

Die Planungsphilosophie zentraler Planung zeigt eine Reihe von Nachteilen. Wenn Zielsetzungen und Strategien von der Zentrale den Linienstellen vorgegeben werden, dann besteht die Gefahr, daß diese Vorgaben nicht realistisch und realisierbar sind. Die Gefahr wird um so größer, je weiter die Zentrale vom Markt entfernt ist.

Unternehmen entwickeln sich weiter. Dringen sie mit neuen Produkten in neue Märkte ein, dann wird es für die Zentrale schwieriger, alle wichtigen Aspekte des Geschäfts zu überblicken. Dann wird es auch immer schwieriger, von einer zentralen Stelle aus alle Prioritäten richtig zu setzen. Eine fortgeschrittene Informationstechnologie und ein gut funktionierendes Management-Informations-System können hier auch nur bedingt helfen.

Das wird noch deutlicher bei Vielproduktunternehmen. Hier wächst die Schwierigkeit, realistische Zielsetzungen zentral festzulegen und auch — wenn nötig — schnell zu ändern. Dies trifft insbesondere auf Strategien zu, die stark marktorientiert ausgerichtet sind. Das entsprechende Wissen um die Marktzusammenhänge ist dabei oft nicht in der Zentrale vorhanden.

Zielvorstellungen der Zentrale lassen dann den Bezug zur Realität vermissen. Zielsetzungen und Strategien sind dann allzu leicht der Ausfluß von hierarchischen Wünschen. Diese erfolgreich zu verwirklichen ist äußerst schwierig oder schlichtweg unmöglich.

In der Praxis findet sich zentrale Planung oft in Unternehmen, die nur wenige Produkte herstellen. Das Gesamtunternehmen wird damit überschaubarer. Zu denken ist hierbei zum Beispiel an Unternehmen der Kraftfahrzeugindustrie, der Mineral- und Erdölindustrie und der chemischen Industrie.

5.2 Durch dezentrale Planung steuern

Dezentrale Planung ist eine Planungsphilosophie, bei der die Planung weitgehend von den Linienstellen ausgeführt wird. Das Ziel ist hier, möglichst alle Planungsaktivitäten ohne direkten Einfluß der Zentrale zu steuern. Die Linienstellen sind bei dieser Planungsphilosophie weitgehend autonom. Von ihnen werden dabei für ihren jeweiligen Bereich festgelegt:

1. der **Geschäftsauftrag** der Linienstelle,
2. die **Zielsetzungen**,
3. die **Strategien**, um die Zielsetzungen zu erreichen,
4. die **operativen Programme** und **Budgets**, um die Zielsetzungen und Strategien zu verwirklichen,
5. die **Kontrolle** darüber, daß Zielsetzungen, Strategien und operative Programme auch wirklich erreicht und ausgeführt werden.

Dezentrale Planung vermeidet die Nachteile der zentralen Planung, insbesondere eines Denkens im Elfenbeinturm und einer mangelnden Motivation der Linienstellen. Diese Planungsphilosophie zeigt jedoch auch Schwächen.

Starke, unabhängige Linienstellen neigen dazu, ihre eigenen Wünsche und Ziele übermäßig zu betonen. Dabei vernachlässigen sie wichtige Gesamtunternehmensziele. Wenn ein Gegengewicht in der Zentrale fehlt, dann werden wichtige und notwendige Aspekte des Gesamtunternehmens leicht übersehen. Das betrifft insbesondere die Zuteilung knapper Ressourcen, wie Kapital, Personal und Managementtalent. Diese Zuteilung hat nach gesamtunternehmerischen Zielsetzungen und Strategien zu erfolgen und nicht nur nach rein divisionalen Wünschen.

In dezentralen Organisationen hat es die Geschäftsführung oft schwer, notwendig werdende Veränderungen für das Gesamtunternehmen schnell genug durchzusetzen. Wenn die Kontrolle weitgehend bei den Linienstellen liegt und die Zentrale oft nur informiert wird, nachdem Fehlentwicklungen eingetreten sind, dann können auch keine vorbeugenden und korrigierenden Maßnahmen mehr ergriffen werden. Verluste oder verpaßte Gelegenheiten sind das Ergebnis.

In der Praxis findet sich dezentrale Planung oft in Unternehmen, die viele und verschiedenartige Produkte herstellen. Diese Vielfalt fördert die dezentrale Planungsphilosophie. Dezentrale Planung wird auch in den Unternehmen angetroffen, in denen die Zentrale oft nur eine reine Holdingfunktion ausübt. Die einzelnen Unternehmen des Unternehmensverbandes sind dann weitgehend selbständig.

5.3 Durch partizipative Planung steuern

Der Controller kennt die Vor- und Nachteile zentraler wie dezentraler Planungsphilosophien. Seine Aufgabe ist, das Unternehmen unter Kontrolle zu halten, das heißt zu steuern.

Durch seine auch auf die interne Organisation gerichtete Tätigkeit ist er ebenfalls aufgerufen, die Effizienz zu steigern und damit das Unternehmenspotential zu erhöhen. Dazu gehört auch die Organisation der Planung.

Somit wird der Controller versuchen, von beiden Planungsphilosophien die jeweiligen Pluspunkte zu übernehmen und die Schwächen möglichst zu vermeiden. Hierzu wurde in der Praxis das partizipative Planungsmodell entwickelt.

Es ist eine Planungsphilosophie, bei der die Planung von der Zentrale und von den Linienstellen gemeinsam und gleichgewichtig ausgeführt werden. Durch die partizipative Planung versucht der Controller, die Wünsche und die Vorstellungen der Zentrale und der Linienstellen zusammenzufassen, um ein für beide Seiten tragfähiges Konzept zu erarbeiten.

Durch die partizipative Planung werden folgende Wünsche der Zentrale berücksichtigt:

1. Knappe Ressourcen sind nach gesamtunternehmerischen Interessen zuzuteilen.
2. In Schlüsselbereichen des Unternehmens müssen alle unternehmerischen Kräfte gebündelt eingesetzt werden. Das betrifft zum Beispiel Bereiche wie Forschung und Entwicklung, Beschaffung und Materialwirtschaft,

Finanzen, Marketing, Personal und Öffentlichkeitsarbeit. Doppelarbeit ist zu vermeiden, gemeinsame Anstrengungen sind zu forcieren.

Zusätzlich werden folgende Wünsche der Linienstellen berücksichtigt:

1. Zielsetzungen und Strategien sind so marktorientiert wie möglich zu entwickeln. Nur dann sind sie realistisch und realisierbar.
2. Das Überprüfen und Neufestlegen von Zielsetzungen, Strategien und operativen Programmen hat schnell und flexibel zu erfolgen.

Durch zunehmende Dezentralisierung und unter Berücksichtigung steigender Motivation der Mitarbeiter gewinnt eine partizipative Planung immer größere Beliebtheit. Dieser Entwicklung hat der Controller Rechnung zu tragen.

Das läßt sich durch folgendes Bild relativ einfach und anschaulich verdeutlichen:

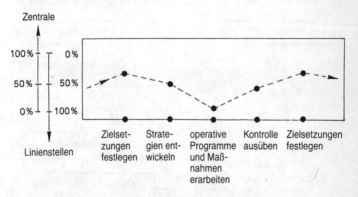

Abb. 9 *Partizipative Planung (Ablaufdiagramm)*

Alle Ebenen im Unternehmen, in der Zentrale und in den Linienstellen sind bei der Planung aktiv eingeschaltet und zwar in allen Planungsaspekten. Bei dieser Organisationsform wird auch häufig von **kontrollierter Dezentralisation** gesprochen.

In einem wechselseitigen Prozeß zwischen Zentrale und den Linienstellen werden dabei erarbeitet:

1. die **Mission** des Unternehmens (Federführung Zentrale)
2. die **Zielsetzungen** für das Gesamtunternehmen (Federführung Zentrale),
3. die **Zielsetzungen** für die Linienstellen (Federführung Linienstellen),
4. die **Strategien**, um die Zielsetzungen zu erreichen (Zentrale und Linienstellen gleichgewichtig).

Weiterhin wird die Kontrolle von der Zentrale und von den Linienstellen gleichgewichtig durchgeführt. Eine gegenseitige Information hat dabei zu erfolgen.

Die partizipative Planung kommt auch den menschlichen Wünschen und Bedürfnissen entgegen. Erfolgreich eingeführt erlaubt sie allen Beteiligten, bei Planfestsetzungen

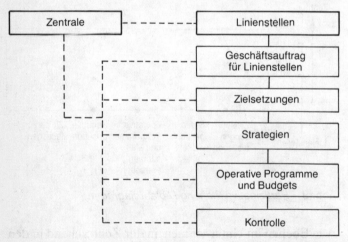

Abb. 10 *Planung und Kontrolle durch Linienstellen und Zentrale*

mitzuwirken. Die Pläne werden dann ihre Pläne. Werden die Wünsche nicht berücksichtigt, dann ist der Grund bekannt. Jeder Beteiligte hatte aber die Möglichkeit, seine Wünsche vorzutragen.

Durch diese Vorgehensweise gelingt es dem Controller, die Leistungsbereitschaft der verantwortlichen Mitarbeiter im Unternehmen positiv zu beeinflussen.

Die Linienstellen sind direkt verantwortlich für ihren Geschäftsauftrag, für ihre Zielsetzungen, Strategien, operativen Programme und Budgets sowie deren Kontrolle. Die Zentrale hat dabei in einer »dotted-line-Verantwortung« Zugriff auf alle Planungs- und Kontrollschritte. Punktuell kann sie Einzelschritte der Linienstellen steuern, wenn dies für nötig erachtet wird.

6. Die Zeiträume der Unternehmensplanung

Ein Plansystem deckt verschiedene Zeithorizonte ab. Dabei wird häufig in der Controller-Praxis mit folgendem dreistufigen Plansystem gearbeitet:

1. mit einer **Langfristkonzeption**, die im allgemeinen einen 10-Jahres-Zeitraum abdeckt,
2. mit einer **Mittelfristplanung**, die im allgemeinen für fünf Jahre ausgearbeitet und jährlich überarbeitet wird und
3. mit der **Kurzfristplanung**, mit der im allgemeinen die kommenden zwei Jahre detailliert entworfen werden.

Zielsetzung der langfristigen Planung ist es, 1. die langfristige Entwicklung des Unternehmens festzulegen und 2. zu verwirklichen. Die festgelegten Ziele müssen dabei realistisch und realisierbar sein: nur dann sind sie in die Tat umzusetzen. Der Konzeptionsphase folgt die Realisationsphase. Dies geschieht mit Hilfe der mittelfristigen Planung.

Die mittelfristige Planung folgt daher gedanklich immer der langfristigen Planung. Auch wenn sie kurzfristige Erfolge erzielen soll, ist ihr Hauptzweck die Verwirklichung der langfristigen Unternehmenspolitik.

Daran schließt sich die kurzfristige Planung an, auch häufig als operative Planung bezeichnet.

Der Planungszeitraum langfristiger Planung, auch Planungshorizont genannt, ist von Branche zu Branche verschieden und hängt von den Lebenszyklen erfolgreicher Produkte ab. Als Extrembeispiel werden häufig Atomkraftwerke und Hulahoop-Reifen angeführt. Langfristige Pläne für die Atomkraftwerksindustrie berücksichtigen oft einen Zeitraum von 20 bis 30 Jahren (= Planungshorizont). Bei Hulahoop-Reifen dagegen umfaßt ein langfristiger Plan vielleicht nur einen Zeitraum von einem Jahr.

Beim Erarbeiten der **Langfristkonzeption** geht es schwerpunktmäßig darum, die auf den einzelnen Märkten angestrebte Position des Unternehmens zu benennen. Wichtig ist hierbei, den dafür benötigten Investitionsbedarf zu bestimmen, insbesondere für Forschung und Entwicklung sowie Produktions- und Vertriebskapazitäten. Mit der Langfristkonzeption soll festgestellt werden, in welchen Märkten das Unternehmen wie agieren will.

Liegt die Langfristkonzeption vor, dann sind durch die **Mittelfristplanung** die Eckdaten festzulegen, die die Realisierung der Langfristkonzeption sicherstellen. Für jede Planungseinheit des Unternehmens mit eigener Gewinn- und Verlustverantwortung, häufig als SBU = strategic business unit bezeichnet, werden detaillierte Eckdaten erarbeitet:

- Auftragseingang,
- Umsatz,
- Mitarbeiter,
- Investitionen,
- Aufwand für Forschung und Entwicklung,
- Betriebsergebnis und Ergebnis vor Steuern.

Somit kann detailliert gezeigt werden, wohin die Summe aller geplanten Aktivitäten des Unternehmens führt. Beim Erarbeiten dieser Details ist deshalb eine größere Sorgfalt vonnöten, denn hier wird der Maßstab festgelegt, an dem die zu leistenden Einheiten (Planungseinheiten) des Unternehmens in ihrer mittelfristigen Entwicklung gemessen werden. Hier ist der Controller gefordert.

Die **Kurzfristplanung** geht wesentlich über die Eckdatenplanung der Mittelfristplanung hinaus. Sie ist eine volle Durchrechnung der betriebswirtschaftlichen Gewinn- und Verlustrechnung und der Bilanz. Die Kurzfristplanung umfaßt dabei im allgemeinen einen Forschungs- und Entwicklungsplan, einen Investitionsplan, einen Gemeinkostenplan und einen Werbeplan.

Durch die Kurzfristplanung entwirft die Geschäftsführung Schritt für Schritt ihr Agieren in den kommenden zwei Jahren. Dazu gehören weiter detaillierte Pläne, wie Kostenstellenplanung, Kapazitätsplanung, Personalbedarfs- und Projektplanung. Die weiterführende, zahlenmäßige Detaillierung des ersten Planjahres ergibt dann die Budgetplanung.

So ergibt sich für den Controller folgende Übersicht:

Abb. 11   *Zeiträume der Unternehmensplanung*

7. Flexibilität durch Planungsanpassung

Häufig muß sich der Controller mit der Kritik auseinandersetzen, Planung sei zu starr und zu unbeweglich. Planung verhindere eine notwendige Flexibilität und zementiere Situationen. Der Schaden daraus ist dann vielleicht größer als der Nutzen.

Dieser Kritik kann der Controller relativ einfach begegnen. Um die notwendige Flexibilität im Wirtschaftsleben zu gewährleisten, arbeitet er mit dem Instrument der Planungsanpassung.

Die Planungsanpassung bedeutet ein Ändern von bereits bestehenden oder ein Erarbeiten von neuen Plänen. Planung wird dabei als eine sich regelmäßig wiederholende Übung für das Unternehmen verstanden. Die Zielsetzung für das Management und den Controller ergibt sich dabei wie folgt:

- sich ändernde Voraussetzungen führen zu neuen Schlußfolgerungen;
- diese neuen Schlußfolgerungen zwingen wiederum zu einem Überdenken der Pläne;
- daraus ergibt sich — gegebenenfalls — eine Anpassung der zur Zeit bestehenden Pläne an die neuen Voraussetzungen.

Die Philosophie und Notwendigkeit der Plananpassung ergibt sich bereits aus der Dynamik des Wirtschaftslebens. Der Wirtschaftsprozeß, angefangen von Forschung und Entwicklung über Produktion bis hin zur Distribution und zum Verkauf ist ein dynamischer Prozeß mit vielen Einflußfaktoren. Die meisten muß das Unternehmen als von außen gegeben hinnehmen. Änderungen dieser Einflußfaktoren müssen daher notwendigerweise Rückwirkungen auf das Unternehmen haben.

Diese Dynamik kann für das Unternehmen positiv sein. Durch rasche Anpassung an die neue Ausgangslage können sich besondere Chancen ergeben. Reagiert das Unternehmen flexibel genug, so bedeutet dies zusätzliche Erfolge.

Die Planungsanpassung bezieht sich auf alle Aspekte des Planungsablaufs. Folgende Methoden der Planungsanpassung sind gebräuchlich:

- Roll-Over-Planung,
- Planungsanpassung durch Notpläne,
- Planungsanpassung in Notsituationen.

7.1 Durch Roll-Over-Planung steuern

Die Roll-Over-Planung ist eine Planungsphilosophie, die berücksichtigt, daß jeder Plan wieder durch einen neuen abgelöst wird. Durch sie wird dem Unternehmen offenkundig, daß Planung ein sich ständig wiederholender Prozeß ist. Die Planung ist nicht als statisch und ruhend zu betrachten, sondern als dynamisch. Die Roll-Over-Planung schließt alle Planungsaktivitäten ein, die im Rahmen eines festgelegten Zeitplans — im allgemeinen ein Jahr — überarbeitet werden. Dazu gehören:

- der Geschäftsauftrag (die Mission) des Unternehmens,
- die Zielsetzungen,
- Vorausschätzungen und Analysedaten,
- Schlüsselgrößen für die Strategieformulierung,
- Strategien,
- der strategische Plan (= Langfristkonzeption),
- der taktische Plan (= Mittelfristkonzeption),
- der operative Plan (= Kurzfristkonzeption),
- die Budgets.

Im Rahmen des jährlichen formalen Planungszyklus erfolgt diese Plananpassung automatisch. Dabei ist jedoch nichts über die inhaltliche Plananpassung ausgesagt. Diese kann oft sehr weit gehen. In Extremfällen wird der vorhergehende Plan völlig umgestoßen. Zu denken ist dabei zum Beispiel an politische und militärische Ereignisse, die vielleicht eine völlige Neuausrichtung der Geschäftspolitik erfordern.

In Zeiten ruhigerer Entwicklung ändern sich Nachfolgepläne oft kaum gegenüber den vorhergehenden. Dann ergibt sich eine einfache Planfortschreibung. Das Schwergewicht liegt in diesen Fällen auf einer möglichst gleichmäßigen Geschäftsentwicklung ohne größere Veränderungen.

Die Änderungen gegenüber vorhergehenden Plänen werden auch vom Planungshorizont beeinflußt. Ein einmal festgelegter Geschäftsauftrag und dafür entwickelte Strategien sind meist für einen längeren Zeitraum gültig. Die operative Planung und die Budgets unterscheiden sich dagegen von vorhergehenden Planungsrunden im allgemeinen stärker.

7.2 Durch Notpläne steuern

Notpläne werden zusätzlich zu den verabschiedeten Plänen erstellt; sie berücksichtigen Notfälle. Notfälle liegen dann vor, wenn für das Unternehmen größere negative Ereignisse eintreten; etwa, wenn die tatsächlichen Umsätze gegenüber den geplanten Umsätzen zu niedrig ausfallen.

Notpläne ermöglichen dem Management und dem Controller, ungünstigen Entwicklungen gegenüber gewappnet zu sein. Zielsetzung ist es, beim Eintreten solcher Entwicklungen schon verabschiedete Gegensteuerungsmaßnahmen vorliegen zu haben. Die Reaktionszeit für das Management wird damit wesentlich kürzer.

Wenn zum Beispiel die geplanten Absatzzahlen nicht realisiert werden, zeigen Notpläne mögliche Maßnahmen auf, um diese ungünstigen Entwicklungen kurzfristig zu kompensieren. Notpläne erhöhen die kurzfristige Flexibilität des Unternehmens, z.B. was die Preisgestaltung, die Mengengestaltung oder die Reduzierung der Kostenbudgets betrifft.

Notpläne werden in der Praxis meist im Rahmen der operativen Planung erstellt. Sie beschäftigen sich mit dem kurzfristigen Ernstfall. Die kritische Größe ist dabei die Reaktion der Abnehmer.

Bei ungünstigen Entwicklungen kürzen Notpläne den Schreckmoment ab. Notpläne zeigen auch schon vor Eintritt der Notsituation mögliche Maßnahmen auf, um rasch reagieren zu können. In der Praxis wird dabei oft mit dem break-even-Punkt gearbeitet. Der break-even-Punkt ist der Umsatz, bei dem die Schwelle vom Verlust zum Ertrag überschritten wird.

Das verdeutlicht folgende Abbildung:

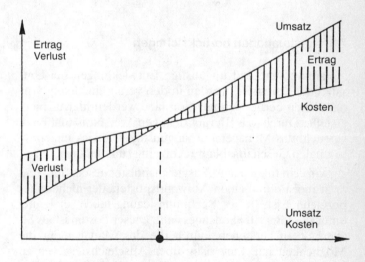

Abb. 12 *break-even-Punkt*

So kann zum Beispiel das Ziel des Managements sein, den break-even-Punkt bei 60 % der ursprünglich geplanten Umsätze noch zu erreichen. Sollte zum Beispiel der laut Budget festgelegte Umsatz um 40 % gegenüber dem Planansatz fallen, dann würde trotzdem noch kein Verlust entstehen.

Notpläne geben Aufschluß über die Flexibilität und Reaktionsmöglichkeiten des Managements, sollte sich ein Umsatzeinbruch oder eine andere ungünstige Entwicklung gegenüber dem Planansatz ergeben. Durch dieses gedankliche Durchspielen von Notsituationen werden auch Schwächen und mögliche Gefahren besser sichtbar, die sonst vielleicht nicht so augenscheinlich wären. Gegen Notpläne spricht zwar ein zusätzlicher Arbeitsaufwand. Sollte jedoch ein Notfall eintreten, dann hat sich spätestens zu diesem Zeitpunkt dieser zusätzliche Aufwand gelohnt.

7.3 Notsituationen berücksichtigen

Notsituationen sind ungünstige Entwicklungen bei Umsatz und Ertrag. Sie werden in den verabschiedeten Normalplänen berücksichtigt. Notpläne werden hierfür nicht erstellt. Durch das Berücksichtigen von Notsituationen versucht das Management, ungünstige Entwicklungen im normalen Geschäftsablauf rechtzeitig zu kompensieren.

Es wird ein finanzielles Ausgleichspolster geschaffen, und zwar meist durch einen Aufwandsposten, der nicht näher bezeichnet ist. In der Rechnungslegung taucht er häufig unter dem Begriff »Sonstiges« auf. Dieser Posten ist als Sicherheit zu verstehen, durch die das Management die Möglichkeit hat, kurzfristig über Ausgleichsreserven zu verfügen, um die genehmigten Pläne einzuhalten. Ein Beantragen von zusätzlichen Mitteln während der Realisierung der verabschiedeten Budgets ist dann nicht notwendig.

Ob eine entsprechende Vorsorge für Notsituationen in den verabschiedeten Plänen getroffen werden kann, hängt von den einzelnen Unternehmen ab. Manche Unternehmen lehnen dies ab. Dann besteht die Möglichkeit, durch Bilden von »stillen Reserven«, die nach außen hin nicht oder sehr schwer sichtbar sind, troztdem Vorsorge für Notsituationen zu treffen.

Durch diese drei Instrumente der Planungsanpassung — Roll-over-Planung, Notpläne und Berücksichtigung von Notsituationen — hat der Controller ein gutes Instrumentarium, trotz angeblicher Starrheit der Planung flexibel zu bleiben.

Kapitel 3:
Der Controlling-Planungsprozeß

Wie sind Planung und Kontrolle im Unternehmen am zweckmäßigsten durchzuführen? In der Praxis wurde hierfür ein Vorgehen entwickelt, das sieben Schritte umfaßt. Diese gehen kontinuierlich ineinander über. Das Ablaufschema gilt nicht nur für größere Unternehmen, es ist universell gültig.

1. **Zielsetzungen festlegen**
   Zielsetzungen für das Gesamtunternehmen sind Absichtserklärungen der Geschäftsleitung über die wichtigsten Stoßrichtungen des Unternehmens. Sie dokumentieren den klaren Führungsanspruch der Unternehmensspitze.
2. **Vorausschätzungen abgeben und Analysen durchführen**
   Sie zeigen die Möglichkeiten, aber auch die Grenzen unternehmerischer Entfaltungsmöglichkeiten auf.
3. **Weisungen und Empfehlungen zum Entwickeln von Strategien und zum Erstellen strategischer Pläne abgeben**
   Die dienen als Kommunikationsmittel. Angesprochen sind die Unternehmensleitung und die Linienstellen. Die Weisungen und Empfehlungen stecken den Linienstellen den Rahmen ihrer Betätigungsmöglichkeiten ab. Gesamtunternehmensinteressen werden dadurch gewahrt.
4. **Strategische Pläne entwickeln**
   Durch die strategische Planung werden für die Linienstellen strategische Pläne entwickelt, um die festgeleg-

ten Zielsetzungen zu erreichen. Die dafür benötigten Mittel (Personal, Kapital, Managementtalent) werden festgelegt und freigegeben. Formales Dokument hierfür ist der strategische Plan. Dieser Plan lehnt sich eng an die Lebenszyklen der Produkte an.

5. **Weisungen und Empfehlungen zum Übersetzen von Strategien in detaillierte operative Programme und zum Erstellen operativer Pläne abgeben.**
Sie dienen wiederum als Kommunikationsmittel. Die Weisungen und Empfehlungen stecken den Linienstellen den Rahmen ihrer Betätigungsmöglichkeiten ab und zwar für einen kürzeren Zeitraum als beim strategischen Plan. Interessen des strategischen Plans werden dadurch gewahrt.

6. **Durch die operative Planung Strategien in detaillierte operative Programme übersetzen.**
Für die Linienstellen werden Maßnahmen entwickelt, um die festgelegten Strategien zu verwirklichen. Die dafür benötigten Mittel (Personal, Kapital, Managementtalent) werden festgelegt und freigegeben. Formales Dokument hierfür ist der operative Plan. Er erstreckt sich im allgemeinen auf die nächsten zwei Jahre. Die weiterführende finanzwirtschaftlich ausgerichtete zahlenmäßige Detaillierung des ersten Planjahres ergibt das Budget. In der Praxis wird das Budget meist auf Monatsbasis festgelegt.

7. **Durch Kontrolle und kontinuierlichen Nachvollzug das Einhalten der Zielvorgaben garantieren.**
»Kontrolle« bedeutet in diesem Falle nicht »kontrollieren«, sondern »unter Kontrolle halten« bzw. »steuern«. Die Kontrolle zeigt Zielabweichungen auf und schlägt vorbeugende bzw. ausgleichende Maßnahmen vor. Das Ziel ist, ungünstige Abweichungen zu vermeiden und günstige weiter auszubauen. Weiterhin wird die Relevanz der Zielsetzungen, Strategien, strategischen Pläne, operativen Programme und Pläne sowie Budgets

überprüft. Die Kontrolle schlägt auch Veränderungen vor, wenn es nötig erscheint. Voraussetzung dafür ist eine funktionierende Controller-Organisation.

Somit ergibt sich folgender Controlling-Prozeß:

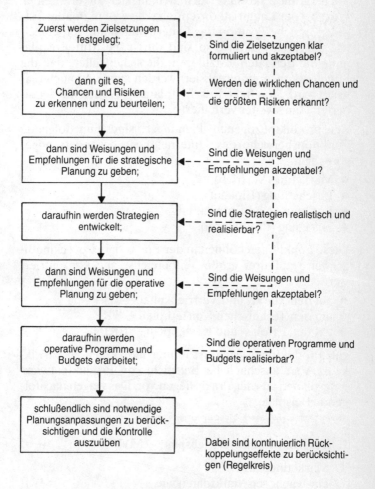

Abb. 13   *Planung und Kontrolle durchführen*

1. Die produktbezogene Planung

Bei der Durchführung von Planung und Kontrolle treten notwendigerweise produktbezogene Planungen in den Vordergrund; sie sind auch detaillierter zu erarbeiten. Wird bei der Langfristkonzeption schwerpunktmäßig festgelegt, welche Position das Unternehmen auf den einzelnen Märkten anstrebt, so sind durch die Mittelfristplanung die Eckdaten festzulegen, die sicherstellen, daß die Langfristkonzeption realisiert werden kann und auch realisiert wird. Durch die Kurzfristplanung werden die detaillierten Pläne weiter verfeinert.

Bei produktbezogenen Planungen sind nun folgende Funktionsbereiche des Unternehmens besonders angesprochen:

- Marketing (Vertrieb),
- Beschaffung (Einkauf),
- Forschung und Entwicklung,
- Fertigung (Produktion).

Diese Funktionen können in der Praxis dabei zweckmäßigerweise auf drei große Teilbereichspläne konzentriert werden:

- auf den Markt- und Vertriebsplan — MVP
- auf den Technischen Konzeptplan — TKP
- auf den Erfolgs- und Kostenplan — EKP

Ein Produktplansystem ist immer individuell zu entwickeln. Aber anschauliche Beispiele von Produktentwicklungsplänen aus der Praxis liegen vor. Das zeigen nachfolgende Beispiele.

(Quelle: Lembke, »Strategisches Produktmanagement«, Wild, »Product Management«)

I. Der Markt- und Vertriebsplan — MVP

1. Marketingplan
   Dazu gehören Marktdaten wie:
   - Gesamtmarkt nach Produkten und Abnehmern

- Marktanteile
- Wachstum
- Konkurrenz
- Konditionen

2. Vertriebsplan
   - Auftragseingang und Umsatz (Umsatzplan) nach
     - Produktgruppen
     - Produkten
     - Kundengruppen
     - Regionen (In-, Ausland)

     sowie
     - Menge (Stückzahl)
     - Preis
     - Preisveränderungsrate
     - Erlösschmälerungen (Rabatte, Preisnachlässe ...)
   - Vertriebsorganisation
     - zentral/dezentral
     - Verkäufereinsatz
     - Filialnetz
   - Transport und Lagerhaltung
   - Schulung und Information
     - Verkaufsschulung
     - Kundeninformation

3. Werbe(etat-)plan
   - Allgemeine Werbung
     - Händlerwerbung
     - Werbeforschung
     - Messe und Ausstellungen
     - Sonstige
   - Werbemittel
     - Entwicklung neuer Werbemittel
     - Verkaufsstände
     - Plakate
     - Muster
     - Aufstecker
     - Prospekte
     - Modelle
   - Werbemedien/-träger
     - Anzeigen (Zeitungen)
     - Rundfunk
     - Fernsehen
     - Film
     - Rundschreiben
     - Sales-Folder
     - Vertreter/Vertretung
     - Schaufenster
     - Gebäude u. a. m.

Die strategische Ausrichtung des Markt- und Vertriebsplans kann dabei für die einzelnen Produkte grundsätzlich in vier Richtungen zielen:

- Marktintensivierung,
- Markterschließung,
- Produktentwicklung,
- Diversifikation.

Das verdeutlicht folgende Produkt-Matrix von Ansoff. Sie ermöglicht die Ableitung der grundlegenden Marketingstrategien. Produkte müssen definiert werden und können dann mit Märkten zu Geschäftsfeldern kombiniert werden. Die vier Hauptstrategien weisen den Weg, der bei der Weiterentwicklung und Festlegung der einzelnen Strategien eingeschlagen werden kann.

Abb. 14 *Produkt-Matrix von Ansoff*

Liegt ein verabschiedeter Markt- und Vertriebsplan vor, dann ist zu realisieren. Dies geschieht insbesondere durch die Vertriebssteuerung. Sie ist notwendigerweise ein immerwährender Anpassungsprozeß. Ziele, Maßnahmen und Einzelaktionen sind regelmäßig aufeinander abzustimmen. Zur besseren und schnelleren Übersicht für den Vertriebscontroller kann daher die Vertriebssteuerung zum Beispiel durch folgende Abbildung als Regelkreis dargestellt werden.

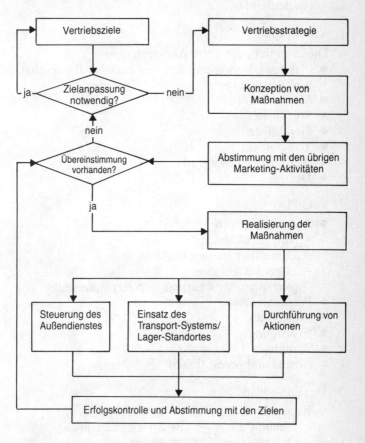

Abb. 15 *Regelkreis der Vertriebssteuerung*

(Quelle: Höfner/Schmeißer, »Vertriebskostenrechnung und Profit-Center-Organisation« in »Handbuch Revision, Controlling, Consulting«)

II. Der technische Konzeptplan — TKP

Dieser Teilplankomplex enthält die Produktpläne der Fertigung, der Forschung und Entwicklung sowie — als gemeinsame Basis — einen Konzeptplan, der besonders in der Investitionsgüterindustrie mit hoher technischer Innovation bedeutend ist.

1. Konzeptplan

    Dieser enthält vor allem Aussagen über
    - elektrische, mechanische, konstruktive Eigenschaften (Wertanalyse)
    - Modultechnik
    - Stückliste
    - Geräteliste
    - Technologie
    - Automatisierungsgrad
    - Design

2. FuE-Plan
    - Aufgabenbeschreibung
        - Aufgabenkatalog
        - Zusammenfassung zu Arbeitspaketen
        - Logische Abfolge
          (Netzplan/Strukturplan — Netzplantechnik)
    - Personaleinsatz
    - Musterbau
    - Erprobung
    - Termine
    - Kosten und Investitionen

3. Fertigungsplan
    - Kapazität
        - Qualität
        - Quantität
    - Fertigungsausstoß
    - Stücklisten
    - Spezialwerkzeuge
    - Spezialmaschinen
    - Prüfmittel
    - Herstellkosten

III. Der Erfolgs- und Kostenplan — EKP

Die Erfolgs- oder Gewinnermittlung hängt von der Wahl des Kalkulationsverfahrens ab. Wenn das Prinzip der Vollkostenrechnung auf dem Weg der Zuschlagskalkulation zu objektiv falschen Ergebnissen führt, wird die (stufenweise) Deckungsbeitragsrechnung angewandt. Diese auf dem Verursachungsprinzip beruhende Teilkostenbetrachtung muß jedoch mittelfristig immer zu einer Abdeckung auch der Vollkosten führen. Die Deckungsbeitragsrechnung muß als wirkungsvolle Ergänzung der Vollkostenrechnung gesehen werden. Grundsätzlich sind auch andere Rentabilitätsbetrachtungen denkbar, wie z.B. Geldflußrechnungen, bei denen dem Finanzmitteleinsatz für Produkte die Einnahmeüberschüsse gegenübergestellt werden. Die Rendite-Kennzahl wird dann nach der Methode des internen Zinsfußes (Marginal-Rendite) ermittelt.

1. Produktgewinnplan

   Unter Berücksichtigung der Kalkulationsmethode sind folgende Positionen zu ermitteln:

   - Brutto-Umsatzerlös
     % Handels-Vertriebsspanne
       (incl. übrige Erlösschmälerungen)
     = Netto-Umsatzerlös.

   - Netto-Umsatzerlös
     % variable Kosten
     = Deckungsbeitrag

   - Netto-Umsatzerlös
     % Gesamtkosten
     = Netto-Gewinn (vor Steuern)

   - Gewinn in % vom Umsatz
     (Umsatzrendite nach dem Vollkostenprinzip)

2. Produkt-Kostenplan (Kostenrechnung)
- Marketing-/Vertriebskosten
  - Einzelkosten
  - Gemeinkosten
  - Sondereinzelkosten z. B. für
    Fracht
    Verpackung
    Kreditsicherung
    Provisionen
  - Sonderkosten z. B. für
    Werbung
    Markterschließung
    Testmärkte
- Beschaffungskosten
- FuE-Kosten
  - Personalkosten
  - Sachmittelkosten
  - Kapitalkosten
- Herstellkosten
  - Lohn
  - Material
  - Gemeinkosten
- Wagniskosten
- Verwaltungskosten
  auch Sonderkosten für das Produktmanagement

Für alle Erlös- und Kostenbetrachtungen gilt auch, daß der Produktbegriff so gewählt werden muß (insbesondere bei mehrstufigen Produkten der Investitionsgüterindustrie), daß der Umsatzerlös, die Herstellkosten, die Entwicklungskosten und die direkten Vertriebs- und Verwaltungskosten für das einzelne Produkt erfaßt und geplant werden können.

Eine zusammenfassende Darstellung einer Produktplanung und Einführung neuer Produkte auf dem Markt sowie der dafür notwendigen und aufeinander abgestimmten Einzelschritte (Marketingkonzeption) zeigt nebenstehendes Bild.

Kommentatoren verweisen öfters darauf, daß von 100 neu entwickelten Produkten im Durchschnitt nur ein Produkt am Markt erfolgreich eingeführt werden kann. Das verdeutlicht die besondere Herausforderung des Controllers.

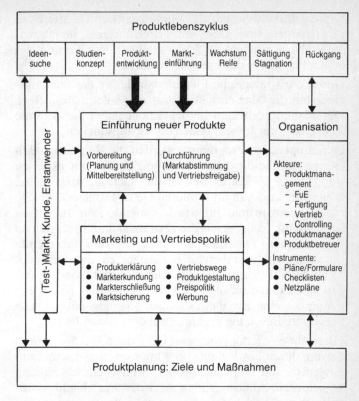

Abb. 16 *Produktplanung*
(Quelle: Lembke, in: »Management Lexikon«)

2. Operative Programme und Budgets festlegen

Nachdem die Strategien für die Planungseinheiten festgelegt wurden, müssen die Strategien in detaillierte operative Programme übersetzt werden. Dies ist der nächste Schritt im Planungs- und Kontrollzyklus. Die formalen

Dokumente dafür sind der operative Plan und die Budgets. Budgets sind dabei die weiterführende, finanzwirtschaftlich ausgerichtete zahlenmäßige Detaillierung des ersten Planjahres des operativen Plans.

Durch die strategische Planung wurde für die Planungseinheiten die Marschrichtung für die Zukunft festgelegt. Der Planungszeitraum berücksichtigt dabei die gesamte Zeitspanne der Lebenszyklen der Ertragsquellen.

Durch **operative Programme** werden die Rahmengrößen angegeben, die für den operativen Zeitraum anzustreben sind. Dieser Zeitraum betrifft die nächsten zwei Jahre. Weiterhin wird nun im größeren Detail festgelegt, welche Maßnahmen primär für das kommende Jahr zu treffen sind, um die festgelegten Zielsetzungen und Strategien zu verwirklichen. Da Maßnahmen selten zum Jahresende (Stichtag 31. Dezember für Unternehmen, die nach dem Kalenderjahr bilanzieren) beendet sind und Überlappungen mit dem darauffolgenden Jahr stattfinden, hat sich in der Praxis eine Zweijahresbetrachtung eingebürgert. Die besondere Betonung liegt aber auf dem ersten Jahr.

Hier geht es wieder (wie beim Erarbeiten von Strategien) darum, durch Festlegung von Aktionsgrößen gewünschte Ereignisse mit möglichst großer Wahrscheinlichkeit herbeizuführen. Aktionsgrößen setzt der Entscheidungsträger selbst. Es sind Vorgabewerte, die direkt vom Unternehmen beeinflußbar sind und von ihm selbst bewußt festgelegt werden.

Die Planung der Ziele, der Strategien und der kurzfristigen Maßnahmen ist Bestandteil des strategischen Controlling. Im Rahmen des operativen Controlling erfolgt die Umsetzung der Leistungsziele der einzelnen Abteilungen in Kostenvorgaben, dem Budget. Sie umfassen Geld- und Mengengrößen, die als Sollwerte vorgegeben werden. In der Regel resultieren aus der Budgetierung eine Reihe mehr oder weniger voneinander abhängiger Budgets. Insgesamt bilden sie dann das Budgetsystem.

In der Praxis wird dabei meist mit zwei grundsätzlichen Arten von Budgets gearbeitet:
- mit fixen und
- mit flexiblen Budgets.

| **Budget-Arten** | |
Fixe Budgets	Flexible Budgets
Kostenvorgaben	
Vollkosten je Kostenart.	Aufteilung in fixe und variable Kosten. Ermittlung der Kosten für verschiedene Beschäftigungsstufen.
Zweck	
Steuerungsinstrument. Beschränkung der Kosten auf einen von der Führung gewollten Betrag.	Steuerungs- und Kontrollinstrument. Vorgabe der Kosten in Abhängigkeit von der Beschäftigung. Kontrolle der Wirtschaftlichkeit und der Aufwandsverursachung.
Anwendung	
Für Abteilungen, bei denen sich die Kosten nicht in Abhängigkeit von einer Bezugsgröße ändern, oder wo sich die Abhängigkeit nur schlecht messen läßt. = F & E, Verwaltungsbereich	Für Abteilungen, bei denen die Kosten in erheblichem Umfang von der Beschäftigung abhängen und die Vorgabewerte auf den neuen Beschäftigungsgrad umgerechnet werden können. = Fertigungsbereich.

(Quelle: Peemöller, »Management Lexikon«)

In dieser Phase des Controlling wird weniger gefragt, was sein wird, sondern was sein soll. Hilfsmittel zur operativen Planung ist (wie bei der strategischen Planung) das Festlegen von Vorgabewerten. Es entspricht dem Führungsstil Führen durch Zielvorgaben.

Durch die **operative Planung** wird im Detail festgelegt
a) WER
b) WAS
c) WANN
d) WOMIT

zu erfüllen hat, um die Zielsetzungen zu erreichen. Das im strategischen Plan festgelegte operative Programm wird hierbei weiter detailliert.

Was bedeutet das im Einzelnen?

»WER« bedeutet die Entscheidungseinheit, die für die Erfüllung der Aufgabe direkt verantwortlich ist. Diese Aufgabe ist eindeutig personenbezogen.

»WAS« gibt an, welche genauen Zielvorgaben erreicht werden müssen. Zielvorgaben können quantitativer und qualitativer Art sein. Quantitative Zielvorgaben legen zum Beispiel den angestrebten Auftragseingang in Stück oder Geldeinheiten für einen Verkaufsbezirk fest; qualitative Zielvorgaben die Qualität der zu erbringenden Leistung.

Qualitative Zielvorgaben sind durch Hilfsgrößen zu quantifizieren und damit meßbar zu machen. Beispiel: Häufigkeit der Reklamationen der Kunden und verursachte Kosten zur Behebung der Reklamationen.

Quantitative Zielvorgaben sind entweder Minimum- oder Maximumgrößen. Umsätze können dabei überschritten, Kosten unterschritten werden.

»WANN« legt den Zeitpunkt fest, zu dem die festgelegten Zielvorgaben zu erbringen sind. Kritische Zeitpunkte bei größeren Projekten signalisieren, wann Teilziele spätestens erreicht werden müssen, damit der gesamte Zeitplan der größeren Einheit nicht in Verzug kommt. Hilfsmittel dazu sind zum Beispiel Netzpläne, kritische Pfadmethoden, Terminkalender. Zielvorgaben, die Zeitangaben betreffen, sind Maximalziele. Sie können unterschritten werden.

»WOMIT« zeigt die Ressourcen, die für die Zielerfüllung freigegeben werden. Darunter fallen Kapital- und Personalressourcen. Hilfsmittel zum Messen von Zweckmäßigkeit und Wirtschaftlichkeit des Mitteleinsatzes sind zum Beispiel: Verzinsung des eingesetzten Kapitals (Diskontierte Mittelzufluß- und Rückflußrechnung); Input-Output-Analysen; qualitative Ziel-Mitteleinsatzvergleiche; Vergleiche mit ähnlichen Fällen aus der Vergangenheit und mit Mitbewerbern.

Durch die operative Planung werden langfristige Zielsetzungen durch gezielte, aufeinanderabgestimmte Einzelschritte detailliert konkretisiert. Dadurch werden durch kurzfristige Maßnahmen, die man sehr genau und genügend detailliert festlegen kann, längerfristige Maßnahmen auf längerfristige Zielsetzungen, die man nicht so detailliert festlegen kann, erreicht. Durch die Vielzahl der Einzelschritte ergibt sich dann das gesamte operative Programm.

Das Budget soll Kostenabweichungen verhindern. Eine Abteilung darf beim straffen Controlling Maßnahmen nur dann ergreifen, wenn sie im Budget enthalten sind. Mehrbedarf ist im Einzelfall sehr gründlich auf seine Ursachen zu untersuchen. Budgets sollen allerdings weder positive Überschreitungen der Leistungsziele verhindern, noch zu einer Erstarrung des Betriebsgeschehens führen. Nur Verschlechterungen der Kosten-Leistungs-Relationen gilt es zu vermeiden.

Abweichungen der Werte treten dennoch auf. Im Rahmen der Kontrolle sind sie im einzelnen zu erfassen. Die Auswirkungen der monatlichen Abweichungen für das gesamte Jahr lassen sich in der Vorausschau zum Jahresende aufzeigen. Dazu werden die Abweichungen der abgelaufenen Monate kumuliert und bis zum Jahresende fortgeschrieben. Ausgehend von den festgestellten Abweichungen erfolgt die Analyse ihrer Ursachen, die in Planungs- oder Ausführungsfehlern bestehen können. Die Kenntnis der Abweichungsursachen ist die Voraussetzung für eine angepaßte Planung des nächsten Jahres, um die Maßnahmen zu finden, welche die neue Sollerreichung gewährleisten.

3. Mit dem Ertragsbudget steuern

Ein Instrument zur Steuerung von Unternehmen und Teilen von Unternehmen ist das **Ertragsbudget**. Hier wird festgelegt, welcher Ertrag von den einzelnen Stellen im Unternehmen zu erwirtschaften ist. Er wird in einer Geldgröße, dem Gewinn, ausgedrückt.

Der zu erwirtschaftende Ertrag wird für alle Stellen im Unternehmen festgelegt, die Ertragsverantwortung übernehmen können. Es handelt sich um die Stellen des Unternehmens, die am Markt operieren.

Der zu erwirtschaftende Ertrag wird im jährlichen Ertragsbudget festgelegt. Dieser Ertrag ist der Bewertungsmaßstab für die Linienstellen. Der erbrachte Ertrag wird durch eine Finanzgröße ausgedrückt und ist dadurch meßbar und vergleichbar.

Das Ertragsbudget als Maßstab für die Leistungsbewertung ist problematisch. Der Unternehmensführung steht jedoch kein anderes Planungsinstrument zur Verfügung, um die Leistung der verschiedenen Linienstellen vergleichbar zu machen und die Unternehmensressourcen (Personal, Kapital) mit dem gleichen Schlüssel im Gesamtunternehmensinteresse einzusetzen. Das Ertragsbudget erfüllt jedoch seine Aufgabe, wenn bestimmte Grundbedingungen gegeben sind.

In der Praxis haben sich dabei zwei Vorgehensweisen herausgebildet, die Leistung der Linienstellen gemäß dem Ertragsbudget zu messen:

1. **Straffes Steuern** durch die Controller-Organisation
2. **Flexibles Steuern** durch die Controller-Organisation

Diese beiden Vorgehensweisen zeigen an, welcher Druck auf die Linienstellen ausgeübt wird, um die im jährlichen Ertragsbudget festgelegten Ertragsziele zu erreichen. Sie zeigen darüber hinaus an, wann ungünstige Abweichungen von den Zielvorgaben ohne ernste persönliche Konsequenzen für die Verantwortlichen akzeptiert werden. Welche Art des Controlling gewählt wird, hängt vom Management des Unternehmens ab.

3.1 Die straffe Steuerung

Bei straffer Steuerung ist das Ertragsziel für das Budgetjahr eine fest vorgegebene Größe, die es zu erreichen gilt. Die Wertschätzung, die die Controller-Organisation der Leitung der Linienstelle beimißt, stützt sich weitgehend darauf, inwieweit das Ertragsbudget eingehalten wurde.

Der Controller analysiert im Detail die erbrachte Leistung der Linienstelle und bewertet sie. Die Analyse stützt sich dabei auf die erbrachte Leistung auf monatlicher Basis und schätzt diese für das ganze Budgetjahr voraus. Abweichungen von Zielvorgaben werden detailliert untersucht und die Gründe festgelegt. Wenn deutlich wird, daß das Ertragsziel für das ganze Jahr nicht erreicht wird, werden korrigierende Maßnahmen vorgeschlagen und festgelegt.

Die Unterstützung durch straffes Steuern ist jedoch nur dann eine praktikable Form, wenn eine Reihe von **Voraussetzungen** gegeben sind:

1. Intensives Einschalten der Controller-Organisation bei der Festlegung des Ertragsbudgets.
2. Intensives Einschalten der Controller-Organisation bei der monatlichen Kontrolle des Ertragsbudgets.
3. Eine genügend umfassende Kenntnis des Geschäfts durch die Controller-Organisation.

4. Der Willen und die Fähigkeit, insbesondere auch der Geschäftsleitung, große Mengen von Finanzdaten zu analysieren und zu interpretieren.
5. Ein aussagefähiges Rechnungswesen.
6. Ein genügend qualifizierter Stab von Finanzspezialisten.

Da auf eine strenge Einhaltung des Ertragszieles Wert gelegt wird, ist unbedingt erforderlich, daß bei der Planfestsetzung des Ertragsbudgets die Controller-Organisation intensiv mit eingeschaltet ist. Das betrifft die Geschäftsleitungen der Linienstellen und die Gesamtunternehmensleitung sowie die mit Planungs- und Kontrollaufgaben betrauten Stabsstellen.

Dieses Vorgehen erfordert einen engen persönlichen Kontakt zwischen der Zentrale und den Linienstellen sowie eine intensive Diskussion von Grunddaten, die zu den Zielvorgaben führen und des Mitteleinsatzes, um die Zielvorgaben zu erreichen. Nur durch dieses Vorgehen wird garantiert, daß das Ertragsbudget realistisch ist und kein Diktat darstellt, sondern eine Verpflichtung, zu der sich die Linienstellen aus Überzeugung bekennen.

Straffes Steuern verlangt, daß auch bei der monatlichen Besprechung des Ertragsbudgets die Controller-Organisation intensiv mit eingeschaltet ist. Dies betrifft wiederum die Geschäftsleitungen der Linienstellen und die Gesamtunternehmensleitung sowie die mit Planungs- und Kontrollaufgaben betrauten Stabsstellen.

Eine intensive Diskussion der monatlichen Budgetwerte und der in Ansätzen erkennbaren Abweichungen der Zielvorgaben garantiert, ein Frühwarnsystem und Vorwärtscontrolling zu ermöglichen. Nur durch dieses Vorgehen wird erreicht, Fehlentwicklungen so früh wie möglich zu erkennen und zu beheben, um damit das Ertragsziel wirklich zu erreichen. Darüber hinaus wird durch das Vorwärtscontrolling erreicht, Erträge über das im Budget festgelegte Ertragsziel hinaus zu ermöglichen, für die bei dem Planungs- und Kontrollsystem des straffen Controlling für die Linienstellen kein besonderer Anreiz besteht.

Ein System des straffen Steuerns ist weiterhin nur praktikabel, wenn die Controller-Organisation eine umfassende und genügend genaue Kenntnis des Geschäfts hat. Diese Kenntnis ist notwendig, um bei den Zielvorgaben realistische Werte festzusetzen. Ist das Ertragsbudget nicht realistisch, so ist auch die Zielerfüllung trotz besonderer Anstrengungen der Linienstellen kaum zu gewährleisten.

Da auf eine strenge Einhaltung des Ertragsbudgets Wert gelegt wird, verlangt eine straffe Steuerung weiterhin, daß alle Einflußfaktoren und ihre Einwirkungen auf den Unternehmenserfolg zahlenmäßig bewertet werden. Das trifft auch auf die Gesamtgeschäftsleitung zu, die den Willen und die Fähigkeit haben muß, eine große Menge von Einflußfaktoren nichtfinanzwirtschaftlicher Art in Finanzdaten umzusetzen und mit ihren ergebnismäßigen Auswirkungen auf den Unternehmenserfolg zu verarbeiten.

Eine weitere Voraussetzung für ein gut funktionierendes straffes Steuern ist ein aussagefähiges Rechnungswesen, das relevante und wahrheitsgetreue Finanzdaten liefert. Darüber hinaus müssen in der Controller-Organisation und in den Linienstellen ein genügend qualifizierter Stab von Finanzspezialisten vorhanden sein, um die gelieferten Finanzinformationen so verläßlich wie möglich auszuwerten.

Wenn diese Voraussetzungen nicht gegeben sind, dann birgt eine Kontrollausübung durch straffes Steuern **Gefahren**. Diese sind:

1. Überbetonen von sich kurzfristig auswirkenden Maßnahmen auf Kosten von sich längerfristig auswirkenden Maßnahmen.
2. Verzerren der Kommunikation zwischen den Linienstellen und der Controller-Organisation.
3. Verschweigen von Fehlentwicklungen.

Zu den einzelnen Punkten folgendes:

1. Beim straffen Steuern besteht die Gefahr, daß Maßnahmen, die der kurzfristigen Ertragssicherung dienen, den Vorrang vor allen anderen Maßnahmen erhalten. Das geht oft auf Kosten von Maßnahmen, die für die längerfristige Ertragssicherung unbedingt nötig sind, kurzfristig aber das Ergebnis nur belasten. Die Gefahr einer solchen Fehlentwicklung ist immer gegeben, wenn der einzige Erfolgsmaßstab der kurzfristige Erfolg ist.

2. Wenn die Betonung auf dem kurzfristigen Erfolg liegt, dann sind die Zielvorgaben der Linienstellen, die sie sich selbst setzen, meist nicht herausfordernd genug. Straffes Steuern führt zu einem sehr vorsichtigen und konservativen Planen, bei dem möglichst alle Risiken vermieden und besondere Chancen nicht ausgenützt werden.

3. Die größte Gefahr einer straffen Steuerung besteht aber darin, Fehlentwicklungen möglichst lange zu verschweigen, um nicht eingestehen zu müssen, daß die Ertragsziele nicht erreicht werden können. Werden diese Fehlentwicklungen der Controller-Organisation lange vorenthalten, dann werden rechtzeitige korrektive Maßnahmen unmöglich gemacht. Ein Controlling durch Frühwarnsystem und Vorwärtscontrolling ist dann vielfach nicht mehr möglich.

3.2 Die flexible Steuerung

Die zweite Form von Controllingsystemen ist flexibles Steuern durch die Controller-Organisation.

Beim flexiblen Steuern wird das Ertragsbudget nicht als eine feste Verpflichtung betrachtet, die es unbedingt einzuhalten gilt. Bei der Planfestsetzung ergibt sich der Ertrag mehr als »Restgröße«. Er ist die Differenz zwischen den festgelegten Umsatz- und Gesamtkostenvorgaben.

Die Wertschätzung, die die Controller-Organisation der Leitung der Linienstellen beimißt, stützt sich nur bedingt darauf, wieweit das Ertragsbudget eingehalten wurde.

Wie beim straffen Steuern analysieren auch hier die mit Planungs- und Kontrollaufgaben betrauten Stabsstellen die erbrachte Leistung der Linienstellen und bewerten sie. Die Ergebnisse werden mit den Budgetwerten auf einer monatlichen Basis verglichen, weiterhin werden Vorausschätzungen auf das ganze Budgetjahr angestellt. Abweichungen von den Zielvorgaben werden untersucht und ihre Gründe festgestellt. Wenn Fehlentwicklungen in ihren Ansätzen erkennbar sind, werden Gegenmaßnahmen vorgeschlagen und durchgeführt. Günstige Abweichungen von den Zielvorgaben werden für das Unternehmen über die Budgetwerte hinaus nutzbar gemacht.

Im Gegensatz zum straffen Steuern durch die Controller-Organisation wird aber bei dieser Form der Kontrollverantwortung und Kontrollausübung das Ertragsbudget primär als Kommunikations- und Planungswerkzeug betrachtet.

Ungünstige Abweichungen von den laut Budget festgelegten Ertragswerten bedingen dann nicht unbedingt eine schlechte Bewertung der Linienstellen. Das trifft auch auf günstige Abweichungen zu.

Die Kontrollausübung durch die Form der flexiblen Steuerung ist jedoch nur praktikabel, wenn folgende **Voraussetzung** gegeben ist:

Neben der Budgetabteilung wird eine zusätzliche neutrale Stelle im Unternehmen geschaffen, die für die Leistungsbewertung der Linienstellen direkt verantwortlich ist.

Diese neutrale Stelle im Unternehmen besteht zweckmäßigerweise aus erfahrenen, langjährigen Spitzenkräften des Unternehmens. Diese Spitzenkräfte sind meist ehemalige Mitglieder der Geschäftsleitung von Planungseinheiten mit Linienverantwortung. In ihrer neuen Funktion tragen sie aber keine direkte Linienverantwortung mehr. Sie sind der Gesamtgeschäftsleitung direkt unterstellt.

Diese Spitzenkräfte bilden ein Komitee, das für die Leistungsbewertung der Linienstellen zuständig ist. Dieses Komitee zeigt auch an, wann die Leistung unter dem Leistungsstandard liegt. Dieses Komitee übernimmt nun die Aufgaben, die das Ertragsbudget beim straffen Steuern erfüllt. Es überprüft und bewertet die Aktivitäten der Linienstellen auf einer kontinuierlichen Basis und ist bei der Leistungsfestsetzung, Bewertung und Kontrolle der Linienstellen aktiv mit eingeschaltet.

Diese neutrale Stelle im Unternehmen wird mit Mitarbeitern besetzt, die gemäß ihrem fachspezifischen Wissen des betreffenden Geschäfts ausgewählt werden. Sie erhalten auch die notwendige Zeit, um sich mit den Besonderheiten der entsprechenden Linienstellen genügend vertraut zu machen. Neben der intensiven Kenntnis des Geschäfts bringt dieses Komitee noch eine weitere Qualifikation für diese Aufgabe mit, nämlich unabhängig zu sein.

Die organisatorischen Einheiten für diese Aufgabe, wie sie sich in der Praxis herausgebildet haben, heißen unter anderem:

- Vorstandskomitee,
- Managementkomitee,
- Direktions-Sekretariat,
- Lenkungs- und Kontrollausschuß,
- Exekutivausschuß.

Diese Komitees haben dabei die Aufgaben, nicht nur kurzfristige Erfolge zu bewerten, sondern auch den langfristigen Aspekt des Geschäfts zu berücksichtigen. Die Wertung stützt sich dabei auf den gesamten Lebenszyklus der Ertragsquellen und berücksichtigt besonders den Erfolgsbeitrag der Ertragsquellen über deren gesamten Lebenszyklus. Die Betonung liegt dabei mehr auf einer langfristigen, kontinuierlichen Entwicklung des Gesamtgeschäfts unter besonderer Berücksichtigung eines finanzwirtschaftlichen Gleichgewichts für das Gesamtunternehmen.

Die Kontrollausübung durch flexible Steuerung hat gegenüber einem straffen Steuern einige **Vorteile**.

- Es besteht kein scharfer Druck auf kurzfristige Maßnahmen, um die im Budget festgelegten Ertragsziele unter allen Umständen zu erreichen. Dies vermeidet die Gefahr, durch Überbetonen kurzfristiger Maßnahmen die langfristige Zukunftssicherung zu gefährden.
- Eine effektive, offenere und schnellere Kommunikation zwischen der Gesamtgeschäftsleitung und den Linienstellen wird gefördert. Unangenehme Informationen und Nachrichten müssen nicht mehr unter allen Umständen so lang wie möglich zurückgehalten werden.
- Die Leistungsbewertung der Linienstellen erfolgt nicht mehr primär unter dem Gesichtspunkt kurzfristiger Ertragserfüllung.

Eine effektive Kontrollausübung durch das System des flexiblen Steuerns durch die Controller-Organisation hängt jedoch weitgehend von der Qualität der Mitglieder des Komitees ab. Zwischen dieser Stelle und den Linienstellen muß eine enge Zusammenarbeit stattfinden. Beide Seiten müssen sich gegenseitig akzeptieren. Das System kann nur funktionieren, wenn sich Stab und Linie als gleichgewichtige Kräfte im Unternehmen betrachten. Das kann gefördert werden, indem die Verantwortlichen für diese Aufgabe Stab- und Linienerfahrung mitbringen und damit beide Seiten des Unternehmens mit ihren speziellen Anforderungen kennen.

3.3 Die richtige Entscheidung treffen

Die Praxis des Controlling zeigt immer wieder, daß die Entscheidung für das eine oder das andere Controllingsystem oft nicht einfach ist. Warum?

Controlling wird von Menschen durchgeführt, und diese haben notwendigerweise ganz bestimmte Sympathien und Antipathien. Auch der psychologische Faktor spielt im Controlling eine große Rolle. Neben die Fachkompetenz tritt die Sozialkompetenz. Beide zusammen erbringen erst den Erfolg.

Unternehmen sind auch lebende Gebilde. Sie ändern sich. Neue Führungsmannschaften und neue Führungsstrukturen favorisieren neue organisationsinterne »Spielregeln«. Controllingsysteme in Unternehmen unterliegen damit auch notwendigerweise einem Wandel, der vielleicht am Anfang nur sehr unmerklich eintritt.

Beim Entwerfen und Einführen von Controllingsystemen ist es dabei, wie die Praxis zeigt, sehr wichtig, möglichst Mischformen zu vermeiden.

Eine Mischform zwischen straffem Steuern durch die Controller-Organisation und flexiblem Steuern bringt meist größere Mängel mit sich. Beide Controllingformen erwarten von den Linienstellen eine bestimmte Verhaltensweise gegenüber dem Ertragsbudget. Mischformen verunsichern die Beteiligten.

Die von der Controller-Organisation geforderte Verhaltensweise muß der Zentrale und den Linienstellen klar sein.

- Beim straffen Steuern durch die Controller-Organisation ist das Streben der Linienstellen primär darauf gerichtet, das Ertragsziel für das Budgetjahr zu erreichen. Dabei entstehen folgende Gefahren:

  1. Ist augenscheinlich, daß das Ertragsbudget nicht erreicht wird, dann werden gegen Ende des Jahres oft kurzfristige Maßnahmen unternommen, den budgetierten Ertrag für dieses Jahr doch noch zu erreichen, oft auf Kosten der Absicherung des langfristigen Geschäfts.

  2. Wenn die Linienstellen ihr Ertragsbudget erfüllt und noch höhere Erträge für das Budgetjahr erbrin-

gen können, werden diese möglichen höheren Erträge aus Gründen der Absicherung für das nächste Budgetjahr bewußt in das neue Jahr verlagert.
Dieses Wissen ist bei der Budgetfestsetzung und bei der Leistungsbewertung zu berücksichtigen.

- Bei der Form flexibler Steuerung ist das Streben der Linienstellen nicht primär darauf ausgerichtet, das Ertragsbudget als feste Verpflichtung zu betrachten, das es unter allen Umständen einzuhalten gilt. Das Streben ist mehr auf eine längerfristige, kontinuierliche Entwicklung des Geschäfts und der Erträge gerichtet.
Das Fehlverhalten, das beim straffen Steuern immer eine Gefahr darstellt, muß bei der Form flexiblen Steuerns nicht auftreten.

1. Aber die Haltung der Linienstellen
   - keine kurzfristigen Maßnahmen um jeden Preis, auch auf Kosten der Zukunftssicherung erzielen zu wollen und
   - mehr Erträge im Budgetjahr, auch über das Budget hinaus, erreichen zu können,

   muß von der neutralen Instanz, dem Komitee, honoriert werden. Die zusätzlichen Erträge fehlen dann vielleicht im nächsten Jahr, zusätzlich besteht die Gefahr, daß bei der nächsten Budgetfestsetzung höhere Ertragswerte vorgeschrieben werden aufgrund des guten Ergebnisses im vorangegangenen Jahr.

2. Die Betrachtung des Geschäfts nur unter dem Aspekt des Ertragsbudgets ohne Kenntnis der Hintergründe darf dann bei der neuen Budgetfestsetzung und bei der Leistungsbewertung keine Rolle spielen.

Die konsequente Durchführung eines dieser beiden Systeme garantiert allein, daß die Linienstellen unmißverständlich wissen, wie sie sich verhalten müssen, denn davon ist auch die kritische Leistungsbewertung durch die Controller-Organisation abhängig, die für die Planungseinheiten getroffen wird.

Ist der angewandte Bewertungsmaßstab den Linienstellen nicht unmißverständlich bekannt, oder wird dieser häufiger von Jahr zu Jahr für alle Planungseinheiten oder sogar zwischen verschiedenen Planungseinheiten geändert, dann führt dies zur Unsicherheit der Linienstellen. Diese kennen dann nicht mehr die »Spielregeln« für die Zusammenarbeit mit der Zentrale. Das Ergebnis sind schnell Verwirrung, Ärger und Unzufriedenheit.

Die Controller-Organisation sorgt dafür, daß diese Spielregeln bekannt sind. Sie sorgt auch dafür, daß diese Spielregeln, wenn sie einmal festgelegt sind, auch unmißverständlich eingehalten werden.

Die Controller-Organisation liefert damit einen wichtigen Beitrag zum Erfolg des Unternehmens. Durch die Einhaltung dieser Spielregeln werden wichtige Grundregeln erfolgreicher Unternehmensführung in der Praxis durchgesetzt. Damit sind auch folgende **Ziele** zu erreichen:

1. Die Mitarbeiter orientieren sich an gemeinsam erarbeiteten und gleichgerichteten Zielsetzungen.
2. Das Unternehmen orientiert sich am Markt und richtet alle Ressourcen auf die Befriedigung von Kundenbedürfnissen.
3. Die Mitarbeiter entwerfen ihre Programme unter dem Gesichtspunkt des Beitrags zum Erfolg, d.h. der Zielführung, und führen sie entsprechend aus.

4. Den Zeitplan festlegen

Analog der zeitlichen Durchführung von Jahresabschlüssen hat sich auch für Planung und Budgetierung ein jährlicher Rhythmus eingespielt. Für Unternehmen, die nach dem Geschäftsjahr bilanzieren (vom 1. 1.—31. 12.), werden im allgemeinen auch die Pläne für die Geschäftsjahre aufgestellt. Die einjährige Budgetplanung erfolgt dann ebenfalls für den Zeitraum Januar bis Dezember.

Die sieben Schritte bei Planung und Kontrolle gehen kontinuierlich ineinander über. In der Praxis hat sich dabei für Unternehmen, die nach dem Geschäftsjahr bilanzieren, folgendes **Ablaufschema** herausgebildet:

1. **Zielsetzungen** werden im **Herbst** festgesetzt.
2. **Vorausschätzungen** und **Analysedaten** werden im **Frühwinter** erarbeitet.
3. Zu **Beginn des Jahres** ergehen **Weisungen** und **Empfehlungen** der Unternehmensleitung an die Linienstellen.
4. Das **Erarbeiten der strategischen Pläne** für die Linienstellen findet im **Frühjahr** statt. Der **strategische Gesamtunternehmensplan** wird im **Spätfrühjahr** verabschiedet.
5. Weisungen und Empfehlungen zum Übersetzen von Strategien in detaillierte **operative Programme** und zum Erstellen von operativen Plänen ergehen im **Frühsommer**.
6. Das Erstellen der **operativen Pläne** ist ein wechselseitiger Prozeß eines **sommerlangen** Vorschlagens und Überprüfen der Vorschläge. Die **Abstimmung** läuft bis in den **Frühherbst**. Operative Pläne werden rechtzeitig im **Herbst verabschiedet**, um zu Beginn des neuen Jahres als genehmigte Basis der Maßnahmen des kommenden Jahres zur Verfügung zu stehen. Das trifft auch auf die finanzwirtschaftlich ausgerichtete zahlenmäßige Detaillierung des ersten Planjahres, des Budgets, zu. Das **Budget** wird **nach der Verabschiedung der operativen Pläne** erstellt.

Das Controlling ist ein kontinuierlicher Prozeß über das ganze Jahr. Die Steuerung erstreckt sich auf alle oben genannten Planungsschritte, d.h. auf Zielsetzungen, Vorausschätzungen und Analysen, Weisungen und Empfehlungen, Strategien, strategische Pläne, operative Programme, operative Pläne und Budgets. Sie schafft dadurch eine Atmosphäre des sich ständig Anpassens, Neuüberdenkens und eine notwendige Flexibilität. Die Dynamik im Unternehmen wird gesteigert. Schöpferische Kräfte werden freigesetzt.

Kein System darf hundertprozentig starr sein. Die Dynamik des Marktes ist nicht in ein jährliches starres Planungskonzept zu pressen. Zeigen sich z.B. grundlegende Abweichungen in den Voraussetzungen, auf denen Zielsetzungen und Strategien basieren, so ist schnelles Agieren und Reagieren notwendig. Dazu zwingt die Dynamik der Wettbewerbswirtschaft. Sonderüberprüfungen und Sonderpläne außerhalb des normalen Planungszyklus sind dann vonnöten.

So ergibt sich für den Controller folgender schneller **Überblick**:

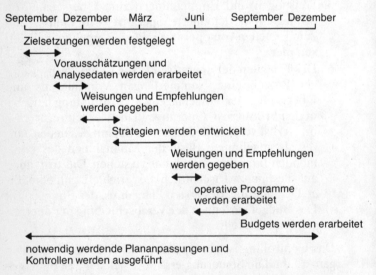

Abb. 17 *Muster für einen Zeitplan zur Durchführung von Planung und Kontrolle*

5. Durch Soll-Ist-Vergleiche überprüfen

Häufig wird der Controller gefragt: »Wie stellen Sie denn sicher, daß die festgelegten Ziele erreicht werden? Wie stellen Sie denn sicher, daß die festgelegten Pläne verwirklicht werden? Wie stellen Sie denn auch sicher, daß das, was Sie und das Unternehmen sich vorgenommen haben, auch eintritt?« Darauf wird der Controller vielleicht antworten: »Mein Instrument, das Erreichen der Zielvorgaben zu überprüfen, sind regelmäßige Soll-Ist-Vergleiche. Mein weiteres Instrumentarium hierfür ist, durch Planungsanpassungen flexibel zu bleiben. Weiterhin arbeite ich mit dem Instrument des Vorwärtscontrolling.«

Der Controller und das Management verlangen Antworten auf folgende Fragen:

1. Waren die Zielvorgaben realistisch und relevant?
2. Waren die Grunddaten, die zu den Zielvorgaben geführt haben, realistisch und relevant? Schlossen die Grunddaten alle wichtigen Einflußfaktoren auf den Unternehmenserfolg ein? Wurden bei den Grunddaten die Auswirkungen auf den Unternehmenserfolg richtig abgeschätzt? Sind in der Zwischenzeit entscheidende Änderungen der Ausgangslage (Änderungen wichtiger Grunddaten) eingetreten?
3. War der Mitteleinsatz, um die Zielvorgaben zu erreichen, realistisch? Wurden ausreichende Mittel (Personalressourcen, Kapitalressourcen, Management) entsprechender Quantität und Qualität zur Verfügung gestellt? Wurden die genehmigten Mittel ablaufmäßig (Art, Ort und Zeit des Einsatzes) richtig eingesetzt?

Der Controller überprüft damit drei wichtige Bereiche:

1. Die **Zielvorgaben**.
2. Die **Grunddaten** und **Annahmen**, die zu den Zielvorgaben geführt haben.
3. Den **Mitteleinsatz**, um die Zielvorgaben zu erreichen.

Aufgabe des Controllers ist, diese Zusammenhänge möglichst einfach und verständlich zu verdeutlichen.

Das fängt in der Praxis mit ganz einfachen **Warnindikatoren** an. Universelle Warnindikatoren sind ohne Zweifel der **Auftragseingang** und der **Auftragsbestand**, weiterhin das **Ergebnis vor Steuern**.

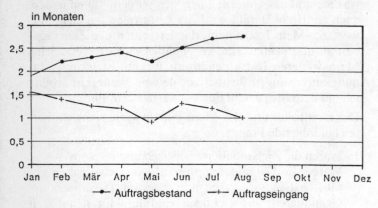

Abb. 18 *Warnindikatoren »Auftragseingang« und »Auftragsbestand« (Beispiel)*

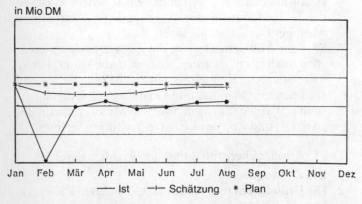

Abb. 19 *Warnindikator »Soll-Ist-Vergleich: Ergebnis vor Steuern« (Beispiel)*

Wichtig für den Controller sind neben absoluten Zahlen insbesondere auch Verhältniszahlen. Rentabilitätskennziffern als universeller Maßstab für Planungs-, Steuerungs- und Kontrollzwecke bieten sich hier besonders an. Das zeigen auch die folgenden Abbildungen:

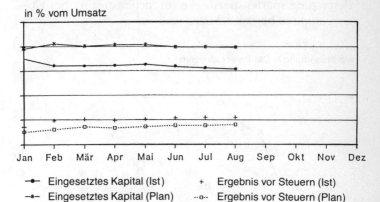

Abb. 20   *Rentabilitätskennziffern »Eingesetztes Kapital« und »Ergebnis vor Steuern« (Beispiel)*

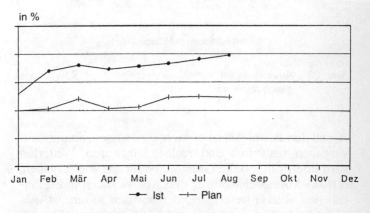

Abb. 21   *Rentabilitätskennziffer »Rendite auf das eingesetzte Kapital« (Beispiel)*

Interessant für den Controller sind auch Spartenvergleiche. Hier kann verglichen werden, wie einzelne Geschäftssparten untereinander im (innerbetrieblichen, konzerninternen) Vergleich abgeschnitten haben.

Zu bemerken ist hier allerdings, daß bei der Wertung und Bewertung spartenspezifische (branchenspezifische) Unterschiede zu berücksichtigen sind.

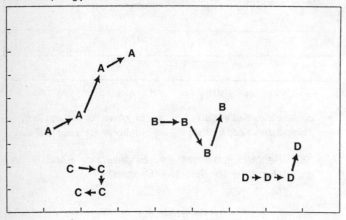

Abb. 22 *Auswirkungen von Neuinvestitionen — Spartenvergleich (Beispiel)*

Bei all den Beispielen ist es wichtig zu wissen, ob die Zielvorgaben realistisch und realisierbar waren. Weiterhin wird überprüft, ob die Grunddaten für die Zielvorgaben, d.h. die Vorausschätzungen und Analysedaten von Chancen und Risiken relevant und realistisch waren. Ist dies nicht der Fall, so ist ohne Zweifel die Gefahr naheliegend, daß auch die davon abgeleiteten Zielvorgaben nicht relevant und realistisch sind. Diesem Aspekt des Controlling wird vielfach zu wenig Bedeutung beigemessen.

Durch regelmäßige Soll-Ist-Vergleiche sollen überprüft werden:

1. Waren die Grunddaten und Annahmen relevant und realistisch?
2. Wurden aus den zur Verfügung stehenden Grunddaten und Annahmen die richtigen Schlüsse gezogen und entsprechend die Zielvorgaben abgeleitet?
3. War der Mitteleinsatz richtig, um die Zielvorgaben zu erfüllen. Der Mitteleinsatz betrifft dabei die Zuteilung und den Einsatz von Personal- und Kapitalressourcen und von Managementleistung.

Es ist wichtig darauf hinzuweisen, daß das Führungsinstrument Controlling keinen Ausnahme- oder Notsituationscharakter erhält. Controlling ist ein routinemäßig eingesetztes Instrument erfolgreichen Wirtschaftens. Dabei bezieht sich die Überprüfung nicht nur auf die Zielvorgaben, sondern auch auf die Grunddaten, die zu den Zielvorgaben geführt haben, weiterhin auf den Mitteleinsatz, um die Zielvorgaben zu erreichen.

Es ist weiterhin für den Controller empfehlenswert und gängige Praxis, in den neuen Plänen die wichtigsten Einflußgrößen auf den Unternehmenserfolg mit den Werten der Vorjahresplanung zu vergleichen. Der Grund für einen solchen Vergleich ist insbesondere, die Qualität und Gültigkeit des Planungsprozesses zu überprüfen. Dieses Vorgehen soll verhindern, daß kontinuierlich die tatsächlichen Leistungswerte gegenüber den projektierten Werten von Plan zu Plan absinken und schlechter werden.

Das verdeutlicht auch folgendes Beispiel. Hier wurde die Zuverlässigkeit der Planung einer bestimmten Geschäftssparte überprüft. Der Wertmaßstab war dabei das Betriebsergebnis.

Das Beispiel veranschaulicht, daß im Zeitablauf die ursprünglichen Planwerte regelmäßig wieder zurückgenommen werden mußten (»Effekt der gleitenden Nullpunkte«).

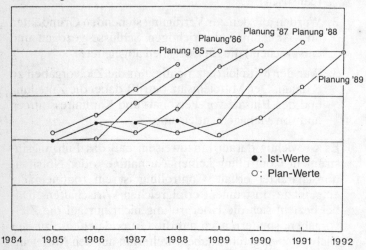

Abb. 23 *Zuverlässigkeit der Spartenplanung*

6. Die Termine der Soll-Ist-Vergleiche festlegen

Der Controller wird auch häufig gefragt: »Wann sollen denn regelmäßig Soll-Ist-Vergleiche durchgeführt werden?« Ein Zuviel würde sicher das Interesse merklich abkühlen lassen; ein Zuwenig würde ohne Zweifel die Gefahr bergen, das Unternehmen nicht mehr effizient unter Kontrolle zu halten, d.h. nicht mehr effizient zu steuern.

In der Praxis haben sich folgende Termine für regelmäßige Soll-Ist-Vergleiche durchgesetzt:
1. Die Termine schließen sich turnusmäßig an die Termine der Planung an.
2. Außergewöhnliche Ereignisse rechtfertigen Sondertermine.

Somit ergibt sich für den Controller beim Festlegen turnusmäßiger Soll-Ist-Vergleiche folgender Terminplan:

1. Die **Zielsetzungen** für das Gesamtunternehmen, die nach dem Geschäftsjahr bilanzieren (vom 1. 1. bis 31. 12.), werden einmal im Jahr überprüft. Dies geschieht im **Herbst**. Dabei werden die Realisierung und Relevanz der Zielsetzungen überprüft, die ein Jahr früher beim letzten Planungsdurchgang durch die Gesamtgeschäftsleitung festgelegt wurden. Dieses Überprüfen gibt Aufschluß darüber, ob die Zielsetzungen auch im neuen Planungsdurchgang beibehalten werden sollen oder ob sie zweckmäßigerweise abgeändert und neu formuliert werden müssen.

2. **Vorausschätzungen** und **Analysedaten** werden einmal im Jahr im **Frühwinter** überprüft. Dabei wird durch die zentralen Stabsabteilungen und durch die Linienstellen festgelegt, welche Änderungen sich seit dem letzten Planungsdurchgang ergeben haben. Änderungen kritischer Einflußgrößen auf den Unternehmenserfolg führen notwendigerweise zu einem Überdenken von Strategien.

3. Das Überprüfen von **Realisierung und Relevanz der Strategien** erfolgt im **Frühjahr** beim Überarbeiten der strategischen Pläne des vorhergehenden Planungsdurchgangs. Geänderte Zielsetzungen, neue Chancen und Risiken zwingen zum Überdenken der früher gewählten Strategien. Geringe Änderungen in den Zielsetzungen und wenig veränderte Einflußgrößen auf den Unternehmenserfolg können durchaus das Fort-

führen der im letzten Jahr entwickelten Strategien rechtfertigen.

Neben der Überprüfung der im vorhergehenden Planungsdurchgang entwickelten Strategien erfolgt der Nachvollzug des Ziel-Mitteleinsatzes. Dies betrifft den Einsatz der Personal- und Kapitalressourcen sowie des Managements.

4. Die Überprüfung der **operativen Programme** erfolgt **auf einer monatlichen Basis** im Rahmen des Nachvollzugs der operativen Pläne.

   Hierbei werden insbesondere die im operativen Plan festgelegten Maßnahmen überprüft:
   - **Wer** hatte was zu tun?
   - **Was** war zu tun?
   - **Wann** war etwas zu tun?
   - **Mit welchem Mitteleinsatz** war etwas zu tun?

Diese Fragen werden auch für die Budgets gestellt.

Damit ergibt sich für den Controller folgender übersichtlicher Zeitplan:

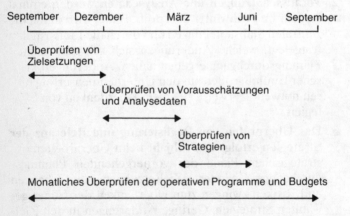

Abb. 24 *Terminplan für das Erstellen von regelmäßigen Soll-Ist-Vergleichen*

Das turnusmäßige Erstellen von Soll-Ist-Vergleichen ist für den Controller eine Standardaufgabe. Daneben können sich jedoch auch Situationen ergeben, die außerhalb des Turnus ein besonderes Handeln erfordern.

Das ist der Fall,
1. wenn sich wichtige Einflußgrößen auf den Unternehmenserfolg entscheidend ändern,
2. diese Änderungen aber beim Erarbeiten von Zielsetzungen, Strategien und operativen Programmen nicht berücksichtigt wurden.

Bei diesen Ereignissen muß es sich jedoch um außergewöhnliche, überraschende und nach Art und Ausmaß kaum abschätzbare Ereignisse handeln. Von diesen gibt es aber im allgemeinen für das Unternehmen nur wenige. Andere Ereignisse werden mit den entsprechenden Wahrscheinlichkeitsangaben, unter anderem auch durch Alternativstrategien, schon bei den Zielvorgaben im Rahmen des normalen Planungszyklus berücksichtigt.

Als Beispiele außergewöhnlicher Ereignisse können angeführt werden:

Nicht abschätzbare kriegerische Auseinandersetzungen, überraschende technologische Durchbrüche, Naturkatastrophen, politisch bedingte Rohstoffverknappungen.

Zu überprüfen ist auch, ob eine schon genehmigte Mittelzuteilung für die Planungseinheiten während des Jahres geändert werden kann. Die Praxis kennt diese Fälle und hat dafür ein besonderes Instrument geschaffen.

Sollten sich während des Jahres außerhalb der normalen Planung die Mittelanforderungen auf Grund neuer, unvorhergesehener Ereignisse entscheidend ändern, so können die Planungseinheiten **Bitten um besondere Überprüfung und Stellungnahme** an eine übergeordnete Zentralinstanz, die meist eine zentrale Stabsstelle ist, schicken. Dies trifft zu, wenn außerplanmäßige Ressourcen zusätzlich zugeteilt werden sollen, die die schon genehmigte

Summe für den Planungszeitraum übersteigen. In der Praxis ist für solche Fälle die Errichtung eines **Not- oder Sonderfonds** üblich.

Hierdurch hat der Controller ein Instrumentarium, bei Planung und Steuerung flexibel zu sein und auch entsprechend handeln zu können.

7. Mit dem Planungshandbuch arbeiten

Eine Hauptaufgabe des Controllers ist es, unter anderem dafür zu sorgen, daß die Planungsaktivitäten möglichst systematisch und koordiniert im Gesamtunternehmen ablaufen.

Hierzu gehört die Information über »die Spielregeln« der Planung. Diese »Spielregeln« haben notwendigerweise auch allen am Planungsprozeß Beteiligten bekannt zu sein. Sie werden auch in einem **Planungshandbuch** dokumentiert.

Aufgabe eines solchen Planungshandbuchs ist zum Beispiel:

- die Erläuterung von Sinn und Zweck der Planung, also auch die Dokumentation der im Planungssystem zum Tragen kommenden Führungsgrundsätze (z.B. Führung durch Planziele, Management by Delegation etc.);
- die Schaffung eines generellen Rahmens für die Planung und Berichterstattung, in den die individuellen Pläne und Berichte der Funktionsbereiche und Ertragszentren eingefügt werden können;
- die Herbeiführung einer standardisierten Verständigung durch Einführung einer einheitlichen Nomenklatur für die wichtigsten Begriffe der Planung und Berichterstattung.

Ein Muster einer Gliederung für ein derartiges Planungshandbuch kann wie folgt aussehen:

(1) Planungsgrundsätze:
 - Ziel und Zweck der Planung
 - Führungsgrundsätze

(2) Inhalt und Umfang der Planung:
 - Planrahmen (Gesamtplan und Teilpläne)
 - Planungshorizont
 - Produkte, Projekte, Länder, Geschäftsfelder
 - Checklisten
 - Planbericht (Hinweis zur verbalen Erläuterung der Pläne)
 - Computermodell für die Planungsrechnung
 - Definitionen und Verzeichnisse

(3) Planungsträger: Aufgaben und Arbeitsweise
 - Leitungsstellen
 - Zentrale Planungsstelle
 Linienstellen (FuE, Fertigung, Vertrieb, Controlling)
 - Produktinstanzen (Produktmanager und Produktteams)
 - Besonderheiten der EDV als Aufgabenträger

(4) Sachliche und zeitliche Abfolge der Aufgabenträger:
 - Katalog der Planungsaufgaben
 (und Zuordnung auf Planungsträger)
 - Ablaufplan/Netzplan (logische Abfolge, Kapazitäten)
 - Zeitplan/Terminplan
 - Planungskonferenzen
 (Aufgabe, Zeit, Teilnehmer, Unterlagen)
 - Besonderheiten in der Abstimmung zwischen der zentralen Unternehmensplanung und den planenden Bereichen

(5) Planungsmethoden und -verfahren:
 - Übersicht
 - Erläuterung der aktuell eingesetzten Verfahren

(6) Planung und Berichterstattung:
 - Planung, Steuerung und Kontrolle des Regelkreises
 - Richtlinien für die Informationsgewinnung aus dem Rechnungswesen
 - Soll-Ist-Vergleich (Definition der Meßpunkte)

- Berichterstattung (auch verbal) der Funktionsbereiche, Ertragszentren und Produktionsinstanzen (Produktmanagement)
(7) Grundtatbestände und Entwicklungstendenzen:
    - Allgemeine wirtschaftliche und politische Umweltbedingungen
    - Spezielle Marktverhältnisse (Branche, Konkurrenz, Kunden ...)
    - Technologische Trends
    - eigene Stärken und Schwächen (im Management, in den Funktionen, in der Technik ...)
    - Spezielle Prämissen (z.B. für Umsatz, Rentabilität, Personal, Investitionen, Finanzierung in FuE, Fertigung, Vertrieb, Verwaltung).

(Quelle: Lembke, »Management-Lexikon«)

8. Mit Planungsformularen arbeiten

Um die Planung systematisch vorzubereiten und durchzuführen, ist mit entsprechenden Planungsformularen zu arbeiten.

Hierfür gibt es Musterformulare. Beispielhaft sind hier für die kurz- und mittelfristige Planung einige aufgeführt:

1. Eckdaten Konzern Inland
2. Eckdaten Konzern Ausland
3. Verzeichnis der einzureichenden Erfassungsformulare Konzern Inland
   a) Vertriebsplan (Auftragseingang, Auftragsvorlage, Umsatz)
   b) Vertriebsplan (Umsatz intern — Inland und Ausland)
   c) Vertriebsplan (Export extern nach Ländern)
   d) Personalplan
   e) Ergebnisplan
4. Kostenstellenplan für Monatsbudget
   a) Kostenplan
   b) Personalplan

Diese Aufzählung soll nur einen kleinen Ausschnitt möglicher Planungsformulare geben und ist — naturgemäß — bei weitem nicht vollständig.

KURZ- UND MITTELFRISTIGE PLANUNG

ECKDATEN Konzern INLAND

UB / GB:
PE / PG:
MBTGI:

B 5	E 9705		01	H					PLAN		
1 – 2	3 – 7	8 – 10	11 – 12	16	13-16	17 – 24	25 – 32	33 – 40	41 – 48	49 – 54	
					EDV-Nr.		Schätzung __/__	Planjahr 19__	Planjahr 19__	Planjahr 19__	
1	2				3	4	5	6	7	8	

Position	EDV-Nr.					
Auftragseingang – extern – Inland – brutto	001					
– Ausland – brutto	002					
intern – von VN – im eigenen GB – brutto	003					
von GB in kons. Unternehmen – Inland – im eigenen GB – brutto	004					
– im eigenen UB – brutto	007					
– außerhalb des eigenen UB – brutto	008					
Ausland – im eigenen UB – brutto	011					
– im eigenen UB – brutto	013					
– außerhalb des eigenen UB – brutto	014					
GESAMT-AUFTRAGSEINGANG BRUTTO (001-014)	017					
Auftragsvorlage – extern – Inland	025					
– Ausland	026					
(dann für Umsatz extern Folgejahr)	028					
intern	033					
GESAMT-AUFTRAGSVORLAGE (025-028, 033)	045					
Umsatz – intern/Lieferungen – extern – Inland – brutto	051					
– Ausland – brutto	052					
an VN – im eigenen GB – brutto	053					
von GB in kons. Unternehmen – Inland – im eigenen GB – brutto	055					
– im eigenen UB – brutto	058					
– außerhalb des eigenen UB – brutto	059					
Ausland – im eigenen GB – brutto	061					
– im eigenen UB – brutto	064					
– außerhalb des eigenen UB – brutto	065					
GESAMT-UMSATZ BRUTTO (051-065)	070					
(darin Umsatz an konsolidierte MBTGI)	071					
Zu- u. Absetzung – Zu- und Absetzg. für aktienr. Ums.: – extern Inland	077					
– extern Ausland	078					
– intern Inland	079					
– intern Ausland	080					
Zu- und Absetzungen für Lieferungen	081					
Wertschöpfung	086					
Deckungsspanne	087					
Zu verrechnende Gemeinkosten	089	–	–	–	–	–
(darin kalkulatorische Kosten)	166	( )	( )	( )	( )	( )
ERGEBNIS VOR STEUERN LAUFENDES GESCHÄFT	131					
ERGEBNIS VOR STEUERN NACH ZUSCHUSS	195					
Zuschüsse	194					
Rückstellungen für Zuschüsse	196	–	–	–	–	–
Von kons. Beteiligungen Inland erhalt. Ergebnisse	189					
Von kons. Beteiligungen Ausland erhalt. Ergebnisse	190					
Umstrukturierungsaufwendungen	148					
Sachanlagenzugang	201					
Gesamt – F+E – Aufwand	193	–	–	–	–	–
Personalaufwendungen (inkl. VK)	192	–	–	–	–	–
Vorräte netto	222					
Forderungen aus L+L an Externe netto	223					
Erhaltene Anzahlungen von Externen	272	–	–	–	–	–
Erhaltene Ü-/K-Umlagen der Zentrale	000					
Zinssaldo intern mit Zentrale	141					
EDV-KONTROLLSUMME (026,071 – 141)	292					
Gesamt-Personal Stichtag	198					
(darin in Ausbildung Befindliche)	156	( )	( )	( )	( )	( )
Gesamt-Personal Durchschnitt	199					
EDV-KONTROLLSUMME (198,156,199)	200					

Telefon:

Bearbeiter:

von: Datum: Hinweise:

KURZ- UND MITTELFRISTIGE PLANUNG

ECKDATEN
Konzern Ausland

UB / GB:
PE / PG:
MBTGA:

B5	E 5703			01	H
1 - 2	3 - 7	8 - 10	11 - 12	14	

Position	EDV-Nr.	13-16 / 17-24	25-32 Schätzung __/__	33-40 Planjahr 19__	41-48 Planjahr 19__	49-56 Planjahr 19__
1	3	4	5	6	7	8
Gesamt-Auftragseingang – netto	017					
– darin extern Inland und Ausland – netto	002	( )	( )	( )	( )	( )
Gesamt-Auftragsvorlage	045					
– darin extern Inland und Ausland	026	( )	( )	( )	( )	( )
Gesamt-Umsatz – netto	070					
– darin extern Inland und Ausland – netto	052	( )	( )	( )	( )	( )
Bezüge von konsolidierten Unternehmen Inland	074					
Deckungsspanne	087					
– darin Provisionserträge	073	( )	( )	( )	( )	( )
Ergebnis vor Steuern laufendes Geschäft	181					
Ergebnis vor Steuern nach Zuschuß	195					
Zuschüsse	194					
von kons. Beteiligungen Ausland erhaltene Ergebnisse	190					
Vorräte – netto	222					
Forderungen aus L+L extern – netto	224					
Erhaltene Anzahlungen von Externen	272	–	–	–	–	–
Sachanlagenzugang	201					
Gesamt-Forschungs- und Entwicklungsaufwand	193	–	–	–	–	–
Personalaufwendungen	192	–	–	–	–	–
Zinssaldo intern mit Zentrale	141					
EDV-Kontrollsumme (017 - 141)	292					
Gesamt-Personal (Stichtag)	198					
Gesamt-Personal (Durchschnitt)	199					
EDV-Kontrollsumme (198,199)	200					

Telefon:

Bearbeiter:

von: | Datum: | Hinweise:

KURZ- UND MITTELFRISTIGE PLANUNG (Schätzung)	Verzeichnis der einzureichenden ERFASSUNGSFORMULARE Konzern INLAND		UB / GB: MBTGI:	
SYSTEMTEIL /FORMULAR-BEZEICHNUNG		Erfassungs- Formular- Nr.	UB / GB: MBTGI:	Eingangs- kontrolle
JAHRESPLANUNG		1	2 ⁴⁾	3 ¹⁾
1 Vertriebsplan	/Vertriebsplan (Auftragseingang, Auftragsvorlage, Umsatz)	1.10		
	/Vertriebsplan (Umsatz intern [Inland und Ausland])	1.11		
	/Vertriebsplan (Export extern nach Ländern)	1.12		
4 Personalplan	/Personalplan	4.10		
5 Kostenplan	/Kostenplan (Kostenarten, Kostenartengruppen)	5.10		
	/Werbekostenplan	5.30		
6 Ergebnisplan	/Ergebnisplan	6.10		
7 Bilanz- und Kapitalbindungsplan	/Bilanzplan Aktiva	7.10		
	/Bilanzplan Passiva	7.11		
	/Zusatzangaben zur Bilanz und G + V	7.12		
	/Kapitalbindungsplan und Zusatzangaben	7.30		
8 Finanzierungs- und Liquiditätsplan	/Liquiditätsplan	8.10		
9 Maßnahmenplan	/Einzelmaßnahmen	9.40	_____ Bl.	
MONATSBUDGET				
1 Vertriebsplan	/Vertriebsplan (Auftragseingang, Auftragsvorlage, Umsatz)	1.13		
6 Ergebnisplan	/Ergebnisplan	6.11		
7 Kapitalbindungsplan	/Kapitalbindungsplan und Zusatzangaben	7.31		

1) Legende: X = Liegt bei
F = Fehlmeldung
N = Wird nachgereicht

Bemerkungen:

Ort / Datum   Unterschrift

KURZ- UND MITTELFRISTIGE PLANUNG

VERTRIEBSPLAN
Auftragseingang, Auftragsvorlage, Umsatz
Konzern INLAND

UB / GB:
PE / PG:
MBTGI:

B 5	E 9600		01	H			PLAN			
1 - 2	3 - 7	8 - 10	11 - 12	16	13-15	17 - 24	25 - 32	33 - 40	41 - 48	49 - 56
Zeilen-Nr.	Position				EDV-Nr.	Schätzung /__	Budget 19__	2. Planjahr 19__	3. Planjahr 19__	
1	2				3	4	5	6	7	8
1101	Marktvolumen Relevanter Markt 1)				151					
1110	Marktbezogener Umsatz Relevanter Markt 2)				152					
1101	Markt	Marktvolumen Inland 1)			153					
1110		Marktbezogener Umsatz 2)			154					
9999		EDV-KONTROLLSUMME (151 - 154) 2)			156					
1201		extern	Inland -brutto		001					
1202			Ausland -brutto		002					
1203		von VN	– im eigenen GB -brutto		003					
1204			– im eigenen GB -brutto	Inland	004					
1205		von GB in kons. Unternehmen	– im eigenen UB -brutto		007					
1206			– außerhalb des eigenen UB -brutto		008					
1207	Auftragseingang	intern	– im eigenen GB -brutto	Ausland	011					
1208			– im eigenen UB -brutto		013					
1209			– außerhalb des eigenen UB -brutto		014					
1210		GESAMT-AUFTRAGSEINGANG BRUTTO (001 - 014)			017					
1211		(darin von konsolidierten MBTGI)			018	( )	( )	( )	( )	( )
1301		extern	Inland		025					
1302			Ausland		026					
1303		(darin für Umsatz extern Folgejahr)			028	( )	( )	( )	( )	( )
1304		von VN	– im eigenen GB		027					
1305			– im eigenen GB	Inland	029					
1306		von GB in kons. Unternehmen	– im eigenen UB		032					
1307			– außerhalb des eigenen UB		033					
1308	Auftragsvorlage	intern	– im eigenen GB	Ausland	036					
1309			– im eigenen UB		038					
1310			– außerhalb des eigenen UB		039					
1311		(in 032-039 enth. AV f. Ums. int. Folgejahr)			042	( )	( )	( )	( )	( )
1312		GESAMT-AUFTRAGSVORLAGE (025 - 039 ohne 028)			045					
1313		(darin von konsolidierten MBTGI)			048	( )	( )	( )	( )	( )
1401		extern	Inland -brutto		051					
1402			Ausland -brutto		052					
1403		an VN	– im eigenen GB -brutto		053					
1404			– im eigenen GB -brutto	Inland	055					
1405		an GB in kons. Unternehmen	– im eigenen UB -brutto		058					
1406			– außerhalb des eigenen UB -brutto		059					
1407	intern/Lieferungen		– im eigenen GB -brutto	Ausland	061					
1408			– im eigenen UB -brutto		064					
1409			– außerhalb des eigenen UB -brutto		065					
1410		GESAMT-UMSATZ BRUTTO (051 - 065)			070					
9999		EDV-KONTROLLSUMME (070)			163					
1411		(darin Umsatz an konsolidierte MBTGI)			071	( )	( )	( )	( )	( )
1412	Umsatz	(darin Umsatz extern mit Handelswaren)			072	( )	( )	( )	( )	( )
1413		(darin Umsatz extern mit Durchlaufposten)			075	( )	( )	( )	( )	( )
1601		Zu- und Absetzg. für aktienr. Ums.: – extern Inland			077					
1602			– extern Ausland		078					
1603	Zu- u. Absetzung		– intern Inland		079					
1604			– intern Ausland		080					
1605		Zu- und Absetzungen für Lieferungen			081					
1607		Gesamt-Zu- und Absetzungen			✕					
9999		EDV-KONTROLLSUMME (018, 028, 042, 048, 071, 072, 075, 077 - 081)			076					

1) Mio / DM
2) Mio / DM eine Kommastelle

Telefon:
Bearbeiter:
VD 7205

von: Datum: Hinweise: Erfassungsformular 1 10

KURZ- UND MITTELFRISTIGE PLANUNG

VERTRIEBSPLAN
Umsatz intern (Inland und Ausland)
Konzern INLAND

UB / GB:
PE / PG:
MBTGI:

B5		E 9603				01		H						PLAN			
1	–	2	3	–	7	8	–	10	11 – 12	16	13-15	17 – 24	25 – 32	33 – 40	41 – 48	49 – 56
Zeilen-Nr.		Position									EDV-Nr.		Schätzung ___/___	Budget 19___	2. Planjahr 19___	3. Planjahr 19___
1		2									3	4	5	6	7	8
1414	GG und MBTGI gem. Stellenverzeichnis	Warenfluß – brutto									147					
1415		Summe Umsatz intern Inland – brutto									148					
1416	Kons. MBTGA gem. Stellenverzeichnis	Summe Umsatz intern Ausland – brutto									299					

von: | Datum: | Hinweise: | Erfassungsformular 1.11

Telefon:
Bearbeiter:
VD 7206

KURZ- UND MITTELFRISTIGE PLANUNG		VERTRIEBSPLAN Export extern nach Ländern Konzern INLAND		UB / GB: PE / PG: MBTGI:			
B 5	E 9603		01	H		PLAN	
1 - 2	3 - 7	8 - 10	11 - 12	16	13-15 17 - 24	25 - 32 33 - 40	41 - 48 49 - 56
Zeilen-Nr.	Position				EDV-Nr.	Schätzung __/__	Budget 19__	2. Planjahr 19__	3. Planjahr 19__
1	2				3	4	5	6	7	8

Zeilen-Nr.	Gruppe	Position	EDV-Nr.				
		Frankreich	001				
		Belgien	002				
		Niederlande	003				
		Luxemburg	004				
		Italien	005				
		Großbritannien und Nordirland	006				
		Republik Irland	007				
	EG	Dänemark	008				
		EUROPÄISCHE GEMEINSCHAFT (vor Zugang weiterer Länder)	009				
		Norwegen	021				
		Schweden	022				
		Finnland	023				
		Schweiz	024				
		Österreich	025				
	Übriges Westeuropa	Portugal	026				
		Spanien	027				
		Griechenland	028				
		Übrige Länder Westeuropa	029				
		ÜBRIGES WESTEUROPA	030				
		EUROPA	035				
		Algerien	040				
		Ägypten	041				
		Nigeria	042				
		Südafrika	043				
	Afrika	Übrige Länder Afrika	044				
		AFRIKA	050				
		USA	055				
		Canada	056				
		NORDAMERIKA	057				
		Mexiko	060				
		Venezuela	061				
		Brasilien	062				
	Amerika	Argentinien	063				
		Übrige Länder Mittel- und Südamerika	064				
		MITTEL- UND SÜDAMERIKA	070				
		Türkei	075				
		Iran	076				
		Saudi-Arabien	077				
		Golf-Staaten *)	078				
		Indonesien	079				
		Philippinen	080				
		Volksrepublik China	081				
		Japan	082				
	Asien	Übrige Länder Asien	083				
		ASIEN	090				
		Australien	093				
		UDSSR	096				
	Osteuropa	Jugoslawien	097				
		Übrige Länder Osteuropa	098				
		OSTEUROPA	100				
1402		Umsatz extern Ausland -brutto	110				
		*) Zu den Golf-Staaten zählen: Kuwait, Bahrain, Katar, Vereinigte Arabische Emirate, Oman, Nordjemen, Südjemen					

Telefon:

Bearbeiter:

VD 7207

von: Datum: Hinweise: Erfassungsformular 1.12

KURZ- UND MITTELFRISTIGE PLANUNG

PERSONALPLAN
Konzern INLAND

UB / GB:
PE / PG:
MBTGI:

B 5	E 9610		01	H			PLAN			
1 – 2	3 – 7	8 – 10	11 – 12	16	13-15	17 – 24	25 – 32	33 – 40	41 – 48	49 – 56
Zellen-Nr.	Position				EDV-Nr.		Schätzung __ / __	Budget 19 __	2. Planjahr 19 __	3. Planjahr 19 __
1	2				3	4	5	6	7	8
4001	LEITUNG und ZENTRALE FUKTIONEN			LE	001					
				GE	002					
				Summe	003					
4002	FORSCHUNG und ENTWICKLUNG			LE	004					
				GE	005					
				Summe	006					
4003	PRODUKTION			LE	007					
				GE	008					
				Summe	009					
4004	MATERIALWIRTSCHAFT			LE	010					
				GE	011					
				Summe	012					
4005	PLANUNG und KONTROLLE			LE	013					
				GE	014					
				Summe	015					
4006	VERTRIEB			LE	016					
				GE	017					
				Summe	018					
4021	Lohnempfänger (LE)				019					
4022	Gehaltsempfänger (GE)				020					
4023	In Ausbildung Befindliche (IAB)				021					
4020	Personal (Stichtag) (019 - 021)				022					
4090	(darin ausländisches Personal)				023	( )	( )	( )		
4091	(darin Teilzeitpersonal)				024	( )	( )	( )		
4092	(darin Personal in)			LE	025	( )	( )	( )	( )	( )
	(darin Personal in)			GE	026	( )	( )	( )	( )	( )
	(darin Personal in)			IAB	027	( )	( )	( )	( )	( )
	(darin Personal in)			Summe	028	( )	( )	( )	( )	( )
4029	Personal des Bereichs in VN				029					
4010	GESAMT-PERSONAL (Stichtag) (022, 029)				030					
4061	Lohnempfänger				050					
4062	Gehaltsempfänger				051					
4063	In Ausbildung Befindliche				052					
4060	Personal (Durchschnitt) (050 - 052)				053					
4064	Personal des Bereichs in VN				054					
4050	GESAMT-PERSONAL (Durchschnitt) (053, 054)				055					
4093	Leihkräfte (Durchschnitt)				056					
9999	EDV-KONTROLLSUMME (023, 024, 056)				060					

von: | Datum: | Hinweise: | Erfassungsformular 4.10

VD 7209

KURZ- UND MITTELFRISTIGE PLANUNG

ERGEBNISPLAN
Konzern INLAND

UB / GB:
PE / PG:
MBTGI:

B 5	E 9615			01	H				PLAN			
1 – 2	3 – 7	8 – 10	11 – 12	16		13-15	17 – 24	25 – 32	33 – 40	41 – 48	49 – 56	
Zeilen-Nr.	Position					EDV-Nr.		Schätzung __/__	Budget 19__	2. Planjahr 19__	3. Planjahr 19__	
1	2					3	4	5	6	7	8

Zeilen-Nr.	Position	EDV-Nr.		Schätzung	Budget	2. Planjahr	3. Planjahr
1410	GESAMT-UMSATZ BRUTTO	001					
1607	Zu- und Absetzungen	002					
1425	GESAMT-UMSATZ NETTO	003					
6010	Erhaltene Provisionen und Nutzenanteile	010					
6011	Bestandsveränderungen Vorräte Klasse 7	011					
6020	Andere aktivierte Eigenleistungen	012					
6100	LEISTUNG	015					
6111	Umsatzkostenberichtigungen	016					
6112	Berlinhilfe	017					
5010	Einzelkostenmaterial (EKM) aus Klasse 3	018	–	–	–	–	–
5012	EKM aus Bezügen von konsolidierten Unternehmen	019	–	–	–	–	–
5013	EKM aus Bezügen von Externen	020	–	–	–	–	–
6200	WERTSCHÖPFUNG	022					
5014	Einzelkostenlöhne/-gehälter	025	–	–	–	–	–
5015	Sondereinzelkosten	026	–	–	–	–	–
5016	Sondergemeinkosten	027	–	–	–	–	–
6300	DECKUNGSSPANNE	030					
5700	ZU VERRECHNENDE GEMEINKOSTEN	032	–	–	–	–	–
6400	KALKULATIONSFÄHIGES ERGEBNIS	034					
6401	(darin Ergebnis aus Export)	035	( )	( )	( )	( )	( )
6410	Bilanzielle Abschreibungen auf Sachanlagen	036	–	–	–	–	–
6420	Zinserträge extern	037					
6430	Zinserträge intern	038					
6431	(darin für erhaltene Anzahlungen von Externen)	039	( )	( )	( )	( )	( )
6440	Zinsaufwendungen extern	042	–	–	–	–	–
6450	Zinsaufwendungen intern	043	–	–	–	–	–
6460	Wagnisse	046					
6461	(darin Gewährleistungswagnisse)	047	( )	( )	( )	( )	( )
6462	(darin Vorrätewagnisse)	048	( )	( )	( )	( )	( )
6470	Übrige Erträge Klasse 2 + 8	051					
6480	Übrige Aufwendungen Klasse 2 + 8	052	–	–	–	–	–
6490	Verrechnete kalkulatorische Kosten	053					
6500	NEUTRALES UND SONSTIGES ERGEBNIS	056					
6501	ERGEBNIS VOR WERTBERICHTIG. U. RÜCKSTELLUNG.	060					
6510	Bildung und Auflösung von Wertberichtigungen	061					
6512	Bildung und Auflösung von Anderen Rückstellungen	062					
6511	Bildung und Auflösung von Pensionsrückstellungen	063					
6513	Verrechnete Wertberichtigungen u. Rückstellungen	064					
6600	ERGEBNIS VOR STEUERN LAUFENDES GESCHÄFT	068					
6602	(darin außerordentliche Ertragsposten)	069	( )	( )	( )	( )	( )
6601	(darin außerordentliche Aufwandsposten)	070	(–)	(–)	(–)	(–)	(–
6610	Von nicht kons. Beteiligungen erhaltene Ergebnisse	072					
6611	Von kons. Beteiligungen Inland erhaltene Ergebnisse	074					
6612	Von kons. Beteiligungen Ausland erhaltene Ergebnisse	075					
6620	Fremdanteile (aus 068, 072 - 075)	076					
6630	Zinsaufwendungen für Beteiligungsbuchwerte	077	–	–	–	–	–
6700	ERGEBNIS VOR STEUERN OHNE FREMDANTEILE	080					
6701	Zuschüsse	081					
6704	Rückstellungen für Zuschüsse (Risikovorsorge)	082	–	–	–	–	–
6710	ERGEBNIS VOR STEUERN NACH ZUSCHUSS	084					
9999	EDV-KONTROLLSUMME (035, 039, 047, 048, 069, 070)	090					
	Einzelangabe der außerordentlichen Posten:						

Telefon:
Bearbeiter:

VD 7213

von: | Datum: | Hinweise: | Erfassungsformular 610

115

KURZ- UND MITTELFRISTIGE PLANUNG

KOSTENSTELLENPLAN
Zentrale

B 5	E 9613		01	H						
1 – 2	3 – 7	8 – 10	11 – 12	16	13-15			17 – 24	25 – 32	33 – 40	41 – 48

Zeilen-Nr.	Position	EDV-Nr.			Schätzung /	Im Januar	Im Februar	Im März
1	2	3	4	5	6	7	8	9
5002	Büromaterial und Fachliteratur	001						
5009	Übriges Material	002						
5001	MATERIALKOSTEN (001, 002)	003						
5110	Löhne	004						
5130	Gehälter	005						
5150	Gesetzliche Sozialkosten für Mitarbeiter	006						
5170	Übrige Sozialkosten	007						
5100	PERSONALKOSTEN (004 - 007)	008						
5200	INSTANDHALTUNG, UMSTELLUNGSARB. U. UMZÜGE	009						
5300	STEUERN, ÖFFENTLICHE GEBÜHREN U. BEITRÄGE	010						
5410	Mieten und Pachten bzw. Leasingkosten	011						
5420	Transportkosten	012						
5430	Entwicklungsarbeiten, Patent- und Lizenzkosten	013						
5470	Beratungskosten, Prüfungsgebühren und Beiträge	014						
5480	Versicherungen	015						
5440	Werbekosten	016						
5426	Telefonkosten	017						
5427	Übrige Postkosten u. Kosten des Zahlungsverkehrs	018						
5451	Reisekosten	019						
5452	Bewirtungskosten	020						
5461	Provisionen und Sonstige Kosten	021						
5400	VERSCHIEDENE KOSTEN (011-021)	022						
5600	ÜBERGERECHNETE KALKULATORISCHE KOSTEN	023						
5601	KOSTEN V. WEITERBERECHN. (003, 008-010, 022, 023)	024						
5540	Stellenausgl. Raumkosten und Raumnebenkosten	026						
5541	Stellenausgl. Gemeinkosten Speisebetrieb	027						
5542	Stellenausgl. Gemeinkosten Autobetrieb	028						
5543	Stellenausgl. sonstige Gemeinkosten	029						
5544	Abrechnung Instandhaltung, Vervielf., Lichtp.	030						
5545	Abrechnung Rechenzentrum	031						
5546	Abrechnung Sonstige	032						
5547	Anlastungen v. Kostenstellen/Zuschüsse Ferienhäuser	033						
5550	ERHALTENE KOSTENSTELLENAUSGLEICHE ZENTR.	034						
5710	GESAMTKOSTEN BRUTTO (024, 034)	035						
5560	Abgegebene weiterberechnete Kosten/Erlöse	036						
5561	Verrechnungen für Kontenklasse 2	037	–	–	–	–	–	–
5562	Abgegebene Kostenstellenausgleiche Zentrale	038	–	–	–	–	–	–
5569	ABGEGEBENE WEITERBERECHNUNGEN	039	–	–	–	–	–	–
5722	KOSTENSALDO (035, 039)	040						
3001	Sachanlagenzugang	041						
4021	Lohnempfänger (LE)	042						
4022	Gehaltsempfänger (GE)	043						
4023	In Ausbildung Befindliche (IAB)	044						
4010	GESAMT-PERSONAL (Stichtag) (042 - 044)	045						
4090	(darin ausländisches Personal)	046	( )	( )	( )	( )		
4091	(darin Teilzeitpersonal)	047	( )	( )	( )	( )	( )	( )
4092		048	( )	( )	( )	( )		
		049	( )	( )	( )	( )		
		050	( )	( )	( )	( )		
		051	( )	( )	( )	( )		
4061	Lohnempfänger	052						
4062	Gehaltsempfänger	053						
4063	In Ausbildung Befindliche	054						
4050	GESAMT-PERSONAL (Durchschnitt) (052 - 054)	055						
4039	Leihkräfte (Durchschnitt)	056						
9999	EDV-KONTROLLSUMME (046, 047, 056)	057						
9999	EDV-KONTROLLSUMME (041)	058						

Telefon:

Bearbeiter:

VD 7212/0680

von:	Datum:	Hinweise:

KOSTENPLAN
PERSONALPLAN

Zentralabteilung:
Kostenstelle:

09											
49 - 56	57 - 64	65 - 72	73 - 80	11-12	17-24	25 - 32	33 - 40	41 - 48	49 - 56	57 - 64	65 - 72	73 - 80
Im April	Im Mai	Im Juni	Im Juli	Im August	Im September	Im Oktober	Im November	Im Dezember	Budget 19__	2. Planjahr 19__	3. Planjahr 19__
	11	12	13	14	15	16	17	18	19	20	21

Erfassungsformular 5.31

Kapitel 4:
Die Ziele des Unternehmens bestimmen

Die Steuerung des Unternehmens erfolgt durch Zielsetzungen. Wie wichtig sind Zielsetzungen? Was drücken sie aus? Welche Bedeutung für die Praxis haben sie?

Zielsetzungen sind Absichtserklärungen des Unternehmens. Hier kommt der Wille der Unternehmensführung zum Ausdruck. Wenn dieser Wille nicht besteht, dann können auch kaum große Erfolge erwartet werden. Dieser Wille bewegt die Geschäftsführung nach vorne. Sie gibt damit ein Beispiel für andere Teile des Unternehmens. Durch Selbstmotivation der obersten Führungsebene werden die nächsten Ebenen ebenfalls angespornt. Enthusiasten dieser Zusammenhänge sprechen hier gerne von einer Motivationsspirale. Diese zieht immer größere Kreise. Die Erfolge häufen sich.

Diese Zusammenhänge können nicht hoch genug eingeschätzt werden, wie die Praxis zeigt. Studien erfolgreicher Unternehmen zeigen immer wieder, wie teilweise ein fast missionarischer Geist bedeutender Unternehmensgründer Organisationen aufbaute und diese vorwärts trieb. Andererseits zeigten Studien auch wieder: Wurde dieser Wille geringer oder verschwand er ganz, dann litt die ganze Organisation darunter. Beispiele aus der Praxis zeigen sehr deutlich, daß auch ehemals erfolgreiche Unternehmen gegenüber Wettbewerbern an Boden verloren und häufig auch wieder ganz vom Markt verschwanden.

In der unternehmerischen Praxis bestehen Zielsysteme. Ausgehend von den übergeordneten Unternehmenszielen werden materielle und nicht materielle Ziele vorgegeben.

Um die Aufgaben des Unternehmens zu erfüllen, sind wiederum für einzelne Funktionsbereiche Subziele (= Unterziele) festzulegen. Diese sind für einzelne Teilbereiche weiter zu verfeinern. Das zeigt folgende Graphik:

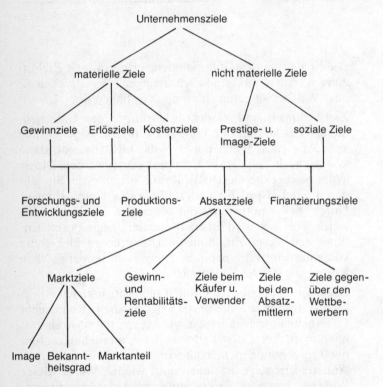

Abb. 25 *Das Zielsystem des Unternehmens*
(Quelle: Höfner, »Marketingplanung« in: »Marketing-Enzyklopädie«, Band 2)

Weiterhin gibt es eine Zielbildung nach der Hierarchie im Unternehmen, ausgehend von Unternehmenszielen, verfeinert in Bereichszielen, wiederum spezifiziert in Abteilungszielen.

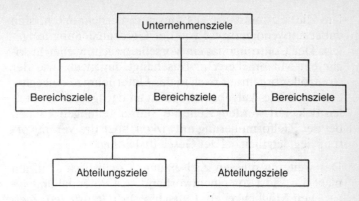

Abb. 26 *Die hierarchische Zielbildung im Unternehmen*

Wie kann nun der Controller diese wichtige Aufgabe systematisieren? Im Rahmen seiner Aufgabe, die Planung zu organisieren, gilt es auch hier, planmäßig und koordiniert vorzugehen.

Aus der Sicht des Gesamtunternehmens hat es sich in der Praxis für den Controller als zweckmäßig herausgestellt, sich dabei zunächst auf sieben Schlüsselbereiche des Unternehmens zu konzentrieren und deren Ziele festzulegen:

1. den **Geschäftsauftrag** (die Mission) des Unternehmens,
2. die **Ertragsquellen**,
3. die **Technologien** (Innovation und Produktivität),
4. den **Finanzbereich**,
5. den Bereich **Mitarbeiter** und **Management**,
6. die **Wertschätzung** des Unternehmens in der Öffentlichkeit (Unternehmensimage) sowie
7. grundsätzliche Überlegungen zum **Überleben**.

Diese sieben Schlüsselbereiche geben Auskunft über die Richtung, die das Unternehmen einschlägt, über Art, Quantität und Qualität der zu erbringenden Leistung, über das Wachstum und das Überleben.

Die Zielsetzungen für das Gesamtunternehmen werden dabei notwendigerweise von der Geschäftsleitung festgelegt. Der Controller hat ein Vorschlagsrecht, vielleicht sogar ein Mitspracherecht. Das hängt davon ab, wie der Controller organisatorisch in das Unternehmen eingegliedert ist. Diese Aufgabe kann nicht an nachgeordnete Stellen delegiert werden. Zentrale Stabsabteilungen können bei der Zielformulierung mitwirken, aber die Verantwortung liegt letztlich bei der Geschäftsleitung.

Des weiteren müssen Zielsetzungen realistisch sein, um nicht, losgelöst von einem vorhandenen Potential und gegebenen Möglichkeiten, Luftschlösser darzustellen. Zielsetzungen müssen aber auch herausfordernd sein, um einen Ansporn zu geben, um den Geist des Wettbewerbs und der Anstrengung im Unternehmen zu erzeugen bzw. zu steigern. Unrealistische Zielsetzungen führen zur Resignation. Nicht herausfordernde Zielsetzungen führen zu einem Erschlaffen unternehmerischer Antriebskräfte.

Diese Zusammenhänge sind dem Controller durchaus bewußt. Die konkreten Fragen, die sich nun stellen, lauten: Was sind realistische und realisierbare Zielvorstellungen? Was ist herausfordernd? Wer legt diese Zielvorstellungen fest? In der Praxis tauchen hier immer wieder größere Schwierigkeiten auf. Auch hier ist der Controller gefordert.

Datenmaterial aus dem Wirtschaftsleben steht häufig in größeren Mengen zur Verfügung. Das Problem für den Controller ist meist, das für ihn und für das Unternehmen relevante Datenmaterial zu erhalten. Vorliegen können zum Beispiel folgende Informationen:

- Vergangenheitswerte,
- Vergleichswerte gegenüber den Mitbewerbern (Marktanteile, Produktions- und Marketingerfahrung, Qualitätsmerkmale der Produkte, Wettbewerbskonstellation, Patente)

- Vergleichswerte der Branche und
- gesamtwirtschaftliche Rahmendaten.

Diese und ähnliche Daten gilt es vorauszuschätzen und zu analysieren.

Unternehmen sind arbeitsteilige Gebilde. Linienstellen sind auf den Kunden und auf den Markt orientiert, die Gesamtgeschäftsführung steuert das Gesamtunternehmen. In größeren Unternehmen sind Stabsstellen zu finden; sie unterstützen die Linienstellen und die Gesamtgeschäftsführung. Wie werden nun in der Praxis Zielsetzungen für die Linienstellen festgelegt?

Ein Praktiker wird hier vielleicht sagen, es gibt so viele Möglichkeiten, wie es Unternehmen gibt. Denn ohne Zweifel spielen beim Festlegen von Zielsetzungen die persönlichen Wünsche und Vorstellungen aller Beteiligten eine große Rolle.

Der Controller ist aufgerufen, die Organisation der Planung möglichst koordiniert und systematisch durchzuführen. Dabei stehen ihm und der Organisation grundsätzlich zwei Vorgehensweisen zur Verfügung, Zielsetzungen für Linienstellen festzulegen.

Fall I: Die Gesamtunternehmensleitung setzt den Linienstellen Zielvorgaben. Die Linienstellen vergleichen diese Zielvorgaben mit ihren eigenen Zielvorstellungen und äußern dann Übereinstimmung oder Nichtübereinstimmung gegenüber der Gesamtunternehmensleitung. Im Falle der Nichtübereinstimmung wird eine Begründung geliefert und es werden Gegenvorschläge gemacht. Die Gesamtunternehmensleitung trifft dann die endgültige Entscheidung unter Berücksichtigung des Gesamtunternehmensinteresses.

Fall II: Im zweiten Fall erarbeiten die Linienstellen zuerst ihre eigenen Zielvorstellungen und teilen diese der Gesamtgeschäftsleitung mit. Diese entscheidet dann, ob diese Zielvorgaben im Rahmen des Gesamtunternehmensinteresses akzeptiert werden können. Können diese Zielvorgaben nicht akzeptiert werden, so unterbreitet die Gesamtgeschäftsleitung ihre eigenen Zielvorstellungen und klärt sie mit den Linienstellen ab.

Die zweckmäßigere Vorgehensweise hängt unter anderem ab vom Erfolg der vergangenen Jahre, von der Produktpalette und vom Führungsstil. So zeigt die Praxis Fälle, in denen für die Linienstellen von der Gesamtgeschäftsleitung nur zwei Zielsetzungen vorgegeben werden, nämlich Mindestverzinsung des Eigenkapitals und Mindestumsatzrendite. Ausgangswerte für die Planung sind damit von der Gesamtunternehmensleitung gesetzte finanzielle Eckdaten.

Das Festlegen aller anderen davon abgeleiteten Größen bleibt dann den Linienstellen selbst überlassen, wie zum Beispiel: Welche Produkte auf welchen Märkten mit welchen Marktanteils- und Marktwachstumszielsetzungen angeboten werden. Die Praxis zeigt aber auch andere Fälle, in denen die vorgegebenen Zielsetzungen der Gesamtunternehmensleitung für die Linienstellen viel detaillierter sind.

Die endgültigen Zielsetzungsgrößen, die die Geschäftsleitung vorgibt, hängen von zwei Gesichtspunkten ab:

1. Von den subjektiven Wünschen, Vorstellungen und von der Aggressivität bzw. Dynamik der Geschäftsleitung. Das Unternehmen gewinnt damit' eine Persönlichkeit, die als verlängerter Schatten die Persönlichkeitsstruktur der obersten Führungsspitze des Unternehmens widerspiegelt.
2. Von den Grenzen, die der Geschäftsleitung durch Einflußfaktoren, die sie nicht oder kaum beeinflussen kann, gesetzt sind. Diese Grenzen werden durch Vorausschätzungen und Analyse erarbeitet und offenkundig gemacht.

Beim Erarbeiten von Zielsetzungen ist es wichtig, genügend viele Fragen zu stellen, um das ganze Spektrum grundsätzlich möglicher Zielsetzungen für das Unternehmen zu kennen. Der Controller ist dabei aufgerufen, die Arbeit zu koordinieren und zu systematisieren.

1. Der Geschäftsauftrag

Der erste Bereich der Zielsetzungen betrifft die Mission des Unternehmens. Mission ist Sendungsbewußtsein. Neben der Mission wird hier auch häufig vom Geschäftsauftrag oder vom Leitbild des Unternehmens gesprochen.

Die Schlüsselfrage ist: **Wie lautet der Geschäftsauftrag?** Diese Frage ist meist sehr schwierig zu beantworten und wird auch oft zu wenig untersucht, um die passende Antwort zu finden.

Der Geschäftsauftrag des Unternehmens ist dessen Geschäftstätigkeit im weitesten Sinn. In vielen Unternehmen ist der Geschäftsauftrag schriftlich festgelegt und meist mit in die Satzung eingearbeitet.

Der Geschäftsauftrag kann zum Beispiel lauten:

- Wir sind ein Universalunternehmen der Fahrzeugindustrie.
- Er kann aber auch enger gefaßt sein: wir sind ein Universalunternehmen für Personenkraftwagen.
- Weitere Einschränkungen können sein: Wir sind ein Unternehmen für Personenkraftwagen für ganz bestimmte Kundenschichten, zum Beispiel für mittlere und gehobene Schichten.
- Das Leitbild kann auch sein: Für Personenkraftwagen für mittlere und gehobene Schichten, dabei aber immer mit Exklusiv- und damit entsprechend teuren Modellen.

Durch die Festlegung des Geschäftsauftrags wird dem Unternehmen eine klar definierte Zielrichtung vorgegeben. Liegt diese Zielrichtung nicht vor, dann können auch sinnvollerweise keine Vorgehensweisen entwickelt und durchgesetzt werden, um die angestrebte Position zu erreichen. Eine nicht klar umrissene und nicht weit gefaßte Mission entscheidet häufig über die Existenz von Unternehmen oder sogar von ganzen Industriezweigen.

Als häufig zitiertes Beispiel können die großen Eisenbahngesellschaften angeführt werden, die zu Beginn des zwanzigsten Jahrhunderts auf dem nordamerikanischen Raum eine dominierende Stellung einnahmen. Ihre Mission wurde von ihnen nicht ausdrücklich ausgesprochen, aber sie hieß wahrscheinlich Transport per Schiene oder Eisenbahnverkehr. Diese Mission schloß nur einen Teil des Bereichs Verkehr oder des Transportgeschäfts ein.

Die Mission der Eisenbahngesellschaften erwies sich zwar für einige Jahrzehnte als richtig, wurde aber nicht rechtzeitig neu gefaßt und durchgesetzt. Andere Unternehmen drangen in sich auftuende Ergänzungsmärkte zur Schiene ein, wie Transport per Straße, Wasser, Luft. Die Eisenbahngesellschaften schlossen sich diesen neuen Marktbedingungen nicht an und überließen dieses Feld unternehmerischer Aktivität anderen Unternehmen.

Die Gefahr einer zu eng oder überhaupt nicht gefaßten Mission und deren Durchsetzung wurde neben anderen Gründen durch den Zusammenbruch der amerikanischen Eisenbahngesellschaft Penn Central Railroad augenscheinlich dokumentiert.

Ein anderes, oft zitiertes Beispiel betrifft die Filmindustrie Kaliforniens in den dreißiger und vierziger Jahren. Diese stellte sich nicht rechtzeitig auf das Fernsehgeschäft um, weil sie ihre Mission nur im eng gefaßten Spektrum Film für die Lichtspielunterhaltungsindustrie berücksichtigte. Deshalb büßte die Filmindustrie Kaliforniens ihre starke Marktposition ein. Erst durch eine weiter gefaßte Mission und deren Durchsetzung konnte sie in den letzten Jahren wieder verlorenes Terrain zurückgewinnen.

Bei der Formulierung des Geschäftsauftrages ist es zweckmäßig, von den Kundenbedürfnissen auszugehen. *Ein Reiseveranstalter verkauft dann zum Beispiel keine Reisen, sondern vielleicht Abenteuer, das Kennenlernen architektonischer und landschaftlicher Kostbarkeiten oder Abwechslung von der täglichen Arbeit.* Stehen die Kundenbedürfnisse und deren Befriedigung am Anfang der Überlegungen, dann wird auch die Gefahr verringert, daß der Geschäftsauftrag nicht richtig formuliert wird.

Der Geschäftsauftrag muß auch immer so gestellt sein, daß er jedem Mitarbeiter im Unternehmen verständlich ist. Außerdem müssen sich die Mitarbeiter damit identifizieren können. Ein Geschäftsauftrag, der von den Mitarbeitern nicht akzeptiert wird, kann von diesen kaum erfolgreich verwirklicht werden.

2. Die Ertragsquellen

Ertragsquellen sind Produkte (Güter, Dienstleistungen und/oder Systeme) in Teilmärkten. Hier erwirtschaftet das Unternehmen seinen Ertrag.

Hier werden für das Unternehmen Zielsetzungen festgelegt, die Wachstum, Bewegung und Dynamik betreffen. Diese Zielgrößen sind auch meist quantifizierbar. Solche Zielsetzungen können sein:

- Den Schwerpunkt auf den nationalen Markt oder auf internationale Märkte legen.
- Neue Märkte erschließen.
- Neue Produkte anbieten.
- Bestehende Produkte auslaufen lassen.
- Den Schwerpunkt des Produktspektrums verlagern.
- Das Produktspektrum erweitern oder verkleinern.

- Die Ertragsspannen um bestimmte Mindestwerte verbessern.
- Eine kontinuierliche Entwicklung der Erträge anstreben.
- Kontinuierlich ansteigende Umsätze anstreben.
- Reale Wachstumsraten vorgeben.
- Obergrenzen für das Wachstum in bestimmten Märkten bestimmen.
- Ein Mindestwachstum der Erträge und der Umsätze festlegen.
- Mindestmarktanteile vorschreiben.
- Mindeststückzahlen festsetzen.
- Das weitere Wachstum des Unternehmens durch Akquisition oder durch internes Wachstum erzielen.

Das Streben des Unternehmens ist auf eine starke Marktposition auszurichten. Die Marktposition ist stark, wenn möglichst viele der folgenden Voraussetzungen für das Unternehmen zutreffen:

- Die Marktanteile der angebotenen Güter und Dienstleistungen sind hoch.
- Das Unternehmen betätigt sich auf Märkten mit hohen Wachstumsraten.
- Die Lebenszyklen erfolgreicher Produkte sind bekannt. Die Geschäftsleitung paßt sich diesen Gesetzmäßigkeiten unternehmenspolitisch an.
- Das Leistungsangebot ist ausgewogen. Ertragsquellen, die einen Finanzunterschuß ausweisen, werden überlagert von Ertragsquellen, die einen Finanzüberschuß erwirtschaften. Das langfristig finanzielle Gleichgewicht ist garantiert.
- Das Unternehmen ist leistungsfähig und leistungsbereit. Alle betrieblichen Aufgaben, wie Forschung und Entwicklung, Beschaffung, Produktion, Marketing, Personal, Finanzen, Öffentlichkeitsarbeit und Unternehmenssteuerung, werden wirkungsvoll ausgeübt.

- Das Unternehmen betätigt sich auf Märkten, die als relativ stabil anzusehen sind. Schnell auftretende und größere Nachfrageausfälle sind nicht zu erwarten.

3. Innovation und Produktivität

Hier werden für das Unternehmen Zielsetzungen festgelegt, die neue Produkte und neue Herstellungsverfahren betreffen. Wichtig hierbei ist auch, auf eine hohe Qualität der zu erbringenden Leistung zu achten. Auch diese Zielgrößen sind meist quantifizierbar. Solche Zielsetzungen sind zum Beispiel:

- Eine Innovationsrate festlegen; d.h. eine bestimmte Anzahl neuer Produkte bis zu einem festgelegten Zeitpunkt entwickeln.
- Einen Mindestaufwand für Forschungs- und Entwicklungsvorhaben vorgeben (zum Beispiel in Prozent vom Umsatz).
- Mindestkosteneinsparungen durch Wertanalyse erreichen.
- Kundenreklamationen um einen bestimmten Prozentsatz senken.
- Mindestwerte zur Steigerung der Produktivität bestimmen.
- Die Fertigungstiefe verringern. Verbundeffekte durch Zukäufe von Lieferanten ausnützen.

Die Steigerung der Produktivität betrifft dabei nicht nur den Funktionsbereich Produktion, sondern auch alle anderen Funktionsbereiche des Unternehmens, wie zum Beispiel Einkauf, Marketing, Finanzen, Verwaltung und Kundendienst.

Das Streben des Unternehmens ist auf eine starke technologische und produktivitätsorientierte Position auszurichten. Die technologische und produktivitätsorientierte Position ist stark, wenn möglichst viele der folgenden Voraussetzungen zutreffen:

- Forschungsaktivitäten auf dem Gebiet der Grundlagenforschung genießen einen hohen Stellenwert. Die dafür vorgesehenen Einrichtungen sind finanziell und personell gut ausgerüstet.
- Die Entwicklung von Produkten wird marktorientiert durchgeführt. Durch Erkennen der Bedürfnisse der Kunden werden Produkte entwickelt, bei denen das Kosten-Nutzen-Verhältnis vom Markt akzeptiert wird.
- Die Wertanalyse genießt einen hohen Stellenwert.
- Die Investitionsquote entspricht den Markterfordernissen. Rechtzeitige Erweiterungsinvestitionen garantieren, daß die zusätzliche Marktnachfrage gedeckt werden kann. Rationalisierungsinvestitionen werden kontinuierlich durchgeführt, um das Leistungsangebot weiterhin kostengünstig zu erstellen und zu verwerten.
- Der Erhöhung der Produktivität wird eine große Aufmerksamkeit geschenkt. Durch eine Steigerung der Kapitalintensität verbessert sich die Arbeitsproduktivität. Rationalisierungsanstrengungen werden gefördert. Das betrifft alle Bereiche des Unternehmens, nicht nur die Produktion.

4. Die Finanzen

Hier werden für das Unternehmen Zielsetzungen festgelegt, die die finanzielle Gesundheit betreffen. Solche Zielsetzungen sind zum Beispiel:

- Eine Mindestverzinsung des Eigenkapitals, des eingesetzten Kapitals und des Gesamtkapitals vorgeben.
- Cash-Flow-Zielsetzungen festlegen.
- Die Kapitalumschlagsgeschwindigkeit um einen bestimmten Prozentsatz verbessern.
- Mindestanforderungen an die Liquidität vorschreiben.

- Strategische Finanzplanung durch weltweite Betrachtung und explizite Einbeziehung aller Geld- und Kapitalmarkterwartungen gewährleisten.
- Eine Mindesteigenkapitalversorgung festsetzen.
- Bestimmte Bilanzrelationen anstreben.
- Finanzielle Leistungsziffern, wie zum Beispiel einen Mindestumsatz pro Mitarbeiter, vorgeben.
- Die Forderungsaußenstände nicht einen Höchstwert überschreiten lassen.

Das Streben des Unternehmens ist auf eine starke finanzwirtschaftliche Position auszurichten. Die finanzwirtschaftliche Position ist stark, wenn möglichst viele der folgenden Voraussetzungen für das Unternehmen zutreffen:

- Die Erlösfähigkeit der angebotenen Güter und Dienstleistungen am Markt ist gut. Es gelingt, längerfristig eine ausreichende Rentabilität des Umsatzes zu erzielen.
- Die dem Unternehmen zur Verfügung stehenden Kapitalressourcen sind marktorientiert gebunden und eingesetzt. Durch Ausrichtung aller unternehmerischen Aktivitäten auf die Leistungsverwertung ist es möglich, eine gute Kapitalrentabilität zu erwirtschaften.
- Die interne Finanzierungskraft des Unternehmens ist hoch. Durch größtmögliche Ökonomie der Leistungserstellung und Leistungsverwertung ist der Cash Flow ergiebig genug, um den künftigen Finanzmittelbedarf aus eigener Kraft zu decken.
- Der Verschuldungsgrad ist im Vergleich zu Konkurrenten und zu anderen Branchen gering. Eine gute Startposition am Markt für weitere Erfolge liegt dadurch vor.
- Die Zahlungsfähigkeit ist jederzeit gesichert. Das gilt für die Liquidität auf kurze und auf mittlere Sicht.
- Bei der Bilanzaufstellung werden Scheingewinne durch Inflation, soweit vom Gesetzgeber erlaubt, nicht ausgewiesen. Die reale Substanzerhaltung ist gewährleistet.

5. Mitarbeiter und Management

Hier werden für das Unternehmen Zielsetzungen festgelegt, die die unternehmenspolitische Einstellung zum Humankapital betreffen. Solche Zielsetzungen sind zum Beispiel:

- Die fachliche Qualität der Mitarbeiter durch interne und externe Schulungslehrgänge weiter fördern.
- Heranziehen jungen Führungsnachwuchses aus dem eigenen Hause verstärken.
- Alle Mitarbeiter über die Zielsetzungen des Unternehmens informieren.
- Freiwillige Sozialleistungen geben.
- In internationalen Unternehmen Mitarbeiter verschiedener Nationalitäten in der Zentrale beschäftigen.
- Weibliche Mitarbeiter verstärkt in Führungspositionen aufrücken lassen.
- Durch Zuführung von Managementtalent von außen dem Unternehmen oder Teilen davon neue Impulse geben.
- Die innerbetriebliche Mobilität verstärkt fördern.
- Belegschaftsaktien ausgeben.

Das Streben des Unternehmens ist auf eine starke personalpolitische Position auszurichten. Die personalpolitische Position ist stark, wenn möglichst viele der folgenden Voraussetzungen für das Unternehmen zutreffen:

- Die Erhöhung der Produktivität genießt einen hohen Stellenwert. Eine große innerbetriebliche Ökonomie der Leistungserstellung und Leistungsverwertung ist erreicht. Rationalisierungsanstrengungen werden gefördert. Das betrifft alle Bereiche des Unternehmens, nicht nur die Produktion.
- Die Verbesserungsvorschlagsrate ist hoch. Ein gutes innerbetriebliches Klima sorgt dafür, daß sich die Kreativität der Mitarbeiter voll entfalten kann.

- Die Mitarbeiter sind durch geeignete Auswahl und Schulung für ihre Aufgaben qualifiziert. Die Leistungsfähigkeit der Belegschaft ist gewährleistet.
- Die Ziele des Unternehmens sind den Mitarbeitern bekannt. Sie werden auch von diesen voll akzeptiert. Die Leistungsbereitschaft ist groß.
- Pensionsrückstellungen sind in der gesetzlich höchstzulässigen Größe gebildet. Die soziale Absicherung der Mitarbeiter durch das Unternehmen genießt einen hohen Stellenwert.
- Ein bedingtes Kapital zur Ausgabe von Aktien mit Bezugsrecht für die Aktionäre ist vorhanden. Mitarbeiter haben die Möglichkeit, Anteile am Vermögen ihres Unternehmens zu Vorzugsbedingungen zu erwerben. Der Erwerb dieser Vermögensteile ist für die Mitarbeiter erstrebenswert.

6. Das Unternehmensimage

Hier werden für das Unternehmen Zielsetzungen festgelegt, die das Ansehen des Unternehmens in der Öffentlichkeit betreffen. Solche Zielsetzungen sind zum Beispiel:

- Für eine verstärkte Präsenz in der Öffentlichkeit sorgen.
- Die Bedeutung des Unternehmens für die Wirtschaft und für die Gesellschaft darstellen (Sozialbilanzen erstellen).
- Das Image des Unternehmens bei den Kunden durch eine stärkere Betonung der Qualität der Produkte und des Kundendienstes weiter verbessern.
- Das Verhältnis des Unternehmens zu öffentlichen Stellen (Verbänden, Kammern, Gemeinden, nationalen und internationalen Regierungen) festlegen.

- Auf dem Gebiet des Umweltschutzes verstärkt tätig sein.
- Sozial Schwache und körperlich Versehrte im Unternehmen beschäftigen.
- Die Wirtschaftspolitik des Unternehmens mit der Wirtschaftspolitik der Regierung in Einklang bringen.

Das Streben des Unternehmens ist darauf auszurichten, ein hohes Ansehen in der Öffentlichkeit zu erreichen. Das gelingt zunächst einmal, wenn auf den »klassischen« Gebieten

- Marktposition,
- technologische Position,
- Finanzposition und
- im Bereich Personal und Soziales

eine anerkannte Leistung erbracht wird.

Darüber hinaus ist wichtig, daß das Unternehmen seine gesellschaftsverantwortliche Aufgabe in das Bewußtsein der Öffentlichkeit rückt. Unternehmen können, wie die Praxis zeigt, nur dann überleben und sich weiterentwickeln, wenn sie Beiträge zur Lösung gesellschaftlicher Probleme leisten.

Diesen Beitrag kann auch ein kleines, mittelständisches Unternehmen für einen kleineren Raum, vielleicht nur für eine Gemeinde, ebenso leisten wie ein großes Unternehmen mit überregionaler Ausstrahlung.

Die **gesellschaftspolitische Verantwortung** wird damit zur obersten Richtschnur unternehmerischen Handelns, um eine hohe Wertschätzung in der Öffentlichkeit zu erreichen. Das bedeutet, in die unternehmerische Praxis umgesetzt, die Akzeptanz des Leistungsangebots durch den Markt. Um dies zu erreichen, sind alle fünf Aufgabengebiete der Unternehmensentwicklung gleichberechtigt zu entwickeln. Der Schwerpunkt liegt dabei auf dem Aufgabengebiet Ertragsquellen.

Für die unternehmerische Praxis bedeutet dies im einzelnen:

1. Das Unternehmen erringt eine starke Marktposition und baut sie weiter aus. Das Hauptaugenmerk ist dabei darauf zu richten, eine relative Sicherheit gegenüber den Aktionen der Konkurrenten zu gewinnen.
2. Das Unternehmen entwickelt eine hohe Innovationskraft. Das betrifft das Herstellen neuer Produkte durch Produktinnovation und die Verbesserung der Umwandlungstechnologie durch Prozeßinnovation. Die Erhöhung der Produktivität genießt einen hohen Stellenwert.
3. Es gelingt, ein ausgewogenes Verhältnis der Ressourcenbindung (Kapital, Mitarbeiter, Managementtalent) zur Ressourcenfreisetzung herzustellen. Langfristig wird in erwerbswirtschaftlichen Unternehmen ein Ertrag erwirtschaftet. Das Ziel ist ein langfristiges finanzielles Gleichgewicht.
4. Das Unternehmen ist attraktiv genug, Mitarbeiter in ausreichender Zahl und mit ausreichender Qualifikation zu gewinnen und zu halten. Die Motivation ist hoch durch einen entsprechenden Arbeitseinsatz. Lohn- und Gehaltspolitik, Beförderungspolitik und die Sicherheit des Arbeitsplatzes kommen den Wünschen der Mitarbeiter entgegen.
5. Die Wertschätzung des Unternehmens in der Öffentlichkeit ist groß. Das betrifft die Wertschätzung in der Gemeinde, im Kreis, im Land und über die Grenzen von Staaten hinaus. Der Einsatz der Ressourcen Kapital und Mitarbeiter erfolgt gemäß gesellschaftspolitischen und volkswirtschaftlichen Bedürfnissen.

Werden alle fünf Aufgaben entsprechend gelöst, dann decken sich die Vorstellungen des Unternehmens mit denen der Gesellschaft. Das bedeutet einen gleichgewichtigen Zustand.

Die Position des Unternehmens am Markt ist dann stabil und gegen Störungen gewappnet. In diesem Fall werden die Ansprüche der Kunden, Lieferanten, Mitarbeiter, Kapitalgeber, staatlichen Stellen, der Öffentlichkeit und die des Unternehmens zufriedenstellend gelöst.

In einer dynamischen Umwelt ändern sich jedoch die gesellschaftspolitischen Zielvorstellungen und Wünsche. Aufgabe der Unternehmensentwicklung ist es, diese Veränderungen rechtzeitig zu erkennen und rasch und flexibel darauf zu antworten. Hier gilt es, entsprechende Strategien zu entwickeln, gegebenenfalls anzupassen und durchzusetzen. Und hier ist wiederum der Controller besonders gefordert.

7. Die Überlebensfragen

Überlegungen zum Überleben des Unternehmens sind ohne Zweifel für den Controller Schlüsselfragen der Existenz. Im normalen Tagesgeschäft mag diese Frage selten auftauchen. Diese Fragestellung bedeutet jedoch eine Vorsorge für den Ernstfall.

So können zum Beispiel folgende Überlegungen angestellt werden:

- Die Grenzen des äußersten Risikos definieren, was die Geschäftsleitung bei neuen Geschäftsvorhaben noch zu tragen gewillt ist.
- Maximale Verschuldungsobergrenzen festlegen.
- Das maximal zu tragende politische Risiko festsetzen (wie zum Beispiel durch Investitionsbegrenzungen in Ländern mit Verstaatlichungsabsichten).
- Kritische Werte der Börsennotierung der eigenen Aktien vorgeben, um Stützungskäufe durch Aufkauf der eigenen Aktien zu initiieren.
- Namensaktien anstatt von Inhaberaktien ausgeben.
- Das wirtschaftliche Chancen-/Risikoprofil an Attraktivität gewinnen lassen.

Kapitel 5:
Die Instrumente der Unternehmensanalyse

Um Unternehmen besser steuern zu können, müssen aussagefähige Meßinstrumente entwickelt werden. Das Ziel ist, durch Zahlenangaben alle geschäftlichen Aktivitäten darzustellen und zu bewerten. Damit wird der Erfolg meßbar gemacht. Er kann dann mit dem Erfolg früherer Jahre oder mit dem Erfolg anderer Unternehmen verglichen werden.

1. Die Unternehmenskennzahlen

Kennzahlen zur Unternehmenssteuerung werden zum Bewerten von Zielvorgaben wie auch zum Bewerten von tatsächlich erreichten Erfolgen entwickelt. Interessant sind dabei für den Controller vor allem drei Schwerpunkte:
- Zielvorgaben,
- Abweichungen zwischen Zielvorgaben des laufenden Jahres und den tatsächlich erreichten Werten des gleichen Jahres,
- die erreichten Werte im Vergleich zu Vorjahreswerten.

Die Abweichungen zwischen Zielvorgaben und den tatsächlich erreichten Werten des laufenden Jahres zeigen an, inwieweit die Vorgabewerte heute erreicht oder sogar überschritten wurden. Der Vergleich der erreichten Werte mit den Vorjahreswerten zeigt, wie weit der Erfolg gegenüber dem letzten Jahr gesteigert werden konnte.

Bei den Kennzahlen zur Unternehmenssteuerung kann es sich um zwei Arten handeln:
- absolute Zahlen,
- Verhältniszahlen.

Absolute Zahlen, wie zum Beispiel Umsatz, Ertrag, Kapitalbindung, Mitarbeiter, sind für sich allein betrachtet nur bedingt aussagefähig. Aussagefähiger dagegen sind Verhältniszahlen. Hier werden zwei absolute Zahlen ins Verhältnis zueinander gesetzt, wie zum Beispiel Umsatz pro Mitarbeiter, Verzinsung des eingesetzten Kapitals, Investitionen im Verhältnis zum Umsatz.

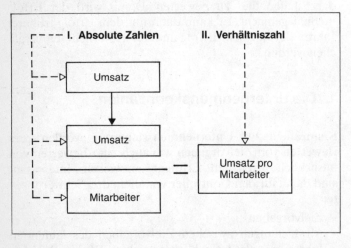

Abb. 27 *Absolute Zahlen und Verhältniszahlen*

Am aussagefähigsten sind Verhältniszahlen dann, wenn der Erfolg im Verhältnis zu den eingesetzten Ressourcen dargestellt wird. Der Controller gelangt damit von einem absoluten zu einem relativen Erfolgsausweis. Eine größere Bedeutung kommt diesen Verhältniszahlen auch dann zu, wenn der eigene Erfolg mit dem Erfolg anderer Unternehmen verglichen wird.

Die Praxis zeigt auch, daß für die fünf Aufgabengebiete der Unternehmensführung Kennzahlen in sehr unterschiedlichem Umfang und mit sehr unterschiedlicher Aussagekraft erarbeitet werden. Dabei ist festzustellen, daß für den Bereich Kapital viele Kennzahlen zur Verfügung stehen. Über diesen Bereich wird auch von den Unternehmen umfangreicheres Zahlenmaterial veröffentlicht. Das ist weitgehend darauf zurückzuführen, daß der Gesetzgeber diese Veröffentlichung zwingend vorschreibt, wie zum Beispiel Bilanzen, Gewinn- und Verlustrechnungen und Geschäftsberichte.

Für die anderen Aufgabengebiete der Unternehmensführung liegt im allgemeinen nicht so umfangreiches Zahlenmaterial vor. Das ist teilweise darauf zurückzuführen, daß der Gesetzgeber hierfür keine oder nur eine sehr eingeschränkte Veröffentlichungspflicht vorschreibt. Darüber hinaus ist aber auch bei vielen Unternehmen festzustellen, daß selbst für interne Steuerungszwecke ein genügend aussagefähiges Zahlenmaterial nicht intensiv genug erarbeitet wird. Hier ist der Controller gefordert.

Das trifft besonders für das Aufgabengebiet »Ertragsquellen« sowie für das Aufgabengebiet »Stellung des Unternehmens in der Öffentlichkeit« zu, im geringeren Umfang auch für das Aufgabengebiet »Mitarbeiter«.

Dabei sind für einzelne Funktionen des Unternehmens und deren Funktionscontroller spezielle Kennzahlen zu erarbeiten, wie z.B.:

- für den Produktionscontroller
  - Produktionskennzahlen,
- für den Logistikcontroller
  - Logistikkennzahlen,
- für den Vertriebs-/Absatzcontroller
  - Vertriebs- und Absatzkennzahlen,
- für den Finanzcontroller
  - Finanzkennzahlen,

um nur einige zu nennen.

Den Kennzahlen des Aufgabengebietes »Ertragsquellen« kommt dabei in einer Wettbewerbswirtschaft naturgemäß eine Schlüsselfunktion zu. Die dafür zu erarbeitenden Zahlen haben strategischen und operativen Charakter. Die Schwerpunkte sind Planung und Kontrolle, Kontrolle dabei aber nicht im Sinne von »Kontrollieren«, sondern im Sinne von Vorwärtscontrolling.

Strategische Kennzahlen sind wichtige Hilfsmittel, künftige Ertragspotentiale zu erkennen. Operative Kennzahlen helfen dabei, diese Ertragspotentiale auszuschöpfen. Strategisches und operatives Controlling werden dabei als Instrumente vernetzt.

1.1 Die Kapitalrentabilität

Eine universelle Kennzahl für eine erfolgreiche Unternehmenssteuerung ist die **Kapitalrentabilität**.

$$\text{Kapitalrentabilität (in \%)} = \frac{\text{Ergebnis}}{\text{eingesetztes Kapital}} \times 100$$

Die Kapitalrentabilität zeigt, welche Verzinsung das Unternehmen mit den ihm anvertrauten und eingesetzten Kapitalressourcen erwirtschaftet.

Das verdeutlicht folgendes einfaches Beispiel:

Das Unternehmen A erzielt im Jahr 1 ein Ergebnis von 100 000 DM. Das eingesetzte Kapital beträgt 1 000 000 DM. Die Kapitalrentabilität beträgt demnach

$$\frac{100\,000\ DM}{1\,000\,000\ DM} \times 100 = 10\,\%.$$

Bei der Darstellung der Kapitalrentabilität kann auf die bekannte **DuPont-Formel** zurückgegriffen werden. Diese Formel wurde von dem amerikanischen Chemieunternehmen DuPont entwickelt und daher nach diesem benannt.

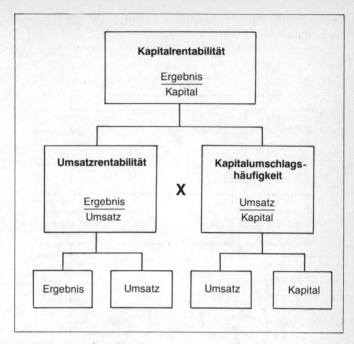

Abb. 28 *Kapitalrentabilität nach DuPont*

Bei dieser Verhältniszahl ist im allgemeinen im Nenner das eingesetzte Kapital ausgewiesen. Dieses Kapital stellt die Summe aller Vermögensposten dar, die zur Erzielung des Ergebnisses eingesetzt werden. Zur Vereinfachung der Darstellung wird dabei jedoch oft nur die Summe aller Aktivposten angegeben, wie sie in der Bilanz ausgewiesen sind.

Das veranschaulicht auch folgende zentrale Grundgleichung des DuPont-Systems:

Return on Investment

$$= \frac{\text{Gewinn}}{\text{Vermögen}} = \frac{\text{Gewinn}}{\text{Umsatz}} \cdot \frac{\text{Umsatz}}{\text{Vermögen}} = \left(\begin{array}{c}\text{Umsatz-}\\\text{rentabilität}\end{array}\right) \cdot \left(\begin{array}{c}\text{Vermögensum-}\\\text{schlagshäufigkeit}\end{array}\right)$$

Noch detaillierter verdeutlicht dies folgende Abbildung:

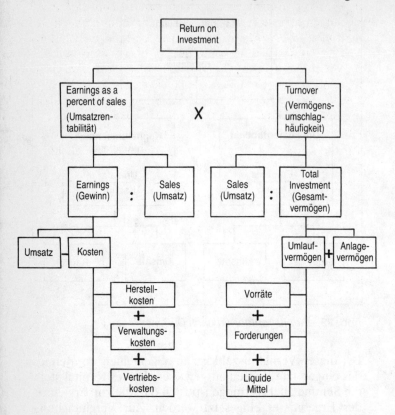

Abb. 29 *Grundschema des DuPont-Kennzahlensystems (z. T. abgewandelt unter Verwendung deutscher Begriffe)*

Die Kapitalrentabilität ist wesentlich aussagefähiger als die Umsatzrentabilität, weil mit ihr alternative Kapitaleinsatzmöglichkeiten vergleichbar gemacht und bewertet werden können. Dabei kann der alternative Einsatz von Kapitalressourcen mit allen anderen grundsätzlich möglichen Kapitaleinsätzen verglichen werden.

Das trifft auch auf Kapitalanlagen zu, die nicht nur direkt in Fabrikationsanlagen einschließlich maschineller Ausrüstungen investiert werden. Alternativ können auch Finanzanlagen erworben werden. Diese Möglichkeit ergibt sich für jeden Unternehmer, indem er zum Beispiel Aktien oder GmbH-Anteile anderer Unternehmen erwirbt. Er kann auch stiller Gesellschafter werden. Darüber hinaus hat er auch die Möglichkeit, sein Kapital zum Beispiel in festverzinslichen Wertpapieren zu investieren.

Die Kapitalanlage in die eigenen Produktionsmittel konkurriert damit ständig mit alternativen Anlagemöglichkeiten, die auch außerhalb des eigenen Unternehmens liegen. Die zur Verfügung stehenden Kapitalressourcen sind damit grundsätzlich höchst beweglich. Im Rahmen der gesamten Volkswirtschaft fließen sie langfristig in die Sektoren, die die höchste Produktivität aufweisen oder erwarten lassen.

Eine Steigerung der Kapitalrentabilität kann auf zwei Gebieten erfolgen. Diese beiden Ansatzpunkte geschäftspolitischer Aktivität zeigt die DuPont-Formel klar auf. Diese sind:

- Steigerung der **Umsatzrentabilität**,
- Steigerung der **Kapitalumschlagshäufigkeit**.

Diese Zusammenhänge verdeutlicht folgende Abbildung:

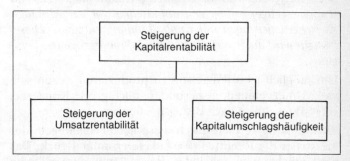

Abb. 30 *Steigerung der Kapitalrentabilität*

Der Steigerung der **Kapitalumschlagshäufigkeit** wird oft eine zu geringe Aufmerksamkeit geschenkt, wie die Praxis zeigt. Hier liegen jedoch oft erhebliche Reserven, wie die folgenden Beispiele zeigen. So kann man:

- bei Fabrikationsanlagen für einen schnelleren Fertigungsdurchlauf sorgen;
- unrentable Fabrikationsanlagen schließen oder zusammenlegen;
- Filialen so auf Stadtteile verteilen, daß ein möglichst großer Kreis von potentiellen Kunden angesprochen wird;
- die Lagerhaltung bei Roh-, Hilfs- und Betriebsstoffen sowie bei Halbfertig- und Fertigfabrikaten verringern;
- das Inkasso bei ausstehenden Forderungen beschleunigen.

Hier ist vor allem der Finanzcontroller gefordert; jedoch auch andere Funktionscontroller, deren Tätigkeit auf die Vermögenswerte (Aktiva) des Unternehmens einen Einfluß haben — insbesondere der Produktions-, Logistik- und Absatzcontroller —, sind angesprochen.

Zu denken ist hier z.B. an das

»Just-in-time«-Konzept oder das
japanische **Kanban-Konzept**:

Die Zulieferung von Teilen für die Endmontage (z.B. für Kraftfahrzeuge) erfolgt erst unmittelbar vor der Montage. Zwischenlagerungen mit Kapitalbindung entfallen. Dieses Prinzip wird auch verfolgt bei der auftragsbezogenen Fertigung.

Um möglichst kostengünstig zu produzieren, sehen sich viele Unternehmen, insbesondere auch große Konzerne, verstärkt weltweit nach Bezugsquellen um.

Zwangsläufig geraten durch diese neuen Spielregeln der Hersteller die Renditen der Zulieferer unter Druck. Das verdeutlicht auch folgendes Beispiel mit ausgewählten Kennzahlen:

Rendite: Zulieferer unter Druck

Kennzahlen deutscher Automobilhersteller und mittelgroßer Zulieferer* (50 bis 300 Millionen Mark Jahresumsatz)

	1984	1985	1986	1987
Umsatzrendite (Jahresüberschuß vor Steuern in Prozent des Umsatzes)				
Zulieferer	4,9	5,4	5,0	4,8
Hersteller	3,9	5,8	6,1	5,6
Investitionsquote (Zugang an Sachanlagen und immateriellem Vermögen in Prozent des Umsatzes)				
Zulieferer	6,6	7,5	7,7	7,8
Hersteller	5,3	5,7	6,4	6,1
Brutto-Cash-flow** (in Prozent des Umsatzes)				
Zulieferer	10,9	11,1	10,7	10,9
Hersteller	11,3	11,8	12,1	11,7
Bindung von Vorräten auf Lager (in Monaten)				
Zulieferer	1,9	1,8	1,8	1,7
Hersteller	0,9	0,8	0,8	0,8
Frist für die Begleichung von Verbindlichkeiten (in Monaten)				
Hersteller gegenüber Zulieferern	1,3	1,3	1,3	1,3
Kunden gegenüber Autoherstellern	0,3	0,25	0,2	0,2

* Erhebung in rund 80 Unternehmen
** Jahresüberschuß vor Steuern + Anlageabschreibung + Erhöhung der Pensionsrückstellungen + Erhöhung sonstiger Posten

Quelle: IKB

(Quelle: Wirtschaftswoche Nr. 14 v. 31. 3. 1989)

Nur findige und strategisch denkende Zulieferunternehmen werden mit ihren aggressiven Kunden auch in Zukunft erfolgreich sein.

1.2 Kennzahlen von Fachverbänden und Interessenvereinigungen

Insbesondere Fachverbände der Wirtschaft und Interessenvereinigungen der Industrie, des Handels, der Banken und Versicherungen haben teilweise sehr detaillierte, auf ihre Belange zugeschnittene Kennzahlen und Kennzahlensysteme entwickelt.

Einem weiteren Kreis bekannt wurde dabei das Kennzahlensystem des ZVEI — des Zentralverbands der Elektrotechnischen Industrie e.V., Frankfurt/Main.

Es gilt als das verbreitetste deutsche Kennzahlensystem.

Das ZVEI-System umfaßt nicht nur, wie das ursprüngliche DuPont-System, eine Gewinn-Umsatz-Kosten- und Vermögensanalyse, sondern berücksichtigt auch die Finanzierungs- (bzw. Kapital-)Seite. Als zentrale Steuerungsgröße steht beim ZVEI-System die Eigenkapitalrentabilität an der Spitze der Kennzahlenpyramide. Dieses Kennzahlensystem ist so detailliert, daß es alle wesentlichen Aktivitäten einer Unternehmung in Zahlen erfaßt. Seinen konzeptionalen Grundaufbau zeigt folgende Abbildung:

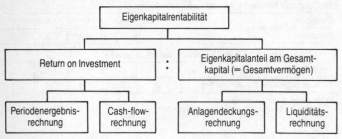

Abb. 31 *Grundschema des ZVEI-Kennzahlensystems*

Das Kennzahlensystem des ZVEI erlaubt dabei grundsätzlich

- eine **Wachstums-Analyse** und
- eine **Struktur-Analyse**.

Die **Strukturanalyse** bildet den Hauptteil des ZVEI-Kennzahlensystems. Damit kann insbesondere die Effizienz des Unternehmens untersucht werden.

Ausgangspunkt der Analyse ist die **Eigenkapital-Rentabilität**. Darauf aufbauend werden **Ertragskraft-Kennzahlen** und **Risiko-Kennzahlen** entwickelt.

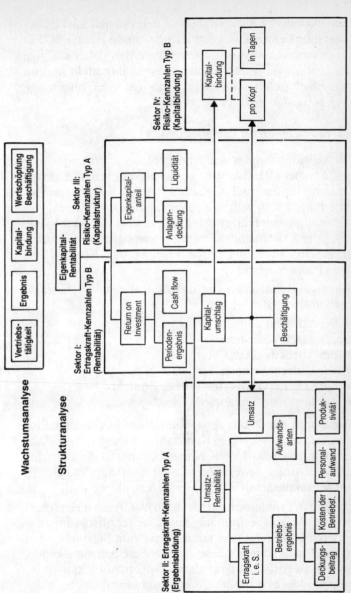

Abb. 32 Schematischer Aufbau der ZVEI-Kennzahlen-Pyramide
(Quelle: ZVEI — Kennzahlensystem Zentralverband der Elektrotechnischen Industrie e. V., Frankfurt/Main, 1970)

Eine Auswahl wichtiger und in der Praxis häufiger gebrauchter Kennzahlen zeigt auch folgende Übersicht. Für die praktische Auswertungsarbeit werden dabei wichtige Kennzahlen für mehrere Jahre gegenübergestellt und im Zeitablauf sichtbar gemacht. Günstige oder ungünstige Trends werden dadurch deutlich.

1.3 Kennzahlen für Ertragsquellen

Die Bewältigung des Aufgabengebietes »Ertragsquellen« ist in einer Wettbewerbswirtschaft der entscheidende Gradmesser unternehmerischen Erfolgs. Stehen dem Unternehmer zur Bewältigung dieser Aufgabe keine geeigneten und aussagefähigen Meßinstrumente zur Verfügung, so ist die Existenz des Unternehmens bedroht. Eine zielorientierte Steuerung durch Planung und Kontrolle ist dann kaum möglich.

Wichtige Kennzahlen für das Aufgabengebiet Ertragsquellen sind z.B.:

- der Marktanteil,
- das Marktwachstum,
- die Attraktivität des Marktes,
- das Unternehmenspotential,
- die Lebenszyklen erfolgreicher Produkte,
- das langfristige finanzielle Gleichgewicht.

Die Controller-Praxis zeigt, wie schwer es manchmal ist, für diese sechs wichtigen Kennzahlen aussagefähiges Zahlenmaterial zu erarbeiten. Nur zu bekannt ist die Tatsache, daß die Ausgangswerte hierfür oft überhaupt nicht oder nur sehr mühsam und zeitraubend festzulegen sind.

Die ersten Probleme für den Controller treten meist schon bei der Begriffsbestimmung auf. Die Begriffsbestimmungen Teilmarkt oder relevanter Markt zum Beispiel stoßen in der Praxis immer wieder auf größere Schwierigkeiten. Ist der Begriff Teilmarkt dann einigermaßen klar abgegrenzt, so ist es oft sehr schwer, darüber verläßliches Zah-

Anhang 1

Blatt 4

Kenn-zahl Nr.	III. **Kennzahlen** (Auswahl)	Auswertungsjahre				
		19..	19..	19..	19..	19..
101	Eigenkapital-Rentabilität in v. H.					
102	Return on Investment in v. H.					
103	Cash flow in v. H. des Gesamtkapitals					
104	Sachanlagen-Abschreibungsquote in v. H.					
105	Sachanlagen-Investitionsquote in v. H.					
106	Gesamtkapital-Rentabilität in v. H.					
107	Fremdkapitalkosten in v. H.					
108	Steuern in v. H. des Gesamtkapitals					
109	Umsatzbez. Kapital-Rentabilität vor Zinsen und Steuern in v. H.					
110	Umsatz-Rentabilität in v. H.					
111	Umschlagshäufigkeit des umsatzbez. Kapitals (x)					
112	Umsatzbez. Ertragskraft in v. H.					
113	Finanzierung der Sachanlagenzugänge in v. H.					
114	Anteil des Stoffaufwands in v. H. der Gesamtleistung					
115	Anteil des Personalaufwands in v. H. der Gesamtleistung					
116	Anteil der leistungsbez. übrigen Aufwendungen in v. H. der Gesamtleistg.					
117	Eigenkapitalanteil in v. H. des Gesamtkapitals					
118	Anlagendeckung in v. H.					
119	Anlagenintensität in v. H.					
120	Sachanlagen-Intensität in v. H.					
121	Innenfinanzierungsgrad in v. H.					
122	Liquidität auf kurze bis mittlere Sicht in v. H.					
123	Bar-Liquidität in v. H.					
136	Anteil des Personalaufwands in v. H. der betriebsbezogenen Wertschöpfung					
138	Betriebsbezogene Wertschöpfung in v. H. des Produktionswertes					

Abb. 33 *Auswahl wichtiger Kennzahlen*
(Quelle: ZVEI — Kennzahlensystem, Zentralverband der Elektrotechnischen Industrie e.V., Frankfurt/Main, 1970)

lenmaterial zu erhalten. Zahlenangaben der Konkurrenten sind deren vertrauliches Eigentum und nicht ohne weiteres für Vergleichszwecke verfügbar. Die Zahlenangaben, die einem größeren Kreis zugänglich sind, wie zum Beispiel privaten Wirtschaftsvereinigungen, Industrie- und Handelskammern und Wirtschaftsinstituten, sind oft nur bedingt aussagefähig.

Doch diese Schwierigkeiten der Datendefinition sowie der exakteren Datenerfassung dürfen nicht dazu verleiten, dieser Aufgabe eine geringere Aufmerksamkeit zu schenken. Gerade hier müssen verstärkte Anstrengungen unternommen werden, insbesondere auch vom Controller, um so verläßliche Daten wie möglich zu erarbeiten.

Die Erfahrungen eines multinationalen Unternehmens machen dies noch einmal beispielhaft deutlich:

Ein erfolgreiches, weltweit operierendes amerikanisches Unternehmen der Informationstechnologie hatte eine führende Marktstellung errungen. Das bezog sich gleichzeitig auf die zwei wichtigsten Abnehmergruppen, auf Unternehmen der Privatwirtschaft und der öffentlichen Hand. Dabei war das Unternehmen auf den ertragreichsten regionalen Märkten vertreten. Die wichtigsten Ertragsquellen befanden sich damit fest in einer Hand. Auf Grund dieser starken weltweiten Marktstellung fühlte sich die Geschäftsführung für einige Zeit sicher.

Auf dem schnell wachsenden Markt der Informationstechnologie holten aber die Konkurrenten rasch auf. Besonders ein neuer Wettbewerber expandierte unter dem Preisschutz des Marktführers schnell. Er entriß wichtige Marktanteile. Das führende Unternehmen sah diese Gefahr zu spät. Der Kommunikationsfluß zwischen Außenstellen und Marketingabteilungen war nicht schnell und wirksam genug. Als Folge davon mußte die ehemals führende Marktstellung bei wichtigen Ertragsquellen mit dem neuen Wettbewerber geteilt werden.

Das Unternehmen hat aus diesen Erfahrungen gelernt. Mit verstärktem Einsatz wurde nach Methoden und Verfahren gesucht, um diesem Mangel der Informationsgewinnung und -verarbeitung abzuhelfen. Dabei wurde von dem Unternehmen ein Instrumentarium entwickelt, das hausintern unter dem Stichwort »Grüne Berichte« bekannt wurde. Hierbei war insbesondere das Vertriebscontrolling federführend.

Vierteljährlich werden für alle Produkte in allen Teilmärkten, d. h. den für Planungs- und Kontrollzwecken festgelegten Ertragsquellen, umfangreiche statistische Daten zusammengestellt. Auf diese Aufgabe wird viel Mühe und Zeit verwandt. Die Zahlenangaben hierfür liefern die eigene Außenorganisation, weitere Stellen im eigenen Haus, wie zum Beispiel Marktforschung und Werbung, sowie außerbetriebliche Stellen.

Für jede Ertragsquelle wird die Wettbewerbssituation detailliert erfaßt. Die wichtigsten Zahlen für das eigene Unternehmen sind dabei das Marktpotential, der eigene Marktanteil, die Wachstumsraten sowie die eigenen Stärken und Schwächen. Für die Konkurrenten werden analog deren Marktanteile, deren Wachstumsraten sowie deren Stärken und Schwächen zusammengestellt.

Das ursprüngliche Erarbeiten dieser Zahlen wurde dadurch erleichtert, daß das Unternehmen umstrukturiert wurde mit dem klaren Ziel, alle Aktivitäten marktorientiert zu betreiben. Das Unternehmen wurde organisatorisch durch strategische und operative Planungs- und Kontrolleinheiten klar auf den Markt hin ausgerichtet. Durch ein weltweit operierendes enges Netz von Informationsstellen wurde dadurch die Wettbewerbssituation so zeitnah wie möglich erfaßt.

Das Unternehmen hat auch hier klar erkannt, daß Trendänderungen wichtiger und aussagefähiger sind als Trends. Die größte Bedeutung kommt dabei sich vielleicht erst in den Anfängen abzeichnenden Strukturverschiebungen zu. Erste Anzeichen von möglichen Änderungen der Wettbe-

werbssituation werden sofort auf die möglichen Konsequenzen für das eigene Unternehmen hin untersucht. Hier setzt dann auch sofort das gut entwickelte Frühwarnsystem mit Vorwärtscontrolling ein.

2. Der Produktlebenszyklus

Ein wichtiges Analyseinstrument für den Controller sind die Lebenszyklen der Produkte. Die Praxis zeigt, daß für die meisten erfolgreichen Produkte ein ziemlich klar strukturierter vierstufiger Lebenszyklus beobachtet werden kann.

Stufe 1: **Marktentwicklung** — Diese Stufe beginnt, wenn das Produkt zum ersten Mal auf den Markt gebracht wird. Die Nachfrage nach diesem Produkt muß sich erst entwickeln. Zu dieser Zeit ist das Produkt auch oft noch nicht in allen Aspekten technisch geprüft. Die Verkäufe sind gering und steigen nur sehr langsam.

Stufe 2: **Marktwachstum** — Die Nachfrage beginnt, nach anfänglichen Schwierigkeiten, immer schneller zu steigen. Die Aufnahmefähigkeit des Marktes für dieses Produkt wächst sehr schnell. Diese Stufe kann daher auch als Absprungstufe bezeichnet werden.

Stufe 3: **Marktblüte** — Die Nachfragesteigerung mündet in eine ruhigere Bahn ein und läuft dann weitgehend ganz aus. Dabei wächst sie zum größten Teil nur noch mit der Rate, mit der das Ersatzgeschäft zunimmt. Das Wachstum wird vielleicht auch nur noch durch sich neu bildende Konsumeinheiten, wie zum Beispiel neuer Haushalte, bestimmt.

Stufe 4: **Marktabnahme** — Das Produkt beginnt in der Wertschätzung der Konsumenten zu fallen. Die Verkäufe nehmen zuerst langsam und dann immer schneller ab. Das traf zum Beispiel zu, als Nylon die Naturseide aus vielen Bereichen verdrängte.

Für den Controller ist es interessant, den Lebenszyklus erfolgreicher Produkte grafisch darzustellen.

So kann sich zum Beispiel folgendes Bild ergeben:

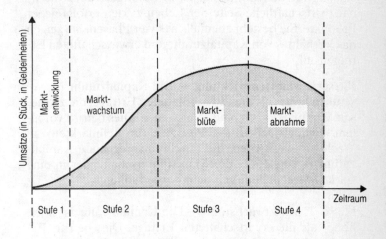

Abb. 34 *Lebenszyklus erfolgreicher Produkte*

Die Gründe für diese Form der Lebensgeschichte erfolgreicher Produkte sind vielfältig, wie zum Beispiel:

- Eine physische (mengenmäßige) Sättigung bestimmter Produkte tritt ein.

- Substitutionsprodukte (Ersatzprodukte) verdrängen etablierte Produkte.

- Psychologische Gründe führen zu einer Veränderung des Konsumverhaltens.

Diese Gesetzmäßigkeiten sind in einer Wettbewerbswirtschaft etwas ganz Natürliches. Diese Trends und Entwicklungen jedoch möglichst frühzeitig zu erkennen, das ist die Kunst des Controllers.

2.1 Die finanzwirtschaftliche Entwicklung der Ertragsquellen

Wichtig für den Controller ist insbesondere auch die finanzwirtschaftliche Seite der Lebenszyklen erfolgreicher Produkte. Sie besteht ebenfalls aus vier Phasen. Sie zeigen das Verhältnis von Kapitalzufuhr und erwirtschafteten Erträgen auf:

Phase 1: **Marktentwicklung** — Die Kapitalzufuhr ist wesentlich höher als die erwirtschafteten Erträge, die zu diesem Zeitpunkt noch Null sein können. Dies betrifft vor allem Ertragsquellen (= Produkte in Teilmärkten) in Wachstumsindustrien, die durch entsprechende Kapitalzufuhr in eine Rolle der Marktführerschaft oder in eine starke Marktstellung gebracht werden sollen.

Phase 2: **Marktwachstum** — Die Kapitalzufuhr ist noch höher als die erwirtschafteten Erträge. Dies betrifft Ertragsquellen, die das Potential bieten, hohe Erträge zu erwirtschaften, wenn die Märkte entwickelt sind und eine gute Marktstellung erreicht ist.

Phase 3: **Marktblüte** — Die Kapitalzufuhr ist geringer als die erwirtschafteten Erträge. Der erwirtschaftete Ertrag kann dann wieder in Wachstumsindustrien investiert werden, deren Ertragsquellen in der Phase der Marktentwicklung sind.

Phase 4: **Marktabnahme** — Kapitalzufuhr und erwirtschaftete Erträge fallen. Dies betrifft Ertragsquellen, die auf ihren Märkten die Phase der Marktsättigung erreicht haben oder durch Substitutionsprodukte ersetzt werden.

Für den Controller ist es hier wiederum interessant, diese Zusammenhänge grafisch darzustellen. So kann sich zum Beispiel folgendes Bild ergeben:

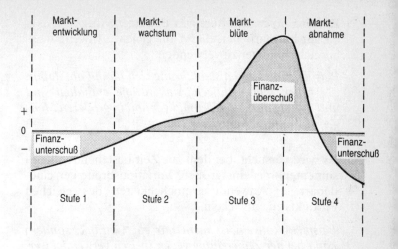

Abb. 35   *Graphische Darstellung der vier Finanzphasen der Ertragsquellen*

2.2 Die Verlängerung der Lebenszyklen

Für den Unternehmer ist der Lebenszyklus vieler Produkte (Ertragsquellen) keine unveränderbare Größe. Er kann ihn mehr oder weniger stark beeinflussen. Hierbei hilft ihm der Controller. Eine Änderung kann dabei in zwei Richtungen zielen: den Lebenszyklus zu verlängern oder auch bewußt zu verkürzen.

Die Verkürzung des Lebenszyklus ist zum Beispiel angebracht, wenn Nachfolge- oder Substitutionsprodukte das frühere Produkt schnell am Markt ablösen sollen, um die Ressourcen schwerpunktmäßig auf das neue Produkt zu konzentrieren.

Soll der Lebenszyklus des Produkts verlängert werden, so stehen dem Controller dafür grundsätzlich vier Möglichkeiten zur Verfügung:

1. Es wird unter den heutigen Benutzern des Produkts darauf hingearbeitet, dieses für gleiche Anwendungsbereiche häufiger zu verwenden.

   Beispiel: Die Verkaufsaufklärung zielt darauf ab, daß in der Milch alle wichtigen Aufbaustoffe enthalten sind und daß sie deshalb regelmäßiger und in größeren Mengen konsumiert werden sollte.

2. Es wird versucht, bei dem zur Zeit bestehenden Konsumentenkreis eine größere Variationsbreite verschiedenartiger Anwendungsmöglichkeiten des gleichen Produkts zu entwickeln.

   Beispiel: Rotwein ist nicht nur ein Getränk, sondern kann bei der Zubereitung vieler Speisen verwendet werden.

3. Die Nachfrage nach dem Produkt wird gesteigert, indem neue Kunden für das Produkt gewonnen werden.

   Beispiel: Die Verkaufsaufklärung zielt darauf hin, daß nicht nur Kinder, sondern auch Erwachsene Milch trinken sollten.

4. Es wird versucht, neue Nutzanwendungen für das verwendete Grundmaterial des Produkts zu finden.

   Beispiel: Vordringen von Kunststoffen auf vielen Anwendungsgebieten (in der Automobilindustrie, im Haushalt).

Diese Zusammenhänge kann der Controller wiederum übersichtlich grafisch darstellen. Der Lebenszyklus verläuft hier dann nicht gemäß der gestrichelten Linie, sondern es gelingt dem Unternehmen — von der erreichten Marktblüte ausgehend — eine neue Aufschwungphase einzuleiten:

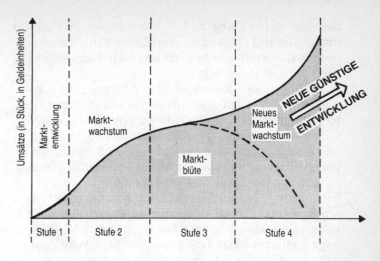

Abb. 36 *Grafische Darstellung der Verlängerung der Lebenszyklen erfolgreicher Produkte*

2.3 Lebenszyklen von Technologien

Ein Analyseinstrument für die Strategieplanung, mit dem in jüngster Zeit verstärkt gearbeitet wird, sind Lebenszyklen von Technologien. Eine Technologie ist das praktische Gesamtwissen um technische Prozesse. Die Grundgedanken dabei sind folgende:

- Jeder Technologie sind irgendwo Grenzen gesetzt.
- In den meisten Fällen werden diese Grenzen in einer ähnlichen Art und Weise erreicht.
- Diese Grenzen kündigen sich auch regelmäßig durch gleichartige Warnsignale an.

Diese Zusammenhänge können auch zahlenmäßig dargestellt werden. Forschungs- und Entwicklungsaufwendungen werden den damit erreichten Markterfolgen gegenübergestellt. In der Praxis sind dabei folgende Gesetzmäßigkeiten zu beobachten:

1. Bei der Entwicklung neuer Technologien erzeugen umfangreiche Forschungs- und Entwicklungsanstrengungen einen nur sehr bescheidenen Markterfolg. Der Cash Flow ist zuerst negativ.
2. Nach einiger Zeit kann aber eine Absprungphase erreicht werden. In außergewöhnlichen Fällen gelingt ein technologischer Durchbruch. In weniger spektakulären Fällen werden technologische Verbesserungen erzielt. Die getätigten Forschungs- und Entwicklungsanstrengungen beginnen sich auszuzahlen; Markterfolge stellen sich ein. Der Cash Flow wird positiv.
3. Eine dritte Phase wird erreicht, wenn zusätzliche Forschungs- und Entwicklungsanstrengungen nur noch marginale oder überhaupt keine zusätzlichen Markterfolge mehr bewirken. Das Management beginnt dann häufig darüber zu klagen, daß die Forschungs- und Entwicklungsabteilungen ihren Schwung verlieren und nicht mehr innovativ genug sind. Der Cash Flow wird negativ.

Eine relativ einfache und übersichtliche Darstellung dieser Zusammenhänge durch den Controller zeigt folgende Abbildung:

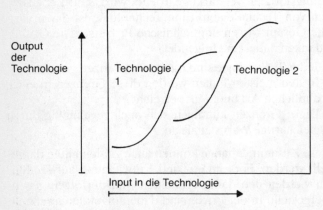

Abb. 37 *Lebenszyklen von Technologien*

Dabei werden eingetragen:

I. Auf der vertikalen Achse: Das kritischste Leistungsmerkmal für die Leistung des Produkts. Für feuerfeste Stoffe kann dies zum Beispiel die Schmelztemperatur und die Grenztemperatur der Feuerfestigkeit sein; für Computer-Chips die Speicherkapazität pro Flächeneinheit. Die Vertikale zeigt den Output, die Leistung der Technologie.

II. Auf der horizontalen Achse: Leistungseinheiten, die erbracht werden müssen, um den Output, die gewünschte Leistung zu erzielen. Der Maßstab kann zum Beispiel sein: Forschungs- und Entwicklungsjahre; Ausgaben für Forschung und Entwicklung (gesamtes Forschungs- und Entwicklungs-Budget).

Die Grafik zeigt: Jede neue Technologie zeigt am Anfang keine oder nur geringe Erfolge. Der Mitteleinsatz (Kosten und Zeit) bringt erst später, wenn die Technologie erfolgreich ist, größere Erfolge. Zusätzliche Anstrengungen erbringen jetzt überproportionale Ergebnisse. Später werden jedoch auch die Grenzen der Technologie sichtbar. Zusätzliche Anstrengungen erbringen dann kaum noch zusätzliche Ergebnisse (siehe Technologie 1). Zu diesem Zeitpunkt erscheint dann häufig eine neue Technologie, die mit einem höheren Kosten-Nutzen-Verhältnis beginnt (siehe Technologie 2).

In der Praxis ist dabei wiederum zu beachten, daß sich technologische Entwicklungen überlappen können. Ältere Technologien sind oft noch erfolgreich, wenn neue Technologien schon die Phase von Marktdurchbrüchen erreichen. Das gilt insbesondere, wenn bestehende Produkte, Systeme oder Dienstleistungen durch neue Entwicklungen ersetzt werden.

Durch das Frühwarnsystem der Lebenszyklen von Technologien kann der Controller rechtzeitig gegensteuern.

3. Die Vier-Felder-Matrix

Ein weiteres wichtiges Analyseinstrument für den Controller ist die **Marktanteils-Marktwachstums-Matrix**. In der betrieblichen Praxis wird hier auch häufig von der **Vier-Felder-Matrix** gesprochen.

Die Marktanteils-Marktwachstums-Matrix hilft dem Controller, die Marktstellung des Unternehmens zu bewerten. Gefragt wird hier, wie das Leistungsangebot des Unternehmens (Güter, Dienstleistungen und Systeme) am Markt akzeptiert wird.

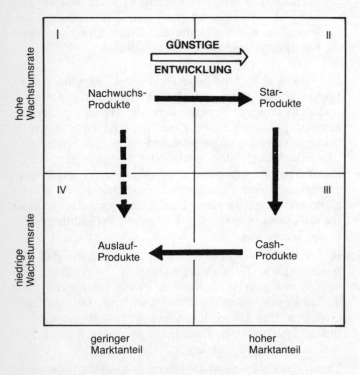

Abb. 38 *Die Vier-Felder-Matrix*

Diese Bewertung ist Voraussetzung einer zukunftsorientierten Produktpolitik.

Die Marktanteils-Marktwachstums-Matrix zeigt vier Felder, in denen sich folgende Produkte befinden:

- Feld I: Nachwuchsprodukte
- Feld II: Starprodukte
- Feld III: Cash-Produkte*
- Feld IV: Auslaufprodukte

Die vier Felder können kurz wie folgt beschrieben werden:

Feld I: **Nachwuchsprodukte**
Der Marktanteil dieser Produkte ist noch klein. Die Wachstumsraten sind jedoch hoch. Dadurch besteht für diese Produkte die Chance, nach Feld II zu gelangen. Als Marktanteil wird meist der relative Marktanteil angegeben. Das ist der Marktanteil des Unternehmens in Relation zum stärksten Mitbewerber.

Feld II: **Starprodukte**
Gelingt der Sprung nach Feld II, so werden aus Nachwuchsprodukten Starprodukte. Der Marktanteil ist nun hoch. Das bedeutet eine starke Marktstellung gegenüber den Konkurrenten. Die Wachstumsraten bleiben weiterhin hoch.

Feld III: **Cash-Produkte**
In einer dritten Stufe werden aus Starprodukten Cash-Produkte. Der Marktanteil ist immer noch hoch. Damit bleibt auch die Marktstellung gegenüber den Mitbewerbern stark. Das Wachstum hat sich aber gegenüber Feld II verlangsamt. Die großen Investitionen sind jetzt weitgehend abgeschlossen. Die Cash-Produkte erbringen einen Finanzüberschuß.

---

* Der Begriff »Cash-Produkte« kommt aus dem Angelsächsischen. »Cash« bedeutet dabei »Bargeld«.

Feld IV: **Auslaufprodukte**
In der vierten Phase werden aus Cash-Produkten Auslaufprodukte. Es tritt eine Marktsättigung ein, die Wachstumsraten nehmen ab. Nachwuchsprodukte müssen entwickelt werden, um das alte Produkt abzulösen.

In das Feld IV gelangen jedoch auch die Produkte, die den Absprung von Feld I nach Feld IV nicht vollziehen konnten. Es handelt sich dann um Nachwuchsprodukte, denen es nicht gelang, sich zu Starprodukten zu entwickeln.

4. Die Portfolio-Matrix

Die Marktanteile-Marktwachstums-Matrix arbeitet mit vier Feldern und mit den beiden Größen Marktanteil und Marktwachstum. Bei vielen Analysen kann der Controller mit dieser Matrix gut arbeiten. Diese Matrix hilft insbesondere auch, einen schnellen Überblick über die Marktstellung des Unternehmens zu gewinnen. Die Praxis hat aber auch gezeigt, daß dieses Planungshilfsmittel in vielen Fällen noch zu verfeinern ist. Aus der Marktanteils-Marktwachstums-Matrix ist dann die **Portfolio-Matrix (Neun-Felder-Matrix)** zu entwickeln.

Damit ergibt sich für die praktische Controllertätigkeit folgendes Grundschema der Portfolio-Matrix.

In der Portfolio-Matrix sind nun eingesetzt:

- Statt der Kenngröße Marktanteil jetzt die Kenngröße **Unternehmenspotential**
- Statt der Kenngröße Marktwachstum jetzt die Kenngröße **Attraktivität des Marktes**.

Wichtig für den Controller ist hierbei, daß die Definitionen klar und eindeutig festgelegt sind und daß alle Beteiligten diese Definitionen auch kennen. Der Controller erfüllt damit im Unternehmen eine betriebswirtschaftliche Beratungsfunktion.

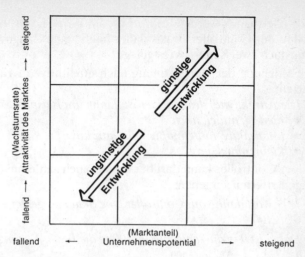

Abb. 39 *Die Portfoliomatrix*

Die Definitionen für die Kenngrößen lauten:

- **Unternehmenspotential** = relativer Marktanteil + Stärken des eigenen Unternehmens ./. Schwächen des eigenen Unternehmens
- **Attraktivität des Marktes** = Marktwachstum ./. Risiken auf dem Absatzmarkt
- **Relativer Marktanteil**

$$= \frac{\text{Marktanteil des eigenen Unternehmens}}{\text{Marktanteil des stärksten Konkurrenten}}$$

$$= \frac{\text{Umsatz des eigenen Unternehmens}}{\text{Umsatz des stärksten Konkurrenten}}$$

4.1 So werden die Kennzahlen bewertet

Um in der Controller-Praxis auch arbeiten zu können, ist es notwendig, einen einheitlichen Maßstab für die Bewertung der Kennzahlen festzulegen.

Wichtig hierbei ist, daß eine Rangskala festgelegt wird, die für den Benutzer leicht zu verstehen ist und in der Praxis auch angewandt werden kann. Für die Portfolio-Matrix wird in der Controller-Praxis daher häufig eine Rangordnung nach zwei Kriterien festgelegt:

1. Festlegung der Rangordnung nach **qualitativen Kriterien**:

   Die Attraktivität des Marktes ist dann zum Beispiel
   - *niedrig, mittel, hoch*
   - *unattraktiv, mittelmäßig, sehr attraktiv*
   - *klein, mittel, groß*

2. Der Controller kann darüber hinaus auch **zahlenmäßige Kriterien** vergeben:

   Hier wird dann vom Controller eine Skala festgelegt von 0 bis 100

   Dabei ist 0 = die schlechteste, 100 = die beste Wertung

   ```
   0    33    67    100
   ─────────────────────▶
   ```
   Attraktivität der Wertung

Das ergibt dann das folgende Bild der Portfolio-Matrix:

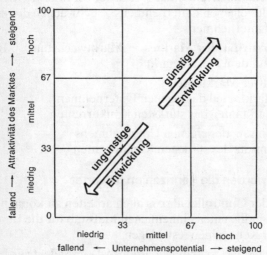

Abb. 40   *Maßstab für die Portfolio-Matrix*

4.2 Die eigenen Stärken und Schwächen bewerten

Häufig wird der Controller gefragt, was bei der Analyse der Stärken und Schwächen des eigenen Unternehmens zu berücksichtigen ist. In der Praxis hat sich dabei als zweckmäßig erwiesen, sieben Bereiche kritisch zu hinterfragen und zu bewerten:

1. **Produktionsstätten und anderes Anlagevermögen:**
   Entspricht die Fertigungskapazität den mengenmäßigen und qualitätsmäßigen Anforderungen des Absatzmarktes? Ist die Standortwahl (Inland—Ausland), die regionale Verteilung und Qualität der Verkaufsniederlassungen und des Kundendienstes zufriedenstellend?

2. **Technische Ablaufprozesse und Technologien:**
   Ist die Innovationsrate akzeptabel? Welche Qualität haben die Forschungs- und Entwicklungsstätten des Unternehmens? Sind die erzielten Rationalisierungsergebnisse in allen Funktionsbereichen des Unternehmens zufriedenstellend?

3. **Personalressourcen:**
   Wissen und Fähigkeiten von Schlüsselpersonal, Loyalität der Mitarbeiter, Attraktivität des Unternehmens für künftige Mitarbeiter, Motivation und Arbeitseinsatz, schöpferische Fähigkeiten.

4. **Finanzielle Ressourcen:**
   Kapitalstruktur, Kreditwürdigkeit, Bilanzstrukturen, Streuung des Aktienkapitals, Interessen der Hauptaktionäre.

5. **Organisationsstruktur:**
   Interner Kommunikations- und Informationsfluß, Flexibilität am Markt, Nutzbarmachen neuer Ideen, Ausgewogenheit der Qualität der Funktionsbereiche, Flexibilität der Entscheidungsfindung.

6. **Management und Führungsstil:**
   Fähigkeiten und Einstellung des Managements zum Geschäft, zum Unternehmen; Delegation von Ent-

scheidungen, Mobilität des Personals, Entscheidungs- und Risikofreudigkeit, Managementtalent.
7. **Image des Unternehmens:**
   bei Mitarbeitern, Lieferanten und Kunden; bei staatlichen Stellen, in der Öffentlichkeit und bei Mitbewerbern; Zusammenarbeit mit staatlichen Stellen.

Dieser Fragenkatalog ist der erste Einstieg effektiver Controllertätigkeit und gibt einen schnellen Überblick über die Stärken und Schwächen des eigenen Unternehmens. Für weiterführende Analysen ist der Fragenkatalog entsprechend zu verfeinern.

Wichtig für den Controller ist dabei insbesondere folgender Merksatz:

☞ **Das Bewerten des Marktanteils wie auch das Bewerten der Stärken und Schwächen des eigenen Unternehmens hat dabei immer in bezug auf den stärksten Konkurrenten oder auf die Marktsituation zu erfolgen.**

Hierdurch wird die wichtige Aufgabe des Controllers berücksichtigt, Ziele zu setzen. Diese müssen realistisch und realisierbar sein. Es müssen Maßstäbe vorhanden sein, nach denen sich der Controller ausrichten kann. Eine objektive Meßlatte ist der stärkste Konkurrent, eine weitere die gegebene Marktsituation.

- In bezug auf den Marktanteil geschieht dies durch Bilden der Kenngröße »relativer Marktanteil«.
- In bezug auf die Stärken und Schwächen des eigenen Unternehmens geschieht dies durch Festlegen von relativen Stärken und Schwächen.

Hier stellt der Controller zum Beispiel folgende Fragen:

Wie ist die Situation meiner Produktionsstätten und meines anderen Anlagevermögens im Verhältnis zu meinem stärksten Konkurrenten?

- Schlechter?   • In etwa gleich?   • Besser?

Wie ist die Situation meiner technischen Ablaufprozesse und Technologien im Verhältnis zu meinem stärksten Konkurrenten?

- Schlechter?   • In etwa gleich?   • Besser?

Sind die acht Analysebereiche für die Kennzahl »Unternehmenspotential« bewertet, dann können die Ergebnisse in einer Tabelle zusammengefaßt werden. So kann zum Beispiel in der Praxis das folgende Grundschema der Bewertung angewandt werden. Dieses Grundschema kann

		Quantitative Bewertung	Gewichtung	Endzahl
Markt-anteil	Absolut	50	1	50
	Relativ	50	1	50
	Zukünftige Entwicklung	50	1	50
Produktionsstätten und anderes Anlagevermögen		40	1	40
Technische Ablaufprozesse und Technologien		60	1	60
Personalressourcen		70	1	70
Finanzielle Ressourcen		70	1	70
Organisationsstruktur		60	1	60
Management und Führungsstil		60	1	60
Wertschätzung des Unternehmens in der Öffentlichkeit		80	2	160
Summe Gewogener Durchschnitt				670 : 10 = 67

Abb. 41 *Grundschema zum Bewerten der Kenngröße »Unternehmenspotential«*

noch für weiterführende Analysen entsprechend verfeinert werden.

In diesem Beispiel wird das Unternehmenspotential des untersuchten Unternehmens als relativ günstig eingestuft.

Diese relativ einfache Darstellung liefert dem Controller schon einen recht brauchbaren schnellen Überblick über die Situation des Unternehmens. Anzumerken ist bei diesem Beispiel, daß die Gewichtung hier überall eins (1) beträgt mit einer Ausnahme. Das Merkmal »Wertschätzung des Unternehmens in der Öffentlichkeit« wird in diesem Beispiel mit dem Faktor zwei bewertet. Das Unternehmen war mit seinen Produkten (aus dem Chemiebereich) in den Schlagzeilen der Umweltschutzdiskussion. Das sollte bei der Analyse auch voll berücksichtigt werden.

In diesem Beispiel ist der gewogene Durchschnitt:

   $670 : 10 = 67.$

In der Portfolio-Matrix kann die Kenngröße »Unternehmenspotential« damit positioniert werden. Das zeigt folgende Abbildung:

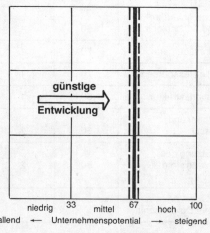

Abb. 42   *Positionierung der Kenngröße »Unternehmenspotential« in der Portfolio-Matrix*

Auch diese Darstellungsform verdeutlicht wiederum, daß in diesem Beispiel das Unternehmenspotential als relativ günstig eingestuft wird.

4.3 Die Risiken auf dem Absatzmarkt bewerten

Bei der Analyse der Risiken auf dem Absatzmarkt hat sich in der Praxis als zweckmäßig erwiesen, fünf Bereiche zu bewerten:

1. Volkswirtschaftliche Rahmendaten und Entwicklung
2. Entwickeln von Ertragsquellen (Produkte und Märkte)
3. Technologische Entwicklungen
4. Aktionen des Gesetzgebers
5. Aktionen der Konkurrenten

Beim Bewerten des Marktwachstums ist insbesondere das Steigerungspotential der mengenmäßigen Nachfrage von Bedeutung.

Bei der Formulierung einer Bewertungsskala ist zweckmäßigerweise von der durchschnittlichen jährlichen Wachstumsrate des Industriesektors auszugehen. Dieser Wert ist der Mittelpunkt der Bewertungsskala. Das Marktwachstum ist dabei immer zusammen mit der in Geldeinheiten ausgedrückten Marktgröße zu sehen.

So stellt der Controller zum Beispiel folgende Frage:

Wie groß ist das Marktwachstum der Ertragsquelle im Verhältnis zur durchschnittlichen jährlichen Wachstumsrate des Industriesektors?

- Geringer?
- In etwa gleich?
- Größer?

Die Risiken auf dem Absatzmarkt werden durch Stellen im eigenen Unternehmen oder durch externe Institute, Verbände oder Beratungsunternehmen abgeschätzt.

Auch hierbei ist es zweckmäßig, die Risiken in bezug auf die Marktsituation des Industriesektors oder des Branchensektors zu bewerten. So ergeben sich hier für den Controller weitere Fragen:

Wie groß sind die Risiken durch einen größeren Konjunktureinbruch und damit der Reduzierung der volkswirtschaftlichen Kaufkraft im Verhältnis zum gesamten Industriesektor?
- Geringer?
- In etwa gleich?
- Größer?

Wie groß sind die Risiken durch eine Verschiebung der Kundenbedürfnisse im Verhältnis zum gesamten Industriesektor (Branchensektor)?
- Geringer?
- In etwa gleich?
- Größer?

Wie groß sind die Risiken durch technologische Entwicklungen, durch Entwickeln von Substitutionsprodukten im Verhältnis zum gesamten Industriesektor (Branchensektor)?
- Geringer?
- In etwa gleich?
- Größer?

Sind diese sechs Analysebereiche für die Kennzahl »Attraktivität des Marktes« bewertet, dann können die Ergebnisse in einer Tabelle zusammengefaßt werden. So kann zum Beispiel in der Praxis das folgende Grundschema der Bewertung angewandt werden. Dieses Grundschema kann wiederum für weiterführende Analysen entsprechend verfeinert werden.

		Quantitative Bewertung	Gewichtung	Endzahl
	reales Marktwachstum	80	1	80

		Quantitative Bewertung	Gewichtung	Endzahl
Risiken aus	Volkswirtschaftlicher Entwicklung	20	1	20
	Entwicklung von Produkten und Märkten (Ertragsquellen)	40	1	40
	Technologischen Entwicklungen	10	1	10
	Aktionen des Gesetzgebers (staatliche Stellen)	10	1	10
	Aktionen der Wettbewerber	10	1	10
	Summe Gewogener Durchschnitt aus Risiken			90 : 5 = 18

	Quantitative Bewertung	Gewichtung	Endzahl
Reales Marktwachstum		1	80
Gewogener Durchschnitt aus Risiken		1	18
Reales Marktwachstum abzüglich Risiken			62

Abb. 43 *Grundschema zum Bewerten der Kenngröße »Attraktivität des Marktes«*

Auch diese relativ einfache Darstellung liefert dem Controller wiederum einen recht brauchbaren schnellen Überblick über die Attraktivität des Marktes. Anzumerken ist bei diesem Beispiel, daß die Gewichtung hier überall eins (1) beträgt. Keines der angesprochenen Risiken sollte besonders hervorgehoben werden. Für viele Analysen ist das auch vollkommen ausreichend, um keine Scheingenauigkeit vorzutäuschen.

In dem gegebenen Beispiel ist der gewogene Durchschnitt aus Risiken am Absatzmarkt

$$90 : 5 = 18.$$

Wird von der Größe »reales Marktwachstum« der gewogene Durchschnitt aus Risiken am Absatzmarkt abgezogen, dann ergibt sich die Kenngröße »Attraktivität des Marktes«. Sie beträgt in diesem Beispiel

$$80 - 18 = 62.$$

In der Portfolio-Matrix kann die Kenngröße »Attraktivität des Marktes« damit positioniert werden. Zusammen mit der Positionierung der Kenngröße »Unternehmenspotential« ergibt sich dann die endgültige Positionierung der Ertragsquelle. Das zeigt folgende Abbildung:

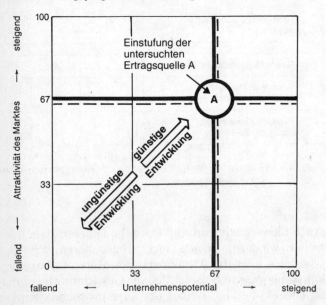

Abb. 44 *Positionierung der Ertragsquelle in der Portfolio-Matrix*

In diesem Beispiel wird die untersuchte Ertragsquelle für das Unternehmen relativ günstig eingestuft. Der Markt erweist sich als relativ attraktiv, um auf ihm tätig zu werden. Die Analyse der eigenen Stärken und Schwächen des Unternehmens fällt ebenfalls relativ positiv aus.

Die begründete Empfehlung des Controllers für das Management wird in diesem Beispiel voraussichtlich lauten, die Ertragsquelle weiter zu entwickeln. Nach der Analyse liegen hierfür erfolgversprechende Voraussetzungen vor.

5. Die Erfahrungskurve

Interessant für den Controller ist auch das Instrument der Erfahrungskurve.

Die Erfahrungskurve versucht zu zeigen, welcher zahlenmäßige Zusammenhang besteht zwischen

- **Kostensenkungspotentialen** einerseits und
- **steigender Mengenausbringung** andererseits.

Potential = Gesamtheit aller für einen bestimmten Zweck zur Verfügung stehenden Mittel.

Daß hier ein Zusammenhang besteht, ist dem Controller bewußt. Eine steigende Mengenausbringung bringt die Chance, die Stückkosten zu senken. Der Controller spricht hier auch von Stückkostendegression. Neu an dem Konzept der Erfahrungskurve ist jedoch der Anspruch, zahlenmäßig ziemlich genau festlegen zu können, um wieviel die Stückkosten sinken können, wenn die Mengenausbringung um einen bestimmten Prozentsatz steigt.

Mit Hilfe der Erfahrungskurve kann dann das Management — wenn das Konzept akzeptiert wird — **Kostensenkungspotentiale** vorgeben, die realistisch und realisierbar sind. Kostensenkungspotentiale sind auch **Preissenkungspotentiale**. Die Verkaufspreise können dann entsprechend dem geplanten Rückgang der Stückkosten festgesetzt werden, ohne daß die Rentabilität sinkt.

Die Erfahrungskurve wurde von der Boston-Consulting-Gruppe unter Bruce D. Henderson in den USA entwickelt. Die Grundregel lautet:

☞ **Bei jeder Verdoppelung der kumulierten Menge fallen die Stückkosten um 20 bis 30 Prozent. Die Kosten sind dabei auf konstante Geldwerte bezogen.**

Diese Zusammenhänge verdeutlicht folgendes Bild:

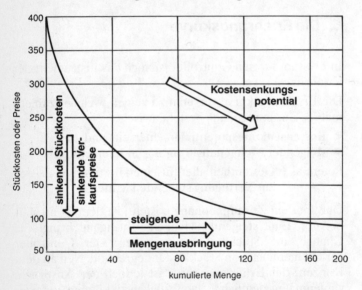

Abb. 45 *Zusammenhang zwischen Stückkosten, Preisen und kumulierter Menge nach der Grundregel der Boston-Consulting-Gruppe*

Eine Definition des Begriffs **kumulierte Menge** *verdeutlicht folgendes Beispiel. Es geht dabei von einer jährlich konstanten Zunahme der Produktionsmenge von jeweils einer Einheit aus.*

Jahr	Zusätzliche Produktions- menge	Kumulierte Menge	Zuwachsrate der kumulier- ten Menge in %
1	1	1	
2	1	2	100
3	1	3	50
4	1	4	$33\frac{1}{3}$
5	1	5	25
6	1	6	20
7	1	7	$16\frac{1}{2}$
8	1	8	14
9	1	9	$12\frac{1}{2}$
10	1	10	11
11	1	11	10
12	1	12	9

Die Gesetzmäßigkeiten der Erfahrungskurve wurden durch zahlreiche Beispiele bestätigt, dabei insbesondere in den USA. Dies geschah zuerst bei elektronischen Komponenten. Später wurde die allgemeine Gültigkeit der Erfahrungskurve auch bei anderen Produkten nachgewiesen, zum Beispiel bei Produkten mit hoher Technologie, die in geringeren Stückzahlen als elektronische Komponenten hergestellt wurden. Umfangreiche Studien aus den USA liegen zum Beispiel für Transformatoren und Generatoren vor.

Den Gesetzmäßigkeiten der Boston-Consulting-Gruppe liegt jedoch kein naturwissenschaftlicher Automatismus zugrunde. Die Kostenrückgänge durch Mengenzuwachs kommen nicht von selbst. Fallende Stückkosten hängen entscheidend davon ab, ob es dem Management gelingt, Kostensenkungspotentiale zu erkennen und diese auch zu realisieren.

Bei veränderten Produktionsmengen ist für den Controller insbesondere zu berücksichtigen, inwieweit der Produktionsapparat starr oder flexibel ist. Wichtig hierbei sind — insbesondere in europäischen Ländern — die in vielen Fällen sehr weitgehenden Arbeitsplatzbestimmungen durch die länderspezifischen Sozialgesetze.

Zusammengefaßt gilt:

☞ **Steigende Ertragspotentiale und daraus sich ergebende höhere Erträge sind nicht zwangsläufig. Diese Potentiale müssen bewußt geschaffen werden.**

Somit ergeben sich für Management und Controlling als kontinuierliche Aufgaben

- Kostensenkungspotentiale bei den einzelnen Ertragsquellen zu erkennen und
- diese Kostensenkungspotentiale zu realisieren.

Das betrifft insbesondere folgende Aufgabengebiete:

① **Stückkostensenkung:**

Hier ist insbesondere der Produktionscontroller gefordert, bei Vertriebsaktivitäten der Vertriebscontroller.

- Die Aufbauorganisation wird neuen Gegebenheiten angepaßt nach dem Grundprinzip Chandlers: Struktur folgt Strategie.
- Die Ablauforganisation sucht kontinuierlich nach den schnellsten, einfachsten Kommunikationswegen. Es wird mit dem Instrument der Nullbudgetierung gearbeitet.
- Die Wertanalyse genießt einen hohen Stellenwert.
- Der Vertriebsapparat wird nach sich ändernden Kundenwünschen ausgerichtet und entsprechend angepaßt.
- Der Materialeinkauf und die Materialdisposition erfolgen nach sich ändernden Losgrößen.
- Die Kundendienstbereitschaft wird ausgerichtet nach der sich ändernden Dringlichkeit und Bedeutung der Kundenwünsche. Die Richtschnur dabei ist die Ertragsauswirkung auf das Unternehmen. Entsprechend werden regionale Stützpunkte eingerichtet.

- Es erfolgt eine kontinuierliche Straffung des Planungs- und Berichtswesens. Der Nutzen der Berichte wird laufend überprüft.
- Die Notwendigkeit von Fachausschüssen und Gremien wird in regelmäßigen Zeitabständen neu in Frage gestellt.
- Die Aus- und Weiterbildung der Mitarbeiter wird kontinuierlich betrieben. Das schließt Umschulungen ein, damit ein Hineinwachsen in neue Arbeitsbereiche mit sich änderndem Anforderungsprofil.
- Produkte werden ausgerichtet auf Lieferbereitschaft und Servicefreundlichkeit.

② **Preispolitik:**

Hier ist insbesondere der Absatz- oder Marketingcontroller gefordert, bei Finanzaktivitäten der Finanzcontroller.

- Das Unternehmen gestaltet die Preispolitik aktiv, es ist Preisführer.
- Die Preisvorstellungen der wichtigsten Mitbewerber bei den wichtigsten Ertragsquellen werden realistisch abgeschätzt. Das Unternehmen kommt Preisaktionen der Mitbewerber zuvor. Auf deren Aktionen reagiert das Unternehmen schnell.
- Bei mittel- und längerfristigen Finanzüberlegungen werden diese Preisgesichtspunkte mit berücksichtigt. Dies gilt insbesondere bei Mittelherkunft- und Mittelverwendungsrechnungen.
- Die finanziellen Auswirkungen alternativer Preisstrategien auf Rentabilität und Liquidität werden hierbei berücksichtigt.
- Das Erkennen und Bewerten von Stabilität oder Instabilität von Preissituationen verschiedener Ertragsquellen genießt einen hohen Stellenwert. Diese Analysen werden in Notplänen und Alternativplänen mit berücksichtigt. Das betrifft die Preissituation auf den Beschaffungs- und auf den Absatzmärkten.

③ **Gewinnen neuer Käuferschichten ohne Verdrängungswettbewerb:**

Hier ist wiederum der Absatz- oder Marketingcontroller gefordert. Das betrifft auch die unter ④ aufgeführten Aufgaben — Gewinnen neuer Käuferschichten von Mitbewerbern.

- Die Zielgruppen, die als neue Käuferschichten in Frage kommen, sind bekannt.
- Die Kommunikationswege, die dem Unternehmen zur Verfügung stehen, um diese Zielgruppen anzusprechen, sind gut.
- Die Argumente zum Kauf dieser neuen Produkte sind überzeugend. Ein vorhandenes Nachfragepotential wird dadurch gezielt angesprochen.
- Neue Bedürfnisse werden durch das Unternehmen geweckt und attraktiv dargestellt.
- Diese neuen Bedürfnisse können vom Unternehmen gemäß den Vorstellungen der Kunden befriedigt werden.

④ **Gewinnen neuer Käuferschichten von Mitbewerbern:**

- Möglichkeiten aussichtsreicher Kooperationen sind bekannt.
- Die Voraussetzungen zur Realisierung erfolgversprechender Kooperationen sind gegeben.
- Bei der Realisierung dieser Kooperationsmöglichkeiten ist das eigene Unternehmen für den Kooperationspartner attraktiv. Das Unternehmen wird als gleichwertiger Partner betrachtet.
- Eine Strukturbereinigung nach Ertragsquellen findet statt. Die für das Unternehmen erfolgversprechenden Ertragsquellen werden ausgebaut, andere aufgegeben.

Kapitel 6:
Die Gegenstände der Unternehmensanalyse

1. Der Marktanteil

Für jeden Unternehmer und für jeden Controller stellt sich in einer Wettbewerbswirtschaft die Frage: Welches sind für mein Unternehmen und auch für die wichtigsten Konkurrenten die potentiellen und damit ausschöpfbaren Quellen des Ertrags? Die Antwort lautet: Für jede Ertragsquelle besteht ein Marktvolumen. Dieses Marktvolumen wird auf die einzelnen Wettbewerber aufgeteilt. Den Anteil, den das einzelne Unternehmen vom gesamten Marktvolumen für sich beanspruchen kann, ist sein Marktanteil.

Er kann dargestellt werden als

- **absoluter Marktanteil** oder als
- **relativer Marktanteil**.

Beim **absoluten Marktanteil** wird der Marktanteil eines Unternehmens in Prozent vom Gesamtmarkt ausgedrückt. Vereinigt zum Beispiel das Unternehmen A ein Viertel vom Gesamtmarkt auf sich, so ist sein Marktanteil 25%. Beim **relativen Marktanteil** wird der Marktanteil eines Unternehmens im Verhältnis zum stärksten Wettbewerber angegeben. Ist das Unternehmen A dabei Marktführer, so drückt der relative Marktanteil den Abstand zum nächststärksten Wettbewerber aus. Ist das Unternehmen nicht Marktführer, so zeigt der relative Marktanteil den Abstand zum Marktführer auf.

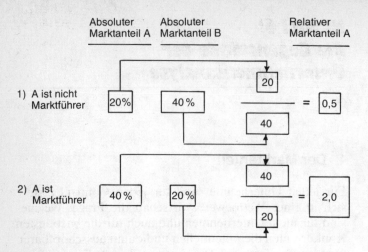

Abb. 46 *Relativer Marktanteil*

Ist der Marktanteil des Unternehmens A gleich hoch wie der des stärksten Wettbewerbers, so beträgt der relative Marktanteil 1,0. Liegt für A der Marktanteil unter 1,0, wie zum Beispiel im Bild unter 1) gezeigt bei 0,5, so ist A nicht Marktführer. Liegt der relative Marktanteil über 1,0, so ist A Marktführer. Ein relativer Marktanteil zum Beispiel von 2,0 bedeutet für A, daß sein Marktanteil doppelt so hoch ist wie der Marktanteil des stärksten Konkurrenten.

Das Unternehmen beschäftigt sich in der Regel mit einer Reihe von Ertragsquellen. Um deren Position gegen die des stärksten Wettbewerbers abzugrenzen, ist für jede Ertragsquelle getrennt ihr relativer Marktanteil auszuweisen. Damit gewinnt das Unternehmen einen Überblick über alle Ertragsquellen, die sich im Portfolio befinden. Dieser Überblick erlaubt es dem Unternehmen, alle Ertragsquellen nach einer Rangordnung gemäß ihrer Stellung zu den jeweils stärksten Wettbewerbern einzustufen. Diese Rangordnung zeigt auch, welchen potentiellen Bewegungsspielraum das Unternehmen grundsätzlich besitzt, innerhalb dessen es getrennt nach einzelnen Ertragsquellen Marktpolitik treiben kann.

Ein hoher Marktanteil erlaubt es, aktive Marktpolitik zu treiben. Das Unternehmen wird damit in die Lage versetzt, die potentiellen Ertragsquellen aktiv auszuschöpfen. Im Bereich der Strategien können dann aktive Kampf- und Verhandlungsstrategien gewählt werden.

Einem Unternehmen mit geringem Marktanteil sind diese Strategien weitgehend verbaut. Als langfristige Politik sind hier dann meist nur Anpassungsstrategien sinnvoll.

Das Unternehmen ist aus Marktgegebenheiten gezwungen, dem Marktvorgehen des Marktführers zu folgen; es kann in diesem Falle sinnvollerweise meist nur noch reagieren anstatt zu agieren. Mit einer Nischenpolitik ist hier zu überleben.

Das kann der Controller wiederum durch folgende Übersicht verdeutlichen:

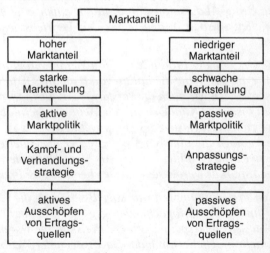

Abb. 47   *Bedeutung von Marktanteilen für das Ausschöpfen von Ertragsquellen*

Die Bedeutung der Marktführerschaft und ihre Auswirkungen auf den Wettbewerb veranschaulicht folgendes Beispiel aus der Investitionsgüterindustrie:

Im Bereich technischer Serienprodukte für den Abnehmerbereich Industrie war das starke Unternehmen A tätig. Sein Marktanteil betrug für diese Ertragsquelle 40%. Die vier Wettbewerber B, C, D und E dagegen hatten bei dieser Ertragsquelle nur einen Marktanteil von je 15%. Das Unternehmen A war eindeutig Marktführer und legte auf Grund dieser starken Stellung auch die Geschäftspolitik für diese Ertragsquelle fest. Das betraf sichtbar die direkte Preispolitik, außerdem aber auch die indirekte Preispolitik, wie zum Beispiel die Rabattpolitik und die Gewährleistungspolitik. B versuchte kurzfristig, seine Marktstellung zu verbessern und seinen Marktanteil auszuweiten. Die naheliegende Möglichkeit war, dies über die Preispolitik zu versuchen. B senkte deshalb die direkten Preise um 5% und gab zusätzlich 5% Preisnachlaß über die Rabattpolitik. Daneben verstärkte B die Akquisitionspolitik durch einen erheblichen personellen Ausbau in den regionalen Vertriebsniederlassungen.

Da die Qualität der Produkte der fünf Wettbewerber in etwa gleichwertig war, hatte die Politik von B anfangs Erfolg. Die Preissenkungen wie auch die verstärkte Akquisitionspolitik warben bisherige Kunden von den Wettbewerbern ab. Das ging vor allem zu Lasten des Hauptwettbewerbers A. Doch weder er noch die anderen Wettbewerber akzeptierten die aggressive Marktpolitik des B. Als das Abwandern von Kunden spürbar wurde, senkten sie ebenfalls ihre Preise.

Mit den Preissenkungwen war aber B schon an die Grenze seiner finanziellen Möglichkeiten gegangen. Seine Finanzlage war sehr angespannt, weitere Preiskämpfe waren ihm nicht mehr möglich. Durch das Nachziehen der Wettbewerber gingen ihm dann auch wieder die Anfangserfolge verloren.

Das Preisniveau pendelte sich auf einem niedrigeren Stand ein. Die Marktanteile waren nach dieser Anpassung wieder etwa die gleichen wie zu Beginn des Preiskampfes. B und die Wettbewerber C, D und E waren fast in Existenznot geraten. A hatte dagegen auf Grund seines höheren Marktanteils, der für ihn geringere Stückkosten bedeutete, den Preiskampf finanziell viel besser überstanden.

Dieses Beispiel zeigt wie viele andere Beispiele, daß Kämpfe um Marktanteile auf bestehenden Märkten und mit bestehenden Produkten, also bei schon verteilten Ertragsquellen, mit größter Wahrscheinlichkeit Anpassungsreaktionen hervorrufen. Wenn der Marktführer wachsam ist, wird er jeden Versuch eines der Wettbewerber, seinen Marktanteil zu vergrößern, abschlagen und einen Verdrängungswettbewerb finanziell so lange durchstehen können, bis die Konkurrenten erlahmen. Viele weitere Beispiele der jüngeren Wirtschaftsgeschichte belegen dies.

Mehr Erfolg verspricht der Kampf um Marktanteile über neue Ertragsquellen, also mit Hilfe neuer Produkte oder durch das Erschließen neuer Märkte für bestehende Produkte. Eine weitere Möglichkeit liegt in gesellschaftsrechtlichen Veränderungen, wie das Zusammenlegen von gleichen Aktivitäten verschiedener Wettbewerber in eine Hand. Bei dieser Marktbereinigung gilt es jedoch, kartellrechtliche Verbote zu beachten.

Ein steigender Marktanteil, verbunden mit steigender Ausbringung, schafft auch größere Kostensenkungspotentiale. Kostensenkungen und ihre Weitergabe an den Kunden durch Preissenkungen schaffen die Möglichkeit, eine starke Marktstellung weiter zu festigen und auszubauen.

2. Die Stabilität des Absatzmarktes

Die Zusammenhänge von Marktanteilen, Erträgen und Rentabilität sind besonders wichtig für das realistische Abschätzen der Stabilität oder Instabilität von Preisverhältnissen auf dem Absatzmarkt.

Hier ist insbesondere der Absatzcontroller gefordert, für die Finanzseite auch der Finanzcontroller. Dies ist insbesondere für ein erlösorientiertes Controlling ein wichtiger Faktor eines effektiven Frühwarnsystems.

Folgende Beispiele sollen zeigen, worum es dabei geht:

Beispiel 1:

Ein Wettbewerber mit dem größten Marktanteil nützt alle Rationalisierungsmöglichkeiten aus. Er hält jedoch die Verkaufspreise hoch. Der kleinere Wettbewerber erzielt unter diesem Preisschirm, wenn er selbst ebenfalls alle Rationalisierungsmöglichkeiten ausnützt, gute Erträge und eine gute Rentabilität.

Diese Preissituation auf dem Absatzmarkt ist jedoch instabil. Eine Senkung der Verkaufspreise kann sehr schnell und überraschend erfolgen. Der größere Wettbewerber kann jederzeit eine aktive Preissenkungspolitik betreiben. Er erzielt zwar dadurch eine geringere, aber immer noch eine zufriedenstellende Rentabilität.

Hier besteht die ständige Gefahr eines Verdrängungswettbewerbs über den Absatzpreis.

Beispiel 2:

Ein Wettbewerber mit dem größten Marktanteil schöpft nicht alle Möglichkeiten der Rationalisierung aus. Sein Stückkostenvorteil gegenüber dem kleineren Wettbewerber ist daher nicht so groß. Dies trifft besonders dann zu, wenn der kleinere Mitbewerber alle Rationalisierungsmöglichkeiten konsequent ausnützt, die ihm zur Verfügung stehen.

Dem größeren Wettbewerber steht jedoch ein größeres Rationalisierungspotential zur Verfügung. Nützt er dieses, so steigt sein Stückkostenvorsprung gegenüber dem kleineren Mitbewerber.

Auch diese Preissituation auf dem Absatzmarkt ist instabil. Der kleinere Wettbewerber ist hier allerdings nicht so gefährdet wie im vorhergehenden Beispiel. Die Realisierung der Stückkostenvorteile durch den größeren Anbieter geht langsamer vor sich, seine Anpassungszeit ist länger. Eine aktive Preissenkungspolitik des größeren Wettbewerbers wird daher im allgemeinen nicht so schnell und überraschend erfolgen, wie dies in Beispiel 1 möglich ist. Die Gefahr eines Verdrängungswettbewerbs über den Absatzpreis ist hier geringer.

Die Zusammenhänge zwischen Marktanteilen, Erträgen und Rentabilität gewinnen für die Beurteilung der Stabilität von Verkaufspreisen eine noch größere Bedeutung, wenn die Konzeption der Ertragsquellen berücksichtigt wird. Bei größeren Unternehmen werden gleichartige Güter und Dienstleistungen auf mehr oder weniger stark voneinander abgegrenzten Marktsegmenten angeboten. Die Höhe der Marktanteile in diesen verschiedenen Marktsegmenten kann dabei sehr unterschiedlich sein. So kann zum Beispiel ein Anbieter auf dem Gesamtmarkt Bundesrepublik Deutschland für ein bestimmtes Produkt einen hohen Marktanteil haben. Ein kleinerer Wettbewerber ist aber vielleicht in bestimmten Marktsegmenten relativ stärker als der große Wettbewerber. So sind zum Beispiel bestimmte Abnehmergruppen dem größeren Wettbewerber nicht zugänglich, weil enge persönliche Bindungen zu dem kleineren Wettbewerber bestehen. Gründe können auch längere Transportwege von der Fabrikationsstätte zum Verbraucher sein.

Bestimmte Marktsegmente können auch dem größeren Wettbewerber aus folgenden Gründen verschlossen sein.

- Es besteht mangelnde Kenntnis über diese Marktsegmente.
- Diese Marktsegmente sind vom Volumen so klein, daß der größere Wettbewerber sie bewußt nicht bearbeiten will.
- Der größere Wettbewerber ist nicht flexibel und reaktionsschnell genug, diese zusätzlichen Marktchancen zu nutzen.

Für gleiche Güter und Dienstleistungen, jedoch auf verschiedenen Märkten, d.h. für verschiedene Ertragsquellen, bedeutet dies eine sehr unterschiedliche Stabilität der Verkaufspreise. Entsprechend gering oder größer ist dann auch die Gefahr, daß Mitbewerber die Verkaufspreise senken.

Hierfür ist das Auge des Controllers, insbesondere des Vertriebs- und Finanzcontrollers, besonders zu schärfen.

Betätigt sich das Unternehmen auf dem Weltmarkt, so sorgen darüber hinaus Währungsparitäten und deren Veränderungen zusätzlich für instabile Preissituationen.

Der Unternehmer, der Praktiker und der Controller, die diese Gesetzmäßigkeiten kennen, möchten nun wissen:

1. Wie hoch sind die Ertragspotentiale, wenn die Marktanteile steigen?
2. Wie kann ich diese Ertragspotentiale ausschöpfen?
3. Wie kann ich zusätzliche Ertragspotentiale schaffen?

Gibt es hierauf in der Praxis umsetzbare Antworten?

Auf die erste Frage hat die Boston-Consulting-Gruppe mit der Entwicklung der Erfahrungskurve eine Antwort gegeben.

Die zweite Frage zielt auf alle Bemühungen, zu rationalisieren und Kosten zu senken. Angesprochen sind dabei alle Bereiche des Unternehmens. Hier kommt der erste Aspekt modernen Controllings zum Tragen: Der operative, d.h. der kaufmännische Aspekt mit dem Ziel der internen Optimierung.

Die dritte Frage wird beantwortet durch das ständige Streben des Unternehmens, seine Marktstellung zu verbessern. Dazu gehört insbesondere das Bemühen, hohe Marktanteile bei Ertragsquellen mit großen Wachstumsraten zu erreichen. Ein besonderer Schwerpunkt liegt dabei auf neuen Geschäftsgebieten.

Hier kommt der zweite Aspekt modernen Controllings zum Tragen: Der strategische, d.h. der marktorientierte Aspekt mit dem Ziel der langfristigen Ausrichtung auf ertragreiche Märkte.

3. Der Jahresabschluß

Eine wichtige sichtbare Meßlatte für den Erfolg des Unternehmens ist der Jahresabschluß. Hier wird die Vermögens-, Finanz- und Ertragslage des Unternehmens nach außen hin sichtbar dokumentiert. Damit kann der Erfolg des Unternehmens im Zeitablauf dargestellt werden, aber auch im Vergleich mit den Konkurrenten, mit der Branche und mit der Volkswirtschaft.

Für den Controller ist es zweifelsohne wichtig, den Jahresabschluß des eigenen Unternehmens richtig zu interpretieren. Häufig ist der Controller beim Aufstellen des Jahresabschlusses mit eingeschaltet, so daß er eine genügend detaillierte und umfassende Kenntnis des Zahlenwerks des eigenen Unternehmens hat. Darüber hinaus ist es für ihn wichtig, die »wahre« Vermögens-, Finanz- und Ertragslage der wichtigsten Konkurrenten seines Unternehmens zu kennen. Die darüber veröffentlichten Jahresabschlüsse sind richtig zu interpretieren.

Das ist nicht einfach, wie die Praxis zeigt. Denn dem Bilanzierenden stehen eine Reihe von Wahlmöglichkeiten zur Verfügung, die erreichten Erfolge entsprechend darzustellen. Trotzdem muß auf diese Unterlagen zurückgegriffen werden, stellen sie doch häufig die einzigen umfassenderen Datensammlungen dar, die unternehmensextern zugänglich sind.

Ist die Zielsetzung des Controllers auf den Unternehmenserfolg ausgerichtet, dann wird er sich auf folgende fünf Hauptgebiete konzentrieren:

Was sagt dem Controller der Jahresabschluß

1. über die **Ertragsquellen** des Unternehmens,
2. über dessen **Innovationspotential** und **Produktivität**,
3. über die verfügbaren **Kapitalressourcen**,
4. über die Qualität des **Humankapitals** und
5. über die **Wertschätzung** des Unternehmens in der Öffentlichkeit (Unternehmensimage).

3.1 Gesamtleistung und Markterfolg erkennen

Eine wichtige Frage für den Controller ist die Entwicklung der Gesamtleistung des Unternehmens. Für die kurzfristige Steuerung des Geschäfts durch operative Programme und Budgets und insbesondere auch für das Festlegen der Ertragsbudgets ist die erbrachte Leistung Wertmaßstab für den Erfolg.

Dieser Wertmaßstab wird nach innen und nach außen hin dokumentiert. Hierfür ist das Auge des Controllers besonders zu schärfen. Das ist aber in der Controllerpraxis nicht immer ganz einfach. Die einzelnen Positionen der Größe Gesamtleistung haben einen sehr unterschiedlichen Stellenwert. Teilweise ist die erbrachte Leistung schon vom Markt honoriert. Teilweise wird noch ein Verkaufserfolg erwartet. Hier besteht ein **Marktpotential**. Da die endgültige Realisierung aber noch nicht stattgefunden hat, können auch noch Überraschungen auftreten. Diese Zusammenhänge zeigt folgendes Bild:

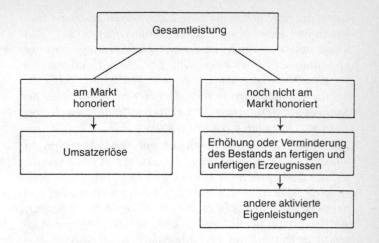

Abb. 48 *Gesamtleistung und Markterfolg*

3.2 Umsatzerlöse bewerten

Eine weitere wichtige Frage für den Controller ist die Bewertung der Umsatzentwicklung.

Dabei ergeben sich für den Controller zwei Fragen:

1. **Wann** werden die Umsatzerlöse ausgewiesen?
2. **Mit welchem Betrag** werden diese Umsatzerlöse ausgewiesen?

Den **Zeitpunkt des Umsatzes** regeln die allgemeinen rechtlichen Vorschriften. Der Umsatz wird ausgewiesen zu dem Zeitpunkt, in dem das Erfüllungsgeschäft getätigt wird. Das Erfüllungsgeschäft ist dann ausgeführt, wenn die erbrachte Leistung vom Leistungsempfänger als solche akzeptiert ist. Mit der Leistungserbringung ist zugleich auch der damit verbundene Gewinn auszuweisen. Bis dahin bestehen Gewinnpotentiale. Sie bedeuten stille Reserven. Die Möglichkeit der »Gestaltung« des Zeitpunkts der Leistungserstellung zeigt folgendes Beispiel:

Ein größeres Unternehmen der Elektroindustrie errichtete Hochspannungsleitungen für Stromübertragung. Das Wirtschaftsjahr war das Kalenderjahr. Die Leistung wurde gegen Ende des Jahres ausgeführt. Die Masten waren errichtet, die Drähte gezogen. Die gesamte Anlage war fertig und konnte abgenommen werden. Der Hersteller bat daher den Kunden um Bestätigung der Leistungserfüllung durch einen zu unterzeichnenden Abnahmeschein.

Zur Abnahme der Leistung wurde ein Abnahmetermin vereinbart. Der Kunde erschien. Die Anlage wurde begutachtet, die Betriebsbereitschaft getestet. Der Abnehmer beabsichtigte jedoch nicht, die Anlage noch im alten Jahr, sondern erst im neuen Jahr zu erwerben. Der Erwerb bedeutet Aktivierung in der Bilanz. Gründe des Zögerns waren ein schon ausgeschöpftes Investitionsbudget im abgelaufenen Wirtschaftsjahr. Der Kunde suchte deshalb nach Mängeln.

Kritisiert wurden zum Beispiel einige nicht ordnungsgemäß angebrachte Schrauben an der Anlage. Die Mängel waren sehr geringfügig. Der Kunde nahm die Anlage trotzdem nicht im alten Wirtschaftsjahr ab. Ein neuer Abnahmetermin wurde für das neue Jahr vereinbart. Ein Umsatz fand im alten Jahr nicht mehr statt. Ein Ertragspotential war vorhanden. Da es jedoch noch nicht realisiert wurde, erfolgte auch kein Ausweis.

Die Bilanz wird erstellt für ein Wirtschaftsjahr, in Ausnahmefällen auch für ein Rumpfwirtschaftsjahr. Abgrenzungen zum Jahresende erfolgen. Eine Verschiebung wirtschaftlicher Vorgänge von einem Wirtschaftsjahr in ein nachfolgendes ist unter gewissen Voraussetzungen möglich. Die mehrjährige Geschäftsentwicklung wird »geglättet«.

Der **Wertansatz der Umsatzerlöse** ergibt sich aus § 277 HGB. Umsatzerlöse sind nach Abzug von Erlösschmälerungen und Umsatzsteuer auszuweisen. Andere Beträge dürfen nicht abgesetzt werden.

3.3 Fertige und unfertige Erzeugnisse bewerten

Für die praktische Controllertätigkeit ist immer wieder wichtig zu wissen, ob und wie hoch Ertragspotentiale und Verlustpositionen bei fertigen und unfertigen Erzeugnissen sind. Fertige und unfertige Erzeugnisse stellen häufig einen nicht unbeträchtlichen Anteil der Vermögenswerte des Unternehmens dar. Das Auge des Controllers ist hierfür zu schärfen. Zwei Fragen sind dabei für den Controller wichtig:

1. **Wann** werden diese Wirtschaftsgüter in der Bilanz als Zugang ausgewiesen?
2. **Mit welchen Werten** werden diese Wirtschaftsgüter ausgewiesen?

Wirtschaftsgüter werden in der Bilanz als Zugang ausgewiesen, sobald sie angeschafft oder hergestellt sind. Bei der Anschaffung ist der Zeitpunkt des Zugangs das Erfüllungsgeschäft. Dies liegt vor, sobald der Unternehmer wirtschaftlicher Eigentümer der Wirtschaftsgüter geworden ist. Die Herstellung ist erfolgt, wenn das Wirtschaftsgut dem Unternehmer in der für seinen Betrieb geeigneten Form zur Verfügung steht.

Eine größere Bedeutung hat wieder die Frage, mit welchen Werten diese Wirtschaftsgüter in der Bilanz angesetzt werden. Der Zugang erfolgt zu Anschaffungs- und Herstellungskosten. Die Definition der Anschaffungs- und Herstellungskosten hat der Gesetzgeber im neuen Bilanzrichtlinien-Gesetz, das am 1. Januar 1986 in Kraft trat, neu definiert bzw. festgelegt.

Bestände an fertigen und unfertigen Erzeugnissen sind noch nicht am Markt umgesetzt. Der Wertansatz in der Bilanz kann dem Marktpreis entsprechen. Er kann jedoch auch höher oder geringer sein. Dann bestehen **Ertragspo-**

tentiale oder **Verlustpositionen**. Dies veranschaulicht noch einmal die nachfolgende Abbildung.

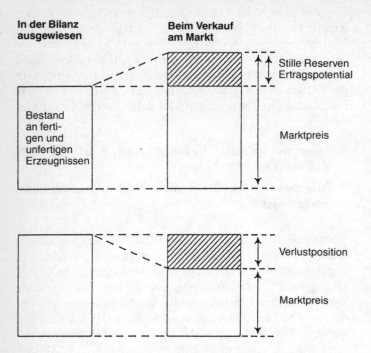

Abb. 49 *Ertragspotential und Verlustposition in Beständen der fertigen und unfertigen Erzeugnisse*

Diese Zusammenhänge verdeutlicht auch folgendes Beispiel:

Ein Unternehmen baut zum Jahresende die Bestände bestimmter Gebrauchsgüter sehr stark auf. Größere Verkäufe werden auch in Zukunft erwartet. In der Bilanz erscheint unter fertigen Erzeugnissen ein entsprechend großer Betrag. Am Markt sind diese Bestände aber noch nicht realisiert. Zum Jahresende ist auch oft noch nicht abzuschätzen, ob insgesamt ein Ertragspotential oder eine Verlustsituation gegeben ist. Der Kaufmann wird im allgemeinen ein Ertragspotential erwarten. Es ergeben sich auch Möglichkeiten der Bilanzgestaltung. Ein subjektiv gefärbtes Abschätzen eines Ertragspotentials oder einer Verlustsituation ist nicht auszuschließen.

Ein forcierter Aufbau von Fertigerzeugnissen erhöht die Aktivseite der Bilanz. Dieser höhere Bestand an Fertigerzeugnissen muß jedoch auch am Markt realisiert werden. Das erfordert eine entsprechend steigende Nachfrage. Die Gefahr einer Verlustposition wächst. Viele Beispiele der jüngeren Wirtschaftsgeschichte haben dies bewiesen. Besonders auf dem Konsumgüterbereich zeigte sich oft ein forcierter Lageraufbau als potentielle Gefahrenquelle. Die Bilanz sah dann zwar kurzfristig sehr gut aus; in den folgenden Jahren waren aber die dann auszuweisenden Verluste um so größer. Als besondere Gefahrenquellen erwiesen sich dabei insbesondere:

- Schnelle Änderung modischer Trends.
- Technisches Veralten von Erzeugnissen und Ersatz durch Substitutionsprodukte, die ein besseres Kosten-Nutzen-Verhältnis aufweisen.
- Verschlechterung der Erlösfähigkeit von Erzeugnissen am Markt aufgrund starker Senkung der Verkaufspreise durch die Konkurrenten. Das Ziel war ein Verdrängungswettbewerb durch Kampfpreise.

3.4 Schwebende Geschäfte beachten

Auf einen Punkt der Bilanzgestaltung und Bilanzanalyse für den Controller sei hier noch besonders verwiesen, nämlich auf schwebende Geschäfte.

Insbesondere, wenn sich die Leistungserstellung über einen längeren Zeitraum hinzieht, besteht immer wieder die Gefahr, von negativen Entwicklungen überrascht zu werden. Die tatsächliche Situation des Geschäfts in den Büchern und vielleicht auch schon veröffentlichten Jahresabschlüssen kann dann wesentlich günstiger dargestellt sein, als sie es in Wirklichkeit ist.

Ein schwebendes Geschäft liegt vor, wenn

- ein **Verpflichtungsgeschäft** abgeschlossen wurde,
- das **Erfüllungsgeschäft** jedoch noch aussteht.

Das verdeutlicht folgendes Beispiel:

Ein Unternehmen vereinbart mit einem Abnehmer, eine Industrieanlage zu bauen. Ein Vertrag wird geschlossen. Das Unternehmen verpflichtet sich, die Industrieanlage zu erstellen. Der Abnehmer verpflichtet sich, die Anlage, soweit sie ordnungsgemäß fertiggestellt ist, vom Hersteller abzunehmen und die erbrachte Leistung zu bezahlen.

Das Geschäft ist abgewickelt,
- *wenn die Industrieanlage ordnungsgemäß fertiggestellt und vom Kunden abgenommen ist,*
- *wenn der Kunde die Leistung bezahlt hat.*

Bis dahin ist das Geschäft in der Schwebe. Die Bezahlung kann sich dabei z.B. durch Mängelrügen des Abnehmers hinauszögern.

Die Grundsätze der Bilanzierung besagen, schwebende Geschäft im allgemeinen erfolgsneutral zu bilanzieren. Der Gesetzgeber geht davon aus, daß sich im Regelfall Leistung und Gegenleistung größengleich gegenüberstehen. Leistung und Gegenleistung erfolgen wertgleich Zug um Zug.

Das bedeutet, daß ein Gewinn oder ein Verlust aus dem Geschäft im allgemeinen erst ausgewiesen wird, wenn der Vertrag endgültig von beiden Seiten erfüllt ist. Nach den Grundsätzen ordnungsgemäßer Buchführung darf ein Gewinn erst ausgewiesen werden, wenn er realisiert ist. Noch nicht realisierte Gewinne sind nicht zu zeigen, obwohl sie vielleicht schon mit an Sicherheit grenzender Wahrscheinlichkeit zu erwarten sind.

Auch Verluste sind im Regelfall erst auszuweisen, wenn sie wirklich eingetreten sind. Sind jedoch Verluste aus schwebenden Geschäften mit Wahrscheinlichkeit zu erwarten, so kann dies bilanziell berücksichtigt werden. Kaufleute, die gemäß den Vorschriften des Handelsgesetzbuches bilanzieren, müssen in diesem Fall sogar einen Verlust bei der nächsten Bilanzaufstellung ausweisen.

Die Bilanzierung erfolgt unter der Position »Sonstige Rückstellungen« auf der Passivseite der Bilanz. Es werden Rückstellungen für Verluste aus schwebenden Geschäften gebildet.

Das verdeutlicht wiederum folgendes Beispiel:

Das Unternehmen A stellt den Jahresabschluß für das Jahr X auf. Dabei wird festgestellt, daß bei einer Anlage im Bau durch unvorhergesehene Kostenüberschreitungen sich eine Verlustposition von 1 Mio. DM abzeichnet. Kalkulatorisch und bilanziell war diese Kostenüberschreitung bisher noch nicht berücksichtigt. In dieser Höhe wird daher eine Rückstellung für Verluste aus schwebenden Geschäften gebildet. Es erfolgt die Buchung: Sonstige Aufwendungen 1 Mio. DM an andere Rückstellungen 1 Mio. DM.

Durch Buchen unter »Sonstige Aufwendungen« in der Gewinn- und Verlustrechnung wird ein Aufwand ausgewiesen. Der Gewinn im Jahre X verringert sich um 1 Mio. DM. Die Verlustposition wird daher schon im Jahr X ergebniswirksam ausgewiesen, obwohl der Auftrag erst in späteren Jahren endgültig abgewickelt wird.

Der Gedanke des Gesetzgebers ist dabei, die Ertrags- und Vermögenslage eines Kaufmanns nicht günstiger darzustellen, als sie wirklich ist. Die Berücksichtigung der mit Wahrscheinlichkeit zu erwartenden Verluste dient dem Schutz der Gläubiger.

Die nachfolgende Abbildung veranschaulicht dies noch einmal am Beispiel einer Industrieanlage:

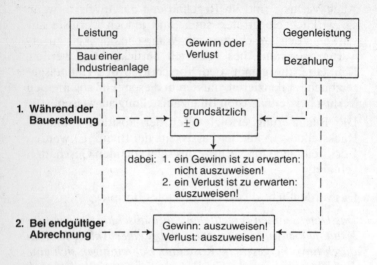

Abb. 50 *Bilanzierung schwebender Geschäfte (am Beispiel Bau einer Industrieanlage)*

Insbesondere dem rechtzeitigen Ausweis von Verlusten kommt hierbei eine besondere Bedeutung zu, wie die Praxis zeigt. Hier ergeben sich jedoch auch große Schwierigkeiten. Meist ist es nicht einfach, einen drohenden Verlust einigermaßen verläßlich abzuschätzen. Bis zur endgültigen Abwicklung des Auftrages ist noch offen, welchen Ergebnis- oder welchen Verlustbeitrag das Projekt letztlich erwirtschaftet. Bis zu diesem Zeitpunkt steht noch nicht mit letzter Genauigkeit fest:

- Welche Kostenbelastung insgesamt zu tragen ist.
- Wie hoch der endgültige Betrag ist, den der Kunde bezahlt.

Obwohl in den meisten Fällen ein fester Kaufpreis vereinbart ist, besteht die Möglichkeit, daß nicht der volle

Preis entrichtet wird. Zu denken ist dabei unter anderem an Preisreduzierungen durch Vertragsstrafen wegen verspäteter Herstellung oder wegen mangelhafter Bauausführung.

Die zu erwartende Kostenbelastung ergibt sich aus der Kalkulation des Kaufmanns. Die Praxis hat aber gezeigt, daß gerade Kalkulationsunterlagen oft größere Mängel aufweisen. Oft ist es auch nicht einfach, die zu erwartende Kostenbelastung einigermaßen verläßlich abzuschätzen. Überraschungen treten immer wieder auf.

Das trifft zum Beispiel zu, wenn sich Unternehmen auf neuen Märkten betätigen, insbesondere im Auslandsgeschäft. Kostspielige Überraschungen können auch auftreten, wenn es um neue Technologien geht. Sind keine Referenzanlagen vorhanden, so bedeutet der Schritt in Technologieneuland ein erhöhtes Risiko. Andererseits sind aber diese unternehmerischen Aktivitäten notwendig, um die Wettbewerbsposition zu behaupten.

Besondere Bedeutung erlangen schwebende Geschäfte für die Bilanzierung, wenn diese Geschäfte mehr als ein Wirtschaftsjahr betreffen. Der Gesetzgeber verlangt eine Bilanzerstellung pro Wirtschaftsjahr. Einheitliche Geschäfte, die über mehrere Jahre laufen, müssen daher nach den einzelnen Wirtschaftsjahren aufgeteilt werden, denen sie wirtschaftlich zuzurechnen sind.

Die Ausführung des Auftrages zieht sich über mehrere Jahre hin. In den einzelnen Jahren fällt auch Aufwand an. Diesem Aufwand steht aber im allgemeinen eine gleichgroße Forderung gegenüber. Dies ergibt sich aus dem Grundsatz der wertgleichen Gegenleistung. Der Vorgang ist für das einzelne Wirtschaftsjahr erfolgsneutral zu behandeln. Es erscheint weder ein Gewinn noch ein Verlust.

Die Bilanzierung ändert sich, wenn sich eine Verlustsituation abzeichnet. Sind mit großer Wahrscheinlichkeit Verluste zu erwarten, so kann der Kaufmann dies berücksichtigen. Bilanziert der Kaufmann nach dem Handelsgesetzbuch, so muß er dies jedoch bei der nächsten Bilanzaufstellung berücksichtigen. Der Gesetzgeber zwingt ihn dazu. Ob ein Verlust zu erwarten ist, ergibt sich dabei aus den Kalkulationsunterlagen.

Die Vorkalkulation zeigt, ob schon beim Abschluß des Verpflichtungsgeschäftes mit einem Verlust gerechnet werden muß. Die mitlaufende Kalkulation stellt den tatsächlich angefallenen Aufwand dem laut Kalkulation festgelegten Aufwand gegenüber. Werden Kostenüberschreitungen sichtbar, so bedeutet es Gefahr. Die Nachkalkulation weist den endgültig angefallenen Aufwand aus. Der letztendlich erwirtschaftete Gewinn oder Verlust wird sichtbar.

Das Erkennen einer sich anbahnenden Verlustsituation erfolgt oft sehr spät. Meist vergeht eine längere Zeit, bis größere Kostenüberschreitungen augenscheinlich werden. Oft muß auch eine intensivere Prüfung vorort erfolgen, um die wahre Kostensituation zu erkennen. Das betrifft insbesondere größere Aufträge, die im Ausland abgewickelt werden. Wertvolle Zeit vergeht. Die Verantwortlichen werden auch versuchen, auftretende Kostenüberschreitungen durch Kostenunterschreitungen in anderen Bereichen zu kompensieren. Die wahre Lage wird nicht sichtbar, die Situation wird verschönt. Gelingt dieser Kostenausgleich nicht, so ist die spätere Überraschung um so größer.

Die Grenzen zwischen »Bilanzüberraschung« und »Bilanzgestaltung« sind fließend. Die Bilanz erfüllt dann nicht den Anspruch, die wahre Ertragslage und Vermögenslage des Kaufmanns zu zeigen. Das trifft insbesondere auf die Unternehmen zu, die ertrags- und finanzmäßig Schwächen aufweisen.

Drei Beispiele aus der Praxis verdeutlichen dies. Sie zeigen, welche Gefahren insbesondere bei Großaufträgen auftreten können, deren Abwicklung sich über mehrere Jahre erstreckt.

Beispiel 1:

Ein großes Unternehmen Nordamerikas schloß einen Vertrag über den Bau eines Atomkraftwerkes. Zum Leistungsumfang gehörten neben dem Erstellen des Kraftwerkes auch umfangreiche Lieferungen von Brennelementen. Der Vertrag sah vor, daß für einen längeren Zeitraum nach Inbetriebnahme des Kraftwerks auch die Versorgung mit Brennstäben von dem Herstellerunternehmen garantiert wurde. Die Ertragsquelle war der Großauftrag Atomkraftwerk A einschließlich der Lieferung von Brennelementen.

Der Auftrag erfolgte zu Festpreisen. Erwartete Preissteigerungen wurden bei der Kalkulation mit berücksichtigt. Sie lagen über den für längere Zeit gültigen Inflationsraten und wurden deshalb von der Geschäftsleitung auch als ausreichend angesehen. Das galt insbesondere auch für die Brennelemente. Die Geschäftsleitung ging dabei unter anderem von einer steigenden Produktion von Natururan in der Zukunft aus. Man war der Überzeugung, daß durch dieses steigende Angebot auch der Preis fallen würde. Insgesamt erhoffte sich die Geschäftsleitung dadurch einen erhöhten Ertrag.

Die tatsächliche Entwicklung verlief jedoch anders. Das Angebot von Natururan erhöhte sich in den folgenden Jahren kaum. Gleichzeitig stieg die Nachfrage danach sehr stark. Die größten Anbieter schlossen sich zu einem Kartell zusammen. Dadurch gelang es ihnen, die Weltmarktpreise streng zu kontrollieren. Zusätzlich beschränkten staatliche Stellen den Export. Die Folge war eine starke Verknappung des verfügbaren Natururans. Die Preise stiegen sehr stark. Das Unternehmen, gebunden durch feste Verträge, erlitt große Verluste.

In der Bilanz wurden diese Verluste jedoch erst langsam sichtbar. Lange Zeit hoffte man auf eine Umkehr der un-

günstigen Preisentwicklung. Mit dem Käufer wurden auch intensive Verhandlungen geführt, um die vertraglich festgelegten Preise nachträglich noch zu ändern. Dies führte dazu, die drohende Verlustsituation lange Zeit nicht offenkundig werden zu lassen, oder wenigstens nicht in vollem Ausmaß. Dies erfolgte erst, als das Atomkraftwerk in Betrieb genommen war und die Lieferung der Brennelemente im größeren Umfang tatsächlich erfolgte.

Beispiel 2:

Ein europäisches Unternehmen der Fahrzeugindustrie erhielt einen größeren Auftrag zur Lieferung von Nutzfahrzeugen. Der Auftraggeber war ein Staatsunternehmen eines südamerikanischen Landes. Der Auftrag war sehr begehrt. Er bedeutete für das Unternehmen die große Chance, einen wichtigen aufblühenden Auslandsmarkt zu erobern. Zugleich bedeutete es eine längerfristige gute Auslastung der heimischen Produktionsstätten, die unter Auftragsmangel litten. Die Ertragsquelle war der Großauftrag Export von Nutzfahrzeugen in Land A.

Für das Unternehmen war dies der erste große Auslandsauftrag nach Südamerika. Viele mögliche Risiken waren noch nicht bekannt. Die Geschäftsleitung sah auch kein besonders großes Risiko darin, den Vertrag in der Landeswährung des ausländischen Abnehmers abzuschließen. Diese Währung war lange Zeit relativ stabil. Da der Auftrag heiß umkämpft war, wurde dieser besondere Wunsch des Kunden auch akzeptiert. Auf Anraten der Hausbank wurden auch Kurssicherungsgeschäfte abgeschlossen. Die Notwendigkeit, sich vollständig abzusichern, wurde aber von der Geschäftsleitung nicht gesehen. Ein Risiko blieb daher weiterhin bestehen, das jedoch als sehr gering eingeschätzt wurde.

Auch hier änderte sich die Entwicklung sehr schnell. Durch politische Wirren geriet das Land an den Rand des Bürgerkriegs. Die Währung wurde mehrmals abgewertet. Die Ver-

tragsbedingungen, die die Vorgängerregierung aushandelte, wurden von den neuen Machthabern nicht akzeptiert. Die gesamten Verluste, die dem Unternehmen dadurch entstanden, erreichten ein größeres Ausmaß.

Auch in diesem Fall wurden die Verluste in der Bilanz erst langsam sichtbar. Lange Zeit hoffte man, daß sich die politischen Wirren wieder legen und Ruhe in das Land einkehrt. Ähnliches erwartete man von der Währungsfront. Die Geschäftsleitung hoffte, daß sich die Wechselkurse wieder in die andere Richtung entwickeln. Gleichzeitig wurden mit den neuen Machthabern langwierige Verhandlungen geführt, um die ursprünglichen Vertragsbedingungen wiederherzustellen. Die Verlustsituation wurde lange Zeit nicht als solche anerkannt. Bei der endgültigen Abwicklung des Geschäfts zeigt sich jedoch, daß aus der Ertragsquelle eine Verlustquelle geworden war.

Beispiel 3:

Ein europäisches Unternehmen der Baubranche konnte einen größeren Auftrag aus dem Nahen Osten für sich verbuchen. Der Zuschlag erfolgte gegen starke Konkurrenz. Der Markt war zwar für das Unternehmen neu, das Management vertraute jedoch auch hier auf seine bisher bewiesenen Fähigkeiten. Die Ertragsquelle war der Großauftrag in Land C.

Das Unternehmen hatte bei der Auftragsvergabe schon eine Reihe guter Referenzanlagen in Mitteleuropa erstellt. Es bestand daher auch kein besonderer Grund zur Sorge. Die Vertragsgestaltung verlief ebenfalls ziemlich reibungslos. Das Management ging dabei grundsätzlich von Verhältnissen aus, die in Mitteleuropa herrschten. Die Kalkulationsunterlagen wurden auch entsprechend erstellt.

Als mit dem Bau des Großprojektes begonnen wurde, traten aber bald größere Schwierigkeiten auf. So stellte sich heraus, daß auf der neuen Baustelle nicht genügend Wasser vorhanden war. Um den Baufortschritt nicht zu gefährden, *mußte zusätzliches Wasser in größeren Mengen über eine beträchtliche Entfernung zur Baustelle transportiert werden. Die zusätzlichen Kosten hatte das Bauunternehmen zu tragen. Als mangelhaft erwiesen sich auch die Transportmöglichkeiten. Eine Infrastruktur, wie sie in Mitteleuropa etwa vorhanden war, fehlte. Besondere Schwierigkeiten ergaben sich insbesondere mit der Elektrizitätsversorgung. Weiterhin hatten europäische Vorarbeiter besondere Schwierigkeiten, sich mit der Mentalität der einheimischen Arbeitskräfte anzufreunden. Dadurch kam es zu Arbeitsniederlegungen. Die entsprechenden zusätzlichen Kostenbelastungen hatte ebenfalls das Unternehmen zu tragen.*

Neben diesen Schwierigkeiten traten plötzlich größere politische Unruhen auf. Verladehäfen waren teilweise für längere Zeit blockiert. Unachtsame Lagerung ließ darüber hinaus wertvolles Baugerät Schaden nehmen. In der Kalkulation, im Pflichtenheft und im Leistungsaufriß waren alle diese Zusatzprobleme kaum oder nur in geringem Umfang berücksichtigt. Die Risiken waren zwar durch inländische Bürgschaften teilweise abgesichert. Die Zusatzbelastungen, die das Unternehmen selbst zu tragen hatte, waren aber so groß, daß insgesamt ein beträchtlicher Verlust entstand.

Auch in diesem Fall tauchte die Verlustsituation längere Zeit nicht in der Bilanz auf. Als Kostenüberschreitungen auftraten, beauftragte die Geschäftsleitung Mitarbeiter des Unternehmens, vorort das Ausmaß der Schwierigkeiten abzuschätzen. Dabei verging viel Zeit. Das Management versuchte auch, auftretende Kostenüberschreitungen durch Kostenunterschreitungen in anderen Bereichen einzusparen. Durch sich länger hinziehende Verhandlungen mit dem Auftraggeber wurde versucht, Kostennachforderungen durchzusetzen. Gleichzeitig wurde geprüft, ob vertraglich eine Grundlage bestand, durch gerichtliche Schritte wenigstens einen Teil der zusätzlichen Kosten abzuwälzen. Sondergutachten wurden erstellt, die längere Zeit in Anspruch nahmen. Dadurch wurde die Verlustsituation lange Zeit nicht als solche bilanzmäßig ausgewiesen. Später erfolgte wenigstens ein teilweiser Ausweis. Erst nach der endgültigen Abwicklung wurde das gesamte Ausmaß des Verlustes offenkundig.

3.5 Jahresüberschuß und Gewinn abschätzen

Wichtig für den Controller sind auch Finanzkennziffern, insbesondere der erwirtschaftete Jahresüberschuß (bei Kapitalgesellschaften) oder der Gewinn (bei Personenhandelsgesellschaften und Einzelkaufleuten). Quellen dieser Information sind die Gewinn- und Verlustrechnung und die Bilanz. Damit hängen Jahresüberschuß und Gewinn u.a. von jeder einzelnen Bilanzposition ab. Diese Kennziffern werden dabei um so höher (bei gleichbleibendem Umsatz)

- je größer der Betrag der ausgewiesenen Aktivposten bzw.
- je kleiner der Betrag der ausgewiesenen Passivposten ist.

Die Betonung liegt auf ausgewiesen. Zu berücksichtigen sind insbesondere bei jeder Analyse des Jahresabschlusses die Position **stille Rücklagen«**. Stille Rücklagen ergeben sich durch:

1. Nichtausweis von Aktivposten,
2. Unterbewertung von Aktivposten,
3. Ausweis von Passivposten, die keine Passivposten sind,
4. Überbewertung von Passivposten.

Hier können sich Ertragspotentiale oder Verlustpositionen ergeben.

Eine entsprechende Gestaltung der stillen Rücklagen beeinflußt den Gewinn oder Verlust, und damit wiederum direkt den Jahresüberschuß/Gewinn. Diese Kennziffer ist daher für sich allein betrachtet nicht aussagefähig genug, um die Unternehmenssituation zu erfassen. Ausschlaggebend ist das zusätzliche Abschätzen von stillen Rücklagen, d. h. von Ertragspotentialen und Verlustpositionen.

3.6 Stille Rücklagen erkennen

Bei der Bewertung finanzwirtschaftlicher Kennzahlen hat der Controller insbesondere zu beachten, daß das tatsächlich ausgewiesene Ergebnis von den Wertansätzen in der Bilanz abhängt. Der Gesetzgeber erlaubt hierbei dem Steuerpflichtigen in gewissen Grenzen Wahlmöglichkeiten. Die entsprechenden Bilanzansätze beeinflussen dann auch das ausgewiesene Ergebnis.

Hierbei ist grundsätzlich zu berücksichtigen, daß noch nicht realisierte Gewinne nicht auszuweisen sind. Noch nicht realisierte Verluste, die schon erkennbar sind, sind jedoch auszuweisen. Dadurch bezweckt der Gesetzgeber, daß die Vermögenssituation eines Kaufmanns nicht günstiger dargestellt wird, als sie in Wirklichkeit ist. Diese Vorschriften dienen dem Schutz der Gläubiger.

Besondere Beachtung verdienen dabei die **stillen Rücklagen**. Diese können sowohl in Vermögensteilen (Aktiva) als auch in Schuldposten (Passiva) vorhanden sein.

Die auf der **Aktivseite** der Bilanz ausgewiesenen **Vermögensposten** können buchmäßig geringer angesetzt sein, als sie beim Verkauf auf dem freien Markt tatsächlich erzielen würden. Die Differenz zwischen diesen möglichen höheren Marktpreisen und den buchmäßig ausgewiesenen Wertansätzen sind nicht ausgewiesene Vermögenswerte, die aber trotzdem »versteckt« vorhanden sind. Sie stellen die stillen Rücklagen auf der Aktivseite der Bilanz dar.

Hinzuweisen ist dabei zum Beispiel auf die verschiedenen Abschreibungsmöglichkeiten, die den Wertverzehr von Vermögensposten berücksichtigen. Der Gesetzgeber hat zum Beispiel aus wirtschaftspolitischen, sozialpolitischen

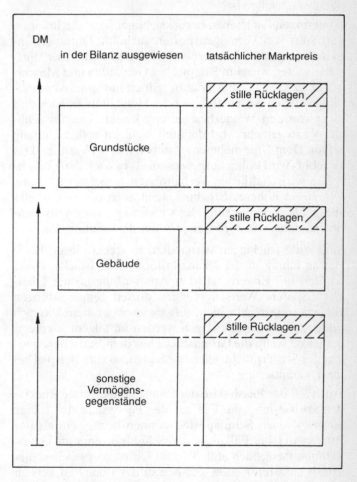

Abb. 51 *Mögliche stille Rücklagen in den Vermögensposten des Unternehmens (Aktivseite der Bilanz)*

oder umweltschutzpolitischen Gründen eine Reihe von Sonderabschreibungen zugelassen. Dabei wird ein Werteverzehr in weitaus höherem Maße buchmäßig ausgewiesen, als er nach der tatsächlichen Nutzungsinanspruchnahme angefallen ist.

Andererseits ist aber zu berücksichtigen, daß die Inflation den Wert von Vermögensposten aushöhlt. Durch die Inflation steigen die Wiederbeschaffungskosten dieser Wirtschaftsgüter, wie zum Beispiel bei Gebäuden und Maschinen. Der Gesetzgeber erlaubt jedoch nur eine Abschreibung von den Anschaffungs- oder Herstellungskosten und nicht von den Wiederbeschaffungskosten. Der tatsächliche Werteverzehr wird dadurch nicht im vollen Umfang erfaßt. Dem Unternehmer entstehen hierbei Verluste. Das Ergebnis wird höher ausgewiesen, als es nach den tatsächlichen wirtschaftlichen Verhältnissen gerechtfertigt wäre. Durch ein höheres Ergebnis steigt auch die Steuerbelastung. Diese Verzerrung der wirklichen Vermögenssituation ist dabei um so größer, je höher die Inflationsrate ist.

Sind stille Rücklagen vorhanden, so steckt ein größerer Betrag häufig in der Bilanzposition Grundstücke. Diese wurden bei Erwerb mit den Anschaffungskosten bilanziert. Spätere Wertsteigerungen dürfen gemäß strengen Bilanzierungsregeln nicht ausgewiesen werden; die sich bildenden stillen Rücklagen werden im allgemeinen erst aufgelöst, wenn die Grundstücke aus dem Betriebsvermögen des Steuerpflichtigen ausscheiden, so zum Beispiel bei ihrer Veräußerung.

Auch auf der **Passivseite** der Bilanz können stille Rücklagen vorhanden sein. Die auf der Passivseite der Bilanz ausgewiesenen **Schuldposten** können höher sein als der Betrag, der bei Fälligkeit der Schuldposten vom Unternehmen tatsächlich abfließt. Die Differenz zwischen diesem geringeren Betrag und den in der Bilanz tatsächlich ausgewiesenen Schuldposten stellen die stillen Rücklagen auf der Passivseite der Bilanz dar.

Das verdeutlicht die folgende Abbildung:

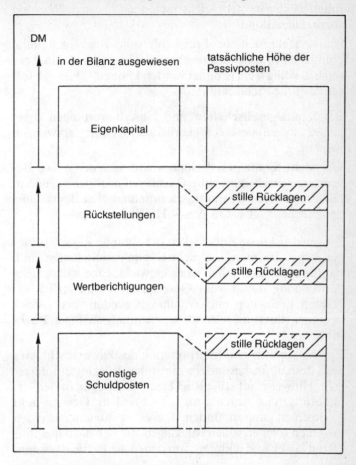

Abb. 52 *Mögliche stille Rücklagen in den Schuldposten des Unternehmens (Passivseite der Bilanz)*

Bei der Beurteilung finanzwirtschaftlicher Kennzahlen, besonders auch im Vergleich mit Konkurrenten, sind diese Zusammenhänge entsprechend zu berücksichtigen. Die

Schwierigkeit dabei liegt jedoch insbesondere darin, daß stille Rücklagen nicht leicht zahlenmäßig feststellbar und abzuschätzen sind.

Häufig stellt sich die Frage, ob stille Rücklagen denn grundsätzlich vom Gesetzgeber erlaubt sind und damit gesetzlich völlig legal gebildet werden können? Dazu gilt folgende grobe Richtschnur:

Bei **Kapitalgesellschaften** sind Unterbewertungen zugelassen, sofern sie aus steuerlichen Gründen erzwungen werden.

Für **Nicht-Kapitalgesellschaften** sind nach den neuen Bewertungsvorschriften stille Rücklagen auch weiterhin zulässig, sofern sie vernünftiger kaufmännischer Beurteilung entsprechen (vgl. § 253 Abs. 4 HGB).

Die ausdrückliche Zulässigkeit der Bildung stiller Rücklagen bei Kaufleuten, die nicht Kapitalgesellschaften sind, hat für die Praxis erhebliches Gewicht. Eine willkürliche Anwendung dieser vom Gesetzgeber grundsätzlich erlaubten Freiheiten und Wahlmöglichkeiten wird jedoch begrenzt durch die Grundsätze ordnungsmäßiger Buchführung.

Für die Analyse und Interpretation des Jahresabschlusses sind deshalb insbesondere die stillen Rücklagen interessant. Hinweise auf stille Rücklagen sind häufig in den Erläuterungen im Anhang zur Bilanz und zur Gewinn- und Verlustrechnung zu finden. Dabei ist zu unterscheiden zwischen solchen stillen Rücklagen, die sich nicht quantifizieren lassen und anderen, von denen die Beträge bekannt sind.

Zu den **stillen Rücklagen, die sich nicht quantifizieren lassen,** geben insbesondere folgende Aussagen entsprechende Anhaltspunkte:

- Angaben über **Bilanzierungs- und Bewertungsmethoden**, insbesondere über die **Abschreibungsmethoden**.

- Die Wahl der **Verbrauchsfolgeverfahren** im Umlaufvermögen.
- Die **Ermittlung der Herstellungskosten** der selbsterstellten Anlagen sowie der Halb- und Fertigerzeugnisse sowie die Abweichungen von diesen Methoden.

Zwar ist in diesen Fällen die Höhe nicht exakt zu ermitteln, doch die Tendenzen werden erkennbar:

(1) Die Anwendung der **degressiven Abschreibung**, des **Lifo-Verfahrens** sowie der **Teilkostenverfahren** bei der Ermittlung der Herstellungskosten lassen tendenziell Reservebildungen erkennen, wenn gleichzeitig eine Bestandserhöhung stattfand.

(2) **Lineare Abschreibung, Fifo-Verfahren** und **Vollkostenrechnung** weisen tendenziell auf keine Reservebildung und eine angespannte Situation hin.

Dieser Teil der stillen Reserven kann nur pauschal in die Rechnung oder qualitativ in die Urteilsfindung bei der Analyse des Jahresabschlusses einbezogen werden.

Zu den stillen Reserven, die sich quantifizieren lassen, geben insbesondere folgende Aussagen entsprechende Anhaltspunkte:

- Angaben über aktivisch vorgenommene steuerrechtliche Abschreibungen (vgl. § 281 HGB).
- Unterlassene Zuschreibungen (vgl. § 280 Abs. 3 HGB).
- Außerplanmäßige Abschreibungen auf Gegenstände des Umlaufvermögens (vgl. § 253 Abs. 3 Satz 3 HGB).

Diese Beträge können den entsprechenden Aktivposten zugerechnet werden. Das Vermögen erhöht sich dadurch rechnerisch.

Das Auge des Controllers ist entsprechend zu schulen, um hier hinter die Kulissen schauen zu können und die wahre Vermögens-, Finanz- und Ertragslage des Unternehmens zu erkennen.

3.7 Sonderposten mit Rücklageanteil beachten

Ein weiterer wichtiger Punkt der Bilanzgestaltung sind für den Controller die Sonderposten mit Rücklageanteil.

Wo erscheinen Sonderposten mit Rücklageanteil in der Bilanz? Sie werden auf der Passivseite der Bilanz ausgewiesen. Sie erscheinen positionsmäßig nach den Rücklagen und vor den Rückstellungen.

Als **Sonderposten mit Rücklageanteil** kommen zwei Kategorien in Frage, nämlich:
1. unversteuerte Rücklagen und
2. steuerrechtliche Abschreibungen.

Was sind unversteuerte Rücklagen?

Im allgemeinen erfolgen Rücklagenbildungen aus Erträgen, die bereits der Besteuerung unterlegen haben. Zur Verfolgung bestimmter wirtschaftspolitischer Zielsetzungen erlaubt der Steuergesetzgeber jedoch in einer Reihe von Fällen in der Steuerbilanz die Bildung von Rücklagen zu Lasten des steuerpflichtigen Gewinns (fälschlicherweise vielfach auch als »steuerfreie Rücklage« bezeichnet).

Diese Rücklagenbildung dient zum Beispiel der Förderung von Investitionen, von bestimmten Wirtschaftszweigen und von bestimmten Standorten, wie z. B. Zonenrandgebieten. Diese Rücklagen sind in späteren Jahren nach Maßgabe des Steuerrechts wieder gewinnerhöhend aufzulösen, so daß nur eine **Steuerstundung**, aber keine endgültige Steuerersparnis eintritt.

Werden unversteuerte Rücklagen in der Handelsbilanz gebildet, so sind sie betriebswirtschaftlich Mischposten aus Eigen- und Fremdkapital. Sie gehören teils zu den Rücklagen und teils zu den Rückstellungen. Sie sind insofern Mischposten, als in Höhe des später aus diesem Posten zu deckenden Steueranteils eine Steuerschuld (Steuerrückstellung) besteht. Lediglich der verbleibende Restbetrag ist als reiner Rücklageanteil zu werten.

Was sind steuerrechtliche Abschreibungen?

Der Sonderposten mit Rücklageanteil **kann** (= Ausweiswahlrecht) auch die steuerrechtlichen Abschreibungen aufnehmen. Hierbei handelt es sich um den Unterschiedsbetrag zwischen der nach § 253 HGB (bei Kapitalgesellschaften i.V.m. § 279 HGB) handelsbilanziell gebotenen Normalabschreibung und der nach § 254 HGB zulässigen höheren steuerrechtlichen Abschreibung.

Die alternative Absetzung steuerrechtlicher Abschreibungen stellt künftig ein wichtiges bilanzpolitisches Instrumentarium dar. Mit der jeweiligen Ausweisform **kann** vom Bilanzierenden Einfluß genommen werden z.B. auf die Bilanzsumme, den Eigenkapitalanteil und auf die Aufwandsstruktur.

3.8 Den Unternehmenserfolg erkennen

Der Jahresabschluß, das Aushängeschild des Unternehmens, ist vom Gesetzgeber zwingend vorgeschrieben und regelmäßig zu erstellen. Die **Bilanz** und die **Gewinn- und Verlustrechnung** sind das Spiegelbild des Unternehmens, nach innen und nach außen für alle sichtbar. Hier ist der Unternehmenserfolg nachzulesen. Controlling als wirkungsvollstes Instrument, die Aktivitäten des Unternehmens kompromißlos auf den Unternehmenserfolg auszurichten, ist notwendigerweise an dieser Darstellung im höchsten Maße interessiert.

Der Unternehmenserfolg wird an fünf Aufgabengebieten gemessen.

Diese sind: Ertragsquellen, Technologien, Kapital, Mitarbeiter und Unternehmensimage. Sie betreffen Produkte und Märkte, die technologische Position, Kapitalressourcen, Personalressourcen und die Wertschätzung der unternehmerischen Leistung in der Öffentlichkeit.

Der Erfolg des Unternehmens wird daran gemessen, wie diese fünf Aufgaben erledigt werden. Eine periodisch wiederkehrende zusammengefaßte Darstellung dieser Leistung erfolgt durch den Jahresabschluß. Die Aussagen im Jahresabschluß spielen daher eine große Rolle. Sie sind wichtig für alle Teilnehmer am Wirtschaftsleben, die Interesse an der Vermögens-, Finanz- und Ertragslage des Unternehmens haben.

Dazu gehören zum Beispiel Kreditgeber, die Fremdkapital zur Verfügung stellen, Wirtschaftssubjekte, die Eigenkapital bereitstellen und der Fiskus, der eine den Gesetzen entsprechende Besteuerung wünscht. Die Mitarbeiter des Unternehmens sind an der Lage ihres Unternehmens ebenso interessiert wie die Geschäftsführung, die ihre Erfolge entsprechend sichtbar werden lassen will. Konkurrenten versuchen, ihre Position mit der ihrer Konkurrenten zu vergleichen, um Stärken und Schwächen zu erkennen und entsprechende Weichen für die Zukunft zu stellen. Aufsichtsorgane, wie Gesellschafter und Aufsichtsrat, haben die Geschäftsführung zu überwachen und Schaden von der Gesellschaft abzuwenden.

Insbesondere für Außenstehende sind Unterlagen des Jahresabschlusses oft die einzigen Dokumente, um zu erfahren, wie es um die Ertrags-, Vermögens- und Finanzlage des Unternehmens bestellt ist. Von diesem Ausweis hängt auch entscheidend die Wertschätzung ab, die dem Unternehmen für die geleistete Arbeit entgegengebracht wird.

Die richtige Interpretation der Angaben im Jahresabschluß ist daher von noch größerer Bedeutung. Dabei gilt es, die wahre Ertrags- und Vermögenslage des Unternehmens zu erkennen. Das betrifft insbesondere stille Rücklagen, Ertragspotentiale und Verlustpositionen. Der gezeigte Ausweis ist daher in den meisten Fällen noch entsprechend zu interpretieren. Dabei ist aber nicht nur die finanzielle Lage zu beurteilen, obwohl bei erster Übersicht diese am deutlichsten dargestellt ist.

Neben der finanziellen Situation gilt es auch noch, die anderen vier Bereiche der Unternehmensführung zu bewerten. Das betrifft die Marktstellung, die technologische Position, Personalressourcen und die Wertschätzung des Unternehmens in der Öffentlichkeit. Diese Aufgaben sind ebenfalls von großer Bedeutung für den langfristigen Unternehmenserfolg. Das Erfüllen dieser Aufgaben gilt es daher ebenfalls möglichst wirklichkeitsnah zu bewerten.

Diese erweiterte Interpretation garantiert:

- Unternehmenserfolge, die nicht als solche ausgewiesen sind, zu erkennen,
- ausgewiesene Erfolge möglicherweise in einem anderen Licht zu betrachten.

Entscheidend für das Unternehmenspotential ist dabei insbesondere die gegenwärtige und zukünftige Stellung am Markt. Nur eine starke Marktposition garantiert auch zukünftigen Erfolg.

Die Beurteilung der Leistung des Unternehmens aus Jahresabschlüssen ist problematisch, wie die Praxis zeigt. Trotzdem muß auf diese Unterlagen zurückgegriffen werden. Oft stellen sie die einzigen Unterlagen dar, die Lage des Unternehmens für die Vergangenheit, für die Gegenwart und insbesondere für die Zukunft zu beurteilen. Eine richtige und umfassende Interpretation stellt daher eine Herausforderung und auch eine Notwendigkeit für alle am Wirtschaftsleben Beteiligten dar.

Jahresabschlüsse richtig interpretieren zu können, gehört dabei zum absoluten Muß effektiver Controllertätigkeit und der fachlichen Qualifikation des Controllers. Zur Vorbereitung und Beurteilung unternehmerischer Entscheidungen ist die Bilanz für den Controller unverzichtbar. Entscheidungen, die von Aufsichtsgremien, wie z.B. von Aufsichtsräten, von Gesellschafterbeiräten oder von Finanzausschüssen freizugeben sind, müssen in ihren bilanziellen Auswirkungen beurteilbar sein. Die Vorbereitung und die Darstellung des Zahlenmaterials obliegen dem Controller.

4. Der Cash-Flow

Von vielen Controllern wird der **Cash-Flow** als die wichtigste finanzwirtschaftlich orientierte Unternehmenskennziffer betrachtet. Der Begriff »Cash-Flow« kommt aus dem Angelsächsischen; er hat jedoch auch Eingang in andere Sprachkreise gefunden und wird heute international gebraucht.

Cash-Flow ist mehr als der Gewinn oder der Jahresüberschuß. Die **Definition** lautet:

    Bilanzmäßig ausgewiesenes Ergebnis
+ Abschreibungen und Wertberichtigungen auf Sachanlagen
+ Abschreibungen und Wertberichtigungen auf Finanzanlagen (Beteiligungen)
+ Veränderung Pensionsrückstellungen
+ Veränderung Sonderposten mit Rücklageanteil
+ Veränderung sonstige Rückstellungen

= Cash-Flow

Der Cash-Flow berücksichtigt nicht nur das bilanzmäßig ausgewiesene Ergebnis. Der Cash-Flow zeigt darüber hinaus an, welche zusätzliche Erträge erwirtschaftet wurden, obwohl sie nicht direkt unter dem Posten »Ergebnis« ausgewiesen sind. Diese Erträge stehen dem Unternehmen für Finanzdispositionen zur Verfügung.

Das zeigt folgendes Beispiel:

Ein Unternehmen A zeigt für das Jahr X ein bilanzmäßig ausgewiesenes Ergebnis von 100 000 DM. Die Abschreibungen betrugen 100 000 DM. Neue Pensionsrückstellungen wurden in Höhe von 100 000 DM gebildet. Auflösungen von Pensionsrückstellungen erfolgten nicht. Sonstige Veränderungen — des Sonderpostens mit Rücklageanteil und sonstiger Rückstellungen — erfolgen ebenfalls nicht. Der Cash-Flow errechnet sich dann wie folgt:

Ergebnis	*100 000 DM*
+ Abschreibungen	*100 000 DM*
+ Veränderung Pensionsrückstellungen	*100 000 DM*
= Cash-Flow	*300 000 DM*

Dieser Betrag von 300 000 DM und nicht nur 100 000 DM steht für Finanzdispositionen zur Verfügung.

Zusätzlich erwirtschaftete Erträge betreffen insbesondere die **Abschreibungen** und **Wertberichtigungen**, die den Werteverzehr sowie Wertkorrekturen von Vermögensposten aufzeigen. Die Abschreibungen und neugebildeten (wertmindernden) Wertberichtigungen gehen als Aufwandsposten in die Gewinn- und Verlustrechnung ein und mindern das Ergebnis. Dabei entstehen aber keine zusätzlichen Ausgaben; es erfolgt kein zusätzlicher Abfluß von Vermögenswerten aus dem Unternehmen. Die Abschreibungen und (wertmindernden) Wertberichtigungen wurden wie das ausgewiesene Ergebnis tatsächlich als Ertrag erwirtschaftet, sind jedoch nur nicht als solcher ausgewiesen.

Abschreibungen und **Wertberichtigungen** können dabei vorgenommen werden auf Sachanlagen und auf Finanzanlagen (Beteiligungen). Die Gründe für den Werteverzehr bei Sachanlagen sind zum Beispiel natürlicher Verschleiß durch Gebrauch, Veralten durch technischen Fortschritt, Auslaufen von Rechtsansprüchen zur Nutzung von Wirtschaftsgütern, Außerdienstsetzen durch gesetzliche Maßnahmen, wie zum Beispiel durch neue Sicherheitsbestimmungen und Beschädigungen. Die Gründe für Wertberichtigungen bei Finanzanlagen (Beteiligungen) sind zum Beispiel die Einstellung der Geschäftstätigkeit durch Zahlungsunfähigkeit, Enteignung, freiwillige Teileinstellung der Geschäftstätigkeit sowie die dauernde Wertminderung durch eine sich nachhaltig verschlechternde Wettbewerbssituation. Der Ausweis in der Bilanz erfolgt hierbei durch Abschreibung der Finanzanlagen auf den niedrigeren Teilwert.

Der Begriff Teilwert ist in § 6 des Einkommensteuergesetzes definiert. Teilwert ist der Betrag, den ein Erwerber des ganzen Betriebs im Rahmen des Gesamtkaufpreises für das einzelne Wirtschaftsgut ansetzen würde. Dabei ist davon auszugehen, daß der Erwerber den Betrieb fortführt. Die obere Grenze für den Teilwert bildet der Wiederbeschaffungswert. Das ist der Betrag, der für die Wiederbeschaffung des Wirtschaftsgutes zur Zeit der Entnahme aufgewendet werden müßte. Die untere Grenze für den Teilwert bildet der Einzelveräußerungspreis. Das ist der Betrag, der sich bei der Veräußerung des einzelnen Wirtschaftsgutes erzielen läßt.

Die Veränderungen der übrigen drei in der Formel genannten Posten sind aus der Bilanz beim Vergleich mit den Vorjahreswerten ablesbar. Diese Posten sind die Veränderung der **Pensionsrückstellungen**, die Veränderung der **Sonderposten mit Rücklageanteil** sowie die Veränderung der **sonstigen Rückstellungen**.

Eine Erhöhung dieser Posten gegenüber dem Vorjahr zeigt an, daß durch diesen Bereich zusätzliche Vermögenswerte gebunden sind. Hätten sich diese Posten nicht verändert, so hätte sich das tatsächlich ausgewiesene Ergebnis entsprechend erhöht. Eine Verminderung dieser Posten dagegen zeigt an, daß ehemals durch diesen Bereich gebundene Vermögenswerte abgeflossen sind.

Pensionsrückstellungen werden für Pensionsverpflichtungen gebildet. Pensionsverpflichtungen sind rechtsverbindliche Verpflichtungen eines Arbeitgebers gegenüber einem Arbeitnehmer, nach dessen Ausscheiden unter bestimmten Voraussetzungen an ihn oder an seine Hinterbliebenen eine Rente oder einen Kapitalbetrag zu zahlen. Das trifft insbesondere beim Ausscheiden des Arbeitnehmers wegen Invalidität, Alter oder Tod zu. Pensionsrückstellungen gehören zu den Rückstellungen für ungewisse Verbindlichkeiten. Das Aktiengesetz von 1966 schrieb die Bildung von Pensionsrückstellungen nicht zwingend vor. Nach dem neuen Bilanzrichtlinien-Gesetz von 1986 ist jedoch für neu gegebene Pensionszusagen die Bildung entsprechender Pensionsrückstellungen zwingend vorgeschrieben.

Sonderposten mit Rücklageanteil betreffen Passivposten der Bilanz, deren Bildung der Gesetzgeber unter bestimmten Voraussetzungen bilanztechnisch gestattet. Es kann sich dabei in der Praxis um viele Positionen handeln. Der Gesetzgeber verfolgt damit bestimmte wirtschaftspolitische Zielsetzungen. Der Steuerpflichtige hat dann z. B. die Möglichkeit, die Bildung von Rücklagen zu Lasten des steuerpflichtigen Gewinns vorzunehmen.

Diese Rücklagenbildung dient zum Beispiel zur Förderung von Investitionen, von bestimmten Wirtschaftszweigen und von bestimmten Standorten, wie z. B. Zonenrandgebieten. Diese Rücklagen sind in späteren Jahren nach Maßgabe des Steuerrechts wieder gewinnerhöhend aufzulösen, so daß hier nur eine Steuerstundung, aber keine endgültige Steuerersparnis eintritt. Die kurzfristige Liquiditätssituation verbessert sich jedoch.

Häufig gebildet werden Rücklagen gemäß § 6 b Einkommensteuergesetz und gemäß Abschnitt 35 Einkommensteuerrichtlinien. Worum handelt es sich hier?

Der Wertansatz einzelner Wirtschaftsgüter in der Bilanz kann stille Rücklagen enthalten. Das ist der Unterschied zwischen dem Zeitwert und dem niedrigeren Wertansatz in der Bilanz. Diese stillen Rücklagen können zum Beispiel aufgedeckt werden beim Veräußern von Wirtschaftsgütern oder beim Ausscheiden aus dem Betriebsvermögen infolge höherer Gewalt. Das kann zum Beispiel sein durch Brand, Diebstahl oder infolge bzw. zur Vermeidung eines behördlichen Eingriffs (z.B. drohende Enteignung, Inanspruchnahme für Verteidigungszwecke). Der Steuerpflichtige kann nun unter bestimmten Voraussetzungen aufgedeckte stille Rücklagen, die zulässigerweise gebildet worden waren, entweder steuerfrei auf andere Wirtschaftsgüter übertragen oder — wenn eine solche Übertragung bis zum Schluß des Wirtschaftsjahres, in dem die stillen Rücklagen aufgedeckt worden sind, nicht möglich oder nicht zulässig war — steuerfrei für eine bestimmte Zeit als offene Rücklage weiterführen. Zu dieser Gruppe von Rücklagen gehören die steuerfreie Rücklage für Ersatzbeschaffung (Abschnitt 35 Einkommensteuerrichtlinien) und die Re-Investitionsrücklage nach § 6b Einkommensteuergesetz.

Sonstige Rückstellungen enthalten zum Beispiel Vorsorgen für Garantieverpflichtungen, noch nicht veranlagte Steuern, Verluste aus schwebenden Geschäften, aus Beteiligungen und für die Erfolgsbeteiligung der Mitarbeiter.

Der Cash-Flow zeigt, in welcher Größenordnung Finanzmittel erwirtschaftet wurden, die dem Unternehmen für Finanzdispositionen zur Verfügung stehen. Der Cash-Flow zeigt auf, wieviel aus eigener Kraft erwirtschaftete Finanzmittel insgesamt für folgende Aufgaben verwendet werden können:

- zur Schuldentilgung,
- zur Gewinnausschüttung,

wenn die Finanzmittel aus dem Unternehmen abfließen.

Bleiben die erwirtschafteten Finanzmittel im Unternehmen, so können sie für die Substanzerhaltung (z.B. zur

Rücklagenbildung) verwendet werden oder in Anlage- und Umlaufvermögen investiert werden.

Die folgende Abbildung verdeutlicht relativ einfach und übersichtlich die unternehmenspolitisch wichtige Aussagekraft der Kennzahl »Cash-Flow«.

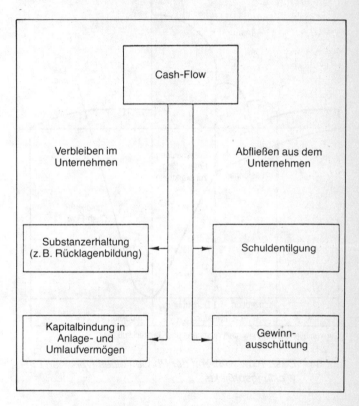

Abb. 53 *Erwirtschafteter Cash-Flow und seine Verwendung*

Ein Beispiel für den kumulierten Cash-Flow in den einzelnen Phasen eines typischen Entwicklungsprojekts zeigt auch folgende Abbildung.

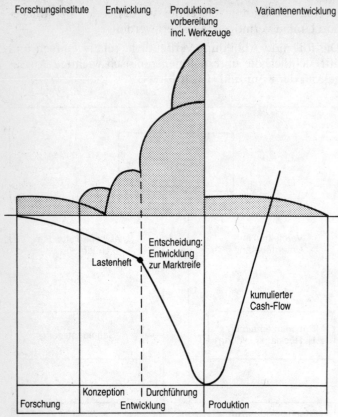

Abb. 54 *Cash-Flow während der Phasen eines typischen Entwicklungsprojekts*

5. Die Finanzsituation

Die Einstufung der Ertragsquellen in der Matrix zeigt dem Controller nicht nur deren Wettbewerbsposition. Die Matrix gibt auch Aufschluß über die Finanzsituation der einzelnen Ertragsquellen. Dabei sind für den Controller zwei Größen interessant, nämlich die Finanzmittelbindung und die Finanzmittelfreisetzung.

Dabei gilt:

Finanzmittelbindung = Investitionen in $\begin{cases} \text{Kapitalressourcen} \\ \text{Personalressourcen} \end{cases}$

Finanzmittelfreisetzung = Cash-Flow

- **Finanzmittelbindung**
  Kapitalbindung betrifft 1. Investition in Sachkapital (zum Beispiel Produktionsstätten, Vertriebsstätten, Vorräte) und Investitionen in Geisteskapital (Personalressourcen). Kapitalbindung bedeutet einen negativen Cash-Flow.

- **Finanzmittelfreisetzung**
  Kapitalfreisetzung bedeutet einen positiven Cash-Flow.

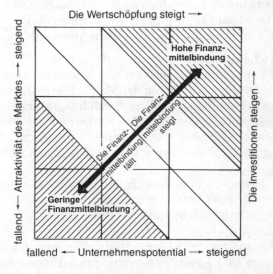

Abb. 55 *Zonen der Finanzmittelbindung und der Finanzmittelfreisetzung in der Portfolio-Matrix*

In dieser Grafik werden drei Zonen unterschieden:

1. **Zone der stärkeren Finanzmittelbindung:**
   Die Ertragsquellen dieser Zone sind im rechten oberen Segment der Matrix positioniert. Hier werden per Saldo mehr Finanzmittel gebunden als freigesetzt.
   Hier sind die Investitionen hoch; sei es im verstärkten Ausbau von Marketing- und Vertriebsaktivitäten, sei es im verstärkten Ausbau der Produktionskapazität.

2. **Zone der stärkeren Finanzmittelfreisetzung:**
   Die Ertragsquellen dieser Zone sind im linken unteren Segment der Matrix positioniert. Hier werden per Saldo mehr Finanzmittel freigesetzt als gebunden.
   Hier sind die Investitionen geringer. Der verstärkte Ausbau von Marketing- und Vertriebsaktivitäten ist abgeschlossen; in die Produktionskapazität wird ebenfalls nicht mehr so viel investiert.
   Hier befinden sich jedoch auch die Ertragsquellen, für die überhaupt keine großen Investitionen getätigt wurden, weil es nie als lohnenswert erachtet wurde.

3. **Zwischenzone:**
   Die Ertragsquellen, die hierunter fallen, befinden sich in den weißen Segmenten der Matrix. Die Ertragsquellen wachsen dann entweder durch höhere Finanzmittelzuführung in die Zone der stärkeren Finanzmittelbindung oder aber durch geringere Finanzmittelbindung in die Zone der stärkeren Finanzmittelfreisetzung.
   Für Ertragsquellen, die sich in dieser Zone befinden, ist es für den Controller am schwierigsten, die erfolgversprechendsten Strategien vorzuschlagen.

Den Zusammenhang zwischen Kapitalbindung durch Investitionen und Kapitalfreisetzung durch Erwirtschaften des Cash-Flow kann der Controller vereinfacht auch durch die Vier-Felder-Matrix darstellen.

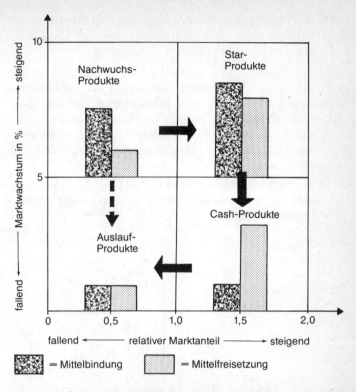

Abb. 56 *Finanzmittelbindung und Finanzmittelfreisetzung von Produkten*

Das Bild zeigt dem Controller folgende Zusammenhänge:

Nachwuchsprodukte binden durch Investitionen mehr Finanzmittel, als sie durch Kapitalfreisetzung (Cash-Flow) erbringen. Auch in der weiteren Wachstumsphase, bei Star-Produkten, ist der Cash-Flow noch geringer als die weiterhin benötigten Investitionen. Der Abstand zwischen Mittelbindung und Mittelfreisetzung wird aber geringer. Werden die Produkte Cash-Produkte, dann erwirtschaften sie mehr Finanzmittel als investiert werden. Bei Auslaufprodukten geht (notwendigerweise) der Investitionsbedarf zurück und gegen Null. Gleichermaßen sinkt der erwirtschaftete Cash-Flow.

Der enge Zusammenhang zwischen Finanzmittelbindung und Finanzmittelfreisetzung einerseits und relativem Marktanteil, Marktwachstum, Investitionen und Kapitalrentabilität andererseits wurde durch eine Reihe von Studien nachgewiesen. Studien erfolgreicher Unternehmen, insbesondere in den USA, zeigten dabei u. a. folgende Gesetzmäßigkeiten:

- Ein steigender **relativer Marktanteil** führt zu einer steigenden **Kapitalrentabilität** (ROI = return on investment = Kapitalverzinsung).

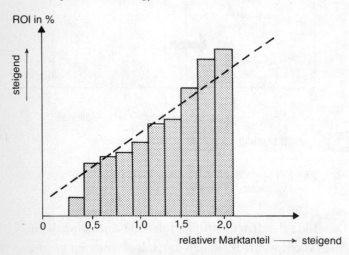

Abb. 57 *Zusammenhang zwischen relativem Marktanteil und ROI (return on investment)*

- Mit steigenden **Wachstumsraten des Marktes** steigt der **Investitionsbedarf** überproportional. Der Investitionsbedarf betrifft dabei Kapital, Personal und Management.

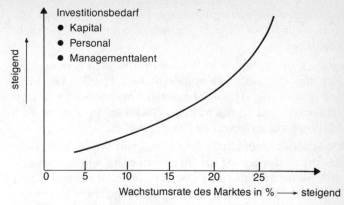

Abb. 58 *Zusammenhang zwischen Wachstumsraten des Marktes und Investitionsbedarf*

- Mit steigenden **Investitionen in Wachstumsmärkten** steigt jedoch auch die **Kapitalrentabilität** (ROI) überproportional. Die Steigerungsraten sind dabei um so größer, je größer die Wachstumsraten des Marktes sind.

Abb. 59 *Zusammenhang zwischen Investitionen in Wachstumsmärkten und ROI (Kapitalrentabilität)*

Aus diesen Zusammenhängen ergeben sich für den Controller einige wichtige Schlußfolgerungen für seine tägliche Praxis:

Höhere Investitionen in Wachstumsmärkten bedeuten im Regelfall eine höhere Kapitalrentabilität (ROI). Die Investitionsmittel sind jedoch begrenzt. Das bedeutet ein Konzentrieren auf ausgewählte Produkte in bestimmten Märkten, auf ausgewählte Ertragsquellen.

Diese Zusammenhänge zeigen, daß auf Wachstumsmärkten die Anforderung an Investitionen (Kapital, Personal und Managementtalent) überproportional steigen. Kann aber diese überproportionale Nachfrage nach Investitionen befriedigt werden, dann steigen auch die Ertragsaussichten überproportional.

6. Synergieeffekte

Cash-Flow-Positionen der einzelnen Ertragsquellen zu erkennen ist für die Formulierung von Strategien von entscheidender Bedeutung. Hinzu kommt für den Controller ein weiteres wichtiges Instrument der Strategieformulierung: Das Erkennen von Synergieeffekten.

Was sind Synergieeffekte? Synergieeffekte sind **Verbundeffekte**.

Das Zusammenwirken wirtschaftlicher Einheiten in einem Verbund führt in der Regel zu einer wechselseitigen Einflußnahme. Beim Festlegen strategischer Stoßrichtungen ist es daher für den Controller nützlich, mögliche Verbundeffekte zu kennen und einzusetzen.

Synergieeffekte können mannigfaltig auftreten. Verbundeffekte entstehen zum Beispiel:

1. beim Cash-Flow
2. beim Wachstum von Ertragsquellen
3. auf dem Markt und bei Produkten
4. beim Einsatz von Personalressourcen

So ergeben sich für die tägliche Arbeit des Controllers zum Beispiel folgende wichtige Erkenntnisse:

6.1 Synergieeffekte beim Cash-Flow erkennen

Die Analyse des Ist-Portfolios eines Unternehmens zeigt, daß Ertragsquellen entweder einen Finanzüberschuß (= positiver Cash-Flow) oder einen Finanzunterschuß (= negativer Cash-Flow) erwirtschaften.

Synergieeffekte des Cash-Flow können daher bei der Strategieformulierung nutzbringend eingesetzt werden:

- Die Ertragsquellen, die einen Finanzüberschuß (positiver Cash-Flow) erwirtschaften, geben diesen ab zur Stützung von Ertragsquellen, die einen Finanzunterschuß (negativer Cash-Flow) ausweisen.
- Die Ertragsquellen, denen dieser Überschuß zufließt, erhalten damit die Möglichkeit, sich zu entwickeln. Später wird von diesen Ertragsquellen erwartet, daß sie aus der Phase des Finanzunterschusses (negativer Cash-Flow) herauswachsen und dann selbst einen Finanzüberschuß (positiver Cash-Flow) erwirtschaften.
- Haben diese Ertragsquellen dann die Phase des Finanzüberschusses erreicht, dann können sie wiederum herangezogen werden, andere Ertragsquellen in der Aufbauphase zu unterstützen.

6.2 Synergieeffekte beim Wachstum von Ertragsquellen erkennen

Die Analyse des Ist-Portfolios eines Unternehmens zeigt auch, daß Ertragsquellen unterschiedliche Wachstumspotentiale aufweisen.

Synergieeffekte beim Wachstum von Ertragsquellen können daher wiederum bei der Strategieformulierung nutzbringend eingesetzt werden.

- Ertragsquellen, die die Reifephase erreicht haben, unterstützen mit Finanzmitteln, mit Managementtalent

und mit Expertenwissen die Ertragsquellen, die noch im Wachstum begriffen sind.
- Ertragsquellen, denen diese Ressourcen zufließen, erhalten hierdurch die Möglichkeit, sich schneller zu entwickeln. Später wird auch von diesen Ertragsquellen erwartet, daß sie aus der Wachstumsphase aus- und in die Reifephase eintreten.
- Haben dann diese Ertragsquellen diese Reifephase erreicht, dann können sie wiederum herangezogen werden, andere Ertragsquellen in ihrer Aufbauphase zu unterstützen.

Das kann der Controller durch folgendes Bild beispielhaft verdeutlichen:

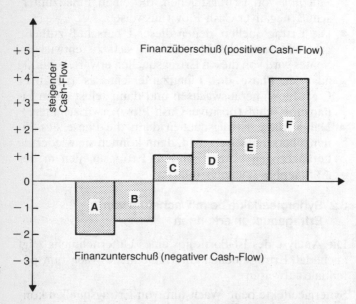

Abb. 60 *Synergieeffekte beim Wachstum von Ertragsquellen*

Während die Ertragsquellen A und B einen Finanzunterschuß (negativer Cash-Flow) ausweisen, zeigen die Ertrags-

quellen C, D, E und F einen Finanzüberschuß (positiver Cash-Flow). Die Ertragsquellen C, D, E und F unterstützen die beiden anderen Ertragsquellen A und B. Diese können sich dadurch schneller entwickeln. Von diesen Ertragsquellen A und B wird jedoch später erwartet, daß sie in die Phase eines positiven Cash-Flow hineinwachsen und damit wieder andere Ertragsquellen bei ihrer Aufbau- und Wachstumsphase unterstützen.

6.3 Synergieeffekte auf dem Markt und bei Produkten erkennen

In bezug auf Märkte und Produkte kann die strategische Stoßrichtung des Unternehmens grundsätzlich in zwei Richtungen zielen. Dadurch entstehen unterschiedliche Synergieeffekte:

- In einem Markt befinden sich viele Produkte des eigenen Unternehmens: Das ergibt den **Synergieeffekt Markt**

- Ein Produkt des Unternehmens befindet sich in vielen Märkten: Das ergibt den **Synergieeffekt Produkt**.

- Wann ist der Synergieeffekt Markt nun für den Controller besonders interessant?
  Diese strategische Stoßrichtung ist zweckmäßigerweise dann zu verfolgen, wenn ein bestimmter Markt für ein Unternehmen gegenüber den Wettbewerbern relativ stark abgeschirmt ist. Das ist zum Beispiel der Fall, wenn in einem Land in einem Branchensektor nur ein Unternehmen vorhanden ist und den Wettbewerbern durch staatliche Verordnungen und Auflagen der Zugang erschwert wird. *Als Beispiel wären zu nennen: Handelsketten, die in regional abgegrenzten Märkten viele Produkte vertreiben.*

- Wann ist der **Synergieeffekt Produkt** für den Controller besonders interessant?
  Diese strategische Stoßrichtung ist zweckmäßigerweise

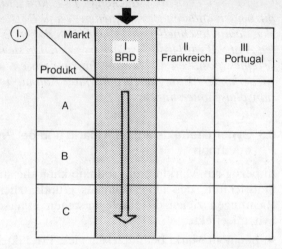

Abb. 61 *Synergieeffekt Markt: viele Produkte auf dem nationalen Markt BRD*

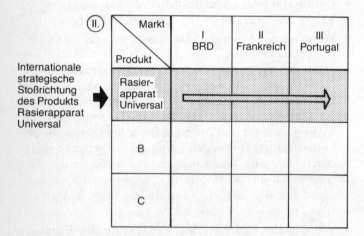

Abb. 62 *Synergieeffekt Produkt: ein Produkt auf vielen internationalen Märkten*

dann zu verfolgen, wenn auf vielen Märkten für Wettbewerber relativ leicht Zugang ist. Das Unternehmen wird dann versuchen, durch Konzentration auf ein Produkt oder auf wenige Produkte, die in vielen regionalen Märkten angeboten werden, durch hohe Stückzahlen Kostendegressionen und damit Wettbewerbsvorteile zu erringen.

Als Beispiel ist hierbei zu nennen: *die Herstellung von elektronischen Geräten, die weltweit vertrieben werden.*

6.4 Synergieeffekte beim Einsatz von Personalressourcen erkennen

Die Analyse des Ist-Portfolios eines Unternehmens zeigt dem Controller auch, daß sich die einzelnen Ertragsquellen in verschiedenen Phasen ihrer Lebenszyklen befinden.

Hierbei hat der Controller zu berücksichtigen:

Die verschiedenen Phasen der Lebenszyklen erfolgreicher Produkte verlangen auch schwerpunktmäßig unterschiedliche Managementfähigkeiten.

Die folgende Zusammenstellung verdeutlicht dies:

- **Produkte in Phase I: Marktentwicklung**
  - Der Schwerpunkt der Managementaufgabe liegt auf der Forschungs- und Entwicklungsstufe.
  - Hier wird ein Management verlangt, das produktorientiert und produktinnovationsorientiert ist.
  - Vorzugsweise gefragt sind Bastler, Tüftler, Ingenieure, Techniker und Produktionsfachleute.
  - Um die Risiken neuer Entwicklungen zu begrenzen, kommt es häufig zu joint ventures. Joint ventures sind Gründungen neuer Unternehmen durch zwei oder mehrere Unternehmen. Das Risiko neuer Geschäftsaktivitäten wird dabei auf mehrere Teilnehmer verteilt.

- **Produkte in Phase II: Marktwachstum**

  - Der Schwerpunkt der Managementaktivität und -aufmerksamkeit verlagert sich nun auf den Vertriebssektor.
  - Die Produktion spielt weiterhin eine große Rolle.
  - Es erfolgt jetzt jedoch eine Verlagerung in Richtung Wertanalyse und Steigerung der Produktivität.
  - Der Markt wird aggressiv, expansiv erobert. In dieser Phase II herrschen häufig wettbewerbsverändernde Strategien vor.
  - Auch das Marketing gewinnt eine größere Bedeutung.
  - Das Gewinnen von Marktanteilen durch hohe Zuwachsraten des Marktes steht im Vordergrund.
  - Der Vertrieb verlagert sich auf neue Regionen, schwerpunktmäßig auch weiter ins Ausland, um die Produktion mengenmäßig schneller steigern zu können.
  - Internationale Erfahrungen einschließlich Fremdsprachenkenntnisse werden verstärkt verlangt.

- **Produkte in Phase III: Marktblüte**

  - Das Hauptaugenmerk des Managements ist weiterhin sehr stark auf den Vertrieb hin ausgerichtet.
  - Es erfolgt jedoch eine zunehmende Verlagerung zum finanzwirtschaftlichen, kostenorientierten Denken und Handeln.
  - Das zentrale Informationswesen wird weiter ausgebaut.
  - Das Budgetdenken durch straffe finanzwirtschaftliche Planung und Kontrolle gewinnt an Bedeutung.
  - Kostenkontrollen werden verstärkt durchgeführt.
  - Im Produktionsbereich wird schwerpunktmäßig die Rationalisierung betont.
  - Wertanalysen und Qualitätssicherung gewinnen an Bedeutung.

- Der Werbeaufwand wird prozentual zum Umsatz eingeschränkt.
- Von wettbewerbsverändernden Strategien wird langsam abgewichen.
- Der Schwerpunkt verlagert sich auf wettbewerbsneutrale Strategien.
- Das Management verlegt sich mehr auf das Bewahren des bisher Erreichten.
- Es kommt verstärkt zu Marktabgrenzungen und Marktaufteilungen.
- Diese Marktbereinigungen werden durch gesellschaftsrechtliche Veränderungen, wie zum Beispiel durch Kooperationen, unterstützt.

- **Produkte in Phase IV: Marktabnahme**

  - Das Management ist immer noch stark finanzwirtschaftlich und kostenorientiert ausgerichtet.
  - Betont werden Konsolidierung und weitere Rationalisierung.
  - Der Gedanke der Produktaufgabe rückt stärker ins Bild.
  - Das mögliche Zusammenlegen von Produktionsstätten und Teilbetriebsstillegungen erfordern ein Krisenmanagement.

Die Phase IV — Marktabnahme kann aber hinausgeschoben werden, wenn es gelingt, den Lebenszyklus der Produkte zu verlängern. Die Phase III — Marktblüte mit der Managementorientierung Finanzen, Kostenmanagement verlängert sich dann entsprechend.

Der Synergieeffekt beim Einsatz von Managementfunktionen bewirkt:

- Die Ertragsquellen, die in die Phase des Marktwachstums hineinwachsen, geben Forschungs- und Entwicklungs-Know-how und Produktions-Know-how an die Ertragsquellen ab, die die Phase der Marktentwicklung erreichen.

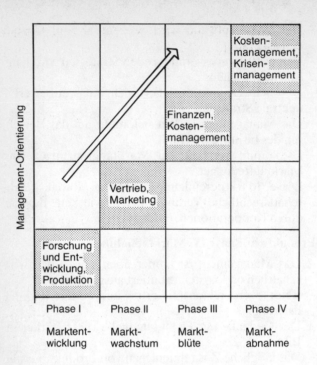

Abb. 63 *Phasen der Managementorientierung*

- Die Ertragsquellen, die in die Phase der Marktblüte hineinwachsen, geben Marketing- und Vertriebs-Know-how an die Ertragsquellen ab, die die Phase des Marktwachstums erreichen.
- Die Ertragsquellen, die die Phase der Marktabnahme erreichen, geben Finanz-Know-how und Kostenmanagement-Know-how an die Ertragsquellen ab, die in die Phase der Marktblüte hineinwachsen.
- Aus Ertragsquellen, die aufgegeben werden, wird Kostenmanagement-Know-how und Krisenmanagement-Know-how auf die Ertragsquellen überführt, die die Phase der Marktabnahme erreichen.

Diese Zusammenhänge sind vom Controller beim Zuteilen von fachspezifischem Talent und von Managementfunktionen zu berücksichtigen.

7. Das langfristige finanzielle Gleichgewicht

Ein interessantes Konzept effektiver Controllertätigkeit ist das langfristige finanzielle Gleichgewicht.

Ist das Ist-Portfolio des Unternehmens bewertet, dann folgt als nächster Schritt, das strategische Ziel-Portfolio festzulegen. Das Ziel hierbei ist, ein langfristiges finanzielles Gleichgewicht für das Gesamtunternehmen zu erreichen.

Beim Festlegen des strategischen Ziel-Portfolios wird der Controller versuchen, größere Schwankungen im Geschäftsablauf möglichst zu vermeiden. Die Unternehmensentwicklung ist auf Kontinuität und Stabilität auszurichten. Das gilt insbesondere auch in Zeiten starker Expansion.

Wann spricht der Controller von einem langfristigen finanziellen Gleichgewicht?

Ein langfristiges finanzielles Gleichgewicht ist gegeben, wenn die folgenden **Voraussetzungen** vorliegen:

- Die einzelnen Produkte erwirtschaften insgesamt über den gesamten Lebenszyklus einen Finanzüberschuß.
- Gelingt dies mit einzelnen Produkten nicht, so erwirtschaften andere Produkte dafür einen entsprechend höheren Finanzüberschuß. Dieser dient als Ausgleich für den Finanzunterschuß der nicht so erfolgreichen Produkte.
- Das gesamte Leistungsangebot erbringt insgesamt einen Finanzüberschuß.
- Die finanzwirtschaftliche Berichterstattung erfolgt nach dem Wirtschaftsjahr. Für jedes Wirtschaftsjahr ist

das Leistungsangebot ausgewogen. Damit erscheint für jeden Zeitabschnitt ein Überschuß. Das gilt für bestehende Unternehmen. Eine Ausnahme kann erfolgen, wenn das Unternehmen neu entsteht. In der Anlaufphase sind die unternehmerischen Aktivitäten nicht immer kostendeckend. Der Ausgleich wird wiederum erzielt durch höhere Überschüsse in den folgenden Wirtschaftsjahren.

So ergibt sich z.B. für den Controller folgendes Bild:

Verkaufte Produkte / Abgelaufene Jahre	Jahr 1	Jahr 2	Jahr 3	Jahr 4	Jahr 5
Haushaltswaschmittel	−2	+2	+4	+4	+2
Reinigungsmittel	−1	±0	+2	+2	±0
Körperpflegemittel		−1	±0	+1	+2
Parfüm			−2	−1	+2
Haarwaschmittel				−1	±0
Finanzüberschuß abzügl. Finanzunterschuß in DM	−3	+1	+4	+5	+6

Abb. 64 *Langfristig finanzielles Gleichgewicht verschiedener Produkte*

Diese Zusammenhänge sind vom Controller relativ einfach zu erklären:

Im Jahr 1 beginnt das Unternehmen mit der Herstellung von zwei Produkten A und B. Beide befinden sich in der Anlaufphase. Die Kosten sind noch höher als die Erlöse. Insgesamt entsteht dem Unternehmen ein Finanzunterschuß von −3.

Im Jahr 2 wird ein neues Produkt in das Leistungsangebot aufgenommen. Bei diesem Produkt C sind im ersten Jahr ebenfalls die Kosten höher. Es wird ein Finanzunterschuß von −1 ausgewiesen. Produkt A zeigt jedoch einen höheren Erlös von +2, Produkt B hat die Schwelle der Rentabilität erreicht. Insgesamt erwirtschaftet das Unternehmen im Jahr 2 einen Finanzüberschuß von +1.

Die positive Entwicklung setzt sich im Jahr 3 fort. Ein neues Produkt D hat wiederum höhere Anlaufkosten. Produkt C hat die Gewinnschwelle erreicht. Die beiden ersten Produkte A und B erwirtschaften Erlöse, die höher sind als die Kostenbelastung. Insgesamt ergibt sich im Jahr 3 ein Finanzüberschuß von +4.

Auch im Jahr 4 und im Jahr 5 hält diese günstige Entwicklung weiter an. Im 5. Jahr läuft Produkt B aus; Produkt A befindet sich auf der Abschwungsphase des Lebenszyklus. Produkt C und D sind jedoch jetzt in der Phase der Marktblüte. Dadurch gelingt es auch, den Finanzüberschuß erneut zu steigern.

Die Grafik zeigt dem Controller schnell und übersichtlich auf einen Blick:

- Welche Produkte das Unternehmen anbietet.
- In welcher Phase des Lebenszyklus sie sich befinden.
- Wie groß der Beitrag des einzelnen Produktes zum Ertrag des Gesamtunternehmens in den jeweiligen Jahren ist.
- Welcher Finanzbeitrag insgesamt für jedes einzelne Wirtschaftsjahr erwirtschaftet wird.

Diese Zusammenstellung gibt Aufschluß darüber, wie die Ertragslage in der Vergangenheit war und wie sie sich heute darstellt. Dieses Wissen ist Grundlage für eine langfristig ausgewogene Produktpolitik.

7.1 Finanzielles Gleichgewicht bei Ertragsquellen

Diese Darstellung kann auch für **Ertragsquellen** angewandt werden. Die Analyse beschäftigt sich dann mit gleichen oder ähnlichen Produkten in verschiedenen Marktsegmenten. Die Marktaufteilung erfolgt dabei häufig nach regionalen Gesichtspunkten. So ergibt sich z.B. für den Controller folgende Übersicht:

Verkäufe des Produkts A in den Ländern \ Abgelaufene Jahre	Jahr 1	Jahr 2	Jahr 3	Jahr 4	Jahr 5
BRD	−2	±0	+2	+3	+3
Frankreich		−1	±0	+1	+2
Benelux			−1	±0	+2
Spanien				−1	±0
Portugal				−1	±0
Finanzüberschuß abzügl. Finanzunterschuß in DM	−2	−1	+1	+2	+7

Saldo → Finanzüberschuß

Abb. 65 *Langfristig finanzielles Gleichgewicht eines Produktes in verschiedenen Ländern*

Diese Zusammenhänge sind vom Controller wiederum relativ einfach zu erklären:

Im Jahr 1 betätigt sich das Unternehmen mit dem Produkt A nur in einem Land, in der BRD. Die Markteinführung erbringt einen Finanzunterschuß von −2.

Im 2. Jahr wird das Unternehmen in einem weiteren Land tätig. Die Einführung des gleichen Produktes in Frankreich zeigt ebenfalls einen Verlust, und zwar von −1. In der BRD ist jedoch die Gewinnschwelle erreicht. Die Anlaufverluste führen aber noch insgesamt zu einem Finanzunterschuß von −1.

Im 3. Jahr wird das Unternehmen in einem weiteren Land tätig. Eine erfolgreiche Marktdurchdringung ist mittlerweile in der BRD erfolgt; hier wird ein Finanzüberschuß ausgewiesen. In Frankreich konnte die Gewinnschwelle erreicht werden. In den Beneluxländern zeigen sich Anlaufverluste. In allen drei Absatzgebieten hat jedoch das Unternehmen jetzt insgesamt einen Finanzüberschuß von +1.

Diese günstige Entwicklung setzt sich wiederum auch in den folgenden Jahren fort. Die bisherigen Erfolge lassen es zu, im 4. Jahr zusätzlich zwei neue regionale Marktsegmente zu erschließen. Diese Expansion zeigt einen zunehmenden größeren Erfolg. Im Jahr 5 gelingt es dem Unternehmen dadurch, insgesamt einen Finanzüberschuß von +7 zu erwirtschaften.

In diesem Zusammenhang ist für den Controller wichtig zu wissen:

- Kann ich die entsprechenden Zahlen aussagefähig genug aufbereitet erhalten?
- Steht der Aufwand hierfür in einem erträglichen Verhältnis zum zusätzlichen Nutzen?

Die Praxis hat gezeigt, daß langfristig erfolgreiche Entscheidungen nur getroffen werden können, wenn die Bausteine des langfristigen Erfolgs auch sichtbar sind. Dazu gehören zahlenmäßige Darstellungen von Marktsegmenten und Ertragsquellen. Der Aufwand, der hierfür nötig ist, hat sich in den meisten Fällen erfolgreicher Strategie auch als gerechtfertigt herausgestellt. Das erfordert aber auch eine entsprechende Ausrichtung des Rechnungswesens. Neben der traditionellen Aufgabe, Zahlen für den Gesetzgeber zu erarbeiten, müssen auch marktbezogene Zahlenangaben geliefert werden. Eine wirtschaftlich nicht mehr vertretbare Grenze ist natürlich erreicht, wenn einem übertriebenen Perfektionismus gehuldigt wird.

7.2 Finanzielles Gleichgewicht bei Unternehmensteilen

In den beiden vorhergehenden Beispielen wurde das langfristige finanzielle Gleichgewicht für Produkte und Ertragsquellen erarbeitet. Eine entsprechende Matrixdarstellung kann auch für andere Geschäftseinheiten gewählt werden, wie zum Beispiel für:

- **Fachbereiche** innerhalb eines Geschäftsbereichs
- **Geschäftsbereiche** innerhalb eines Unternehmensbereichs
- **Unternehmensbereiche** innerhalb des Gesamtunternehmens
- **Geschäftssparten** innerhalb des Gesamtunternehmens.

Hier ergeben sich für den Controller interessante Möglichkeiten, das Geschehen im Unternehmen zahlenmäßig transparent und übersichtlich darzustellen. Hierdurch kann der Controller auch seiner Aufgabe gerecht werden, das betriebliche Geschehen unter Kontrolle zu halten, und damit zu steuern.

Die Spartenorganisation ist heute in vielen Unternehmen eingeführt. Das betrifft insbesondere auch die mittelständische Wirtschaft. Auch hier sind moderne Controllinginstrumente sehr erfolgreich einzusetzen.

So ergibt sich zum Beispiel folgende Grafik aus der Controlling-Praxis.

Im Jahr 1 besteht eine Geschäftssparte, die einen Verlust von −1 ausweist. Im 2. Jahr expandiert das Unternehmen. Eine weitere Geschäftssparte wird gebildet. Die Anlaufverluste betragen hier ebenfalls −1. Die Geschäftssparte 1 hat jedoch jetzt den break-even-Punkt erreicht. Die Sparte schließt mit ± 0 ab.

Im Jahr 3 wird die Expansion fortgeführt. Eine neue Geschäftssparte 3 zeigt wiederum Anlaufverluste. Die Geschäftssparte 1 erwirtschaftet aber jetzt einen Ertrag von

Geschäftssparte \ Laufende Jahre	Jahr 1	Jahr 2	Jahr 3	Jahr 4	Jahr 5	Jahr 6	Jahr 7
Sparte 1 Haushaltswaschmittel	−1	±0	+1	+3	+4	+4	+2
Sparte 2 Reinigungsmittel		−1	±0	+1	+2	+1	±0
Sparte 3 Körperpflegemittel			−1	+1	+2	+2	+3
Sparte 4 Parfüm				−2	±0	+1	+2
Sparte 5 Haarwaschmittel					−1	±0	+1
Summe Finanzüberschuß abzügl. Finanzunterschuß im Gesamtunternehmen in DM	−1	−1	±0	+3	+7	+8	+8

Abb. 66 *Langfristiges finanzielles Gleichgewicht von Geschäftssparten des Gesamtunternehmens*

+1. Insgesamt hat jetzt im 3. Jahr auch das Gesamtunternehmen den break-even-Punkt erreicht.

Die Expansion geht auch im 4. Jahr weiter. Eine neue Geschäftssparte 4 zeigt einen Verlust von −2. Die drei anderen Geschäftssparten weisen jedoch Gewinne aus. Damit zeigt das Gesamtunternehmen im 4. Jahr insgesamt einen Gewinn von +3.

Im 5. Jahr erbringen die in früheren Jahren getätigten Investitionen einen überproportionalen Ertraganstieg. Der Gewinn steigt auf +7. Eine neue Geschäftssparte 5 zeigt wiederum einen Anlaufverlust. Dieser fällt jedoch jetzt nicht mehr so stark ins Gewicht wie in früheren Jahren.

Auch im 6. und 7. Jahr erbringen die früher getätigten Investitionen einen Ertrag. Das Ertragsniveau stabilisiert sich auf einer höheren Ebene.

7.3 Die Gefahr finanzieller Ungleichgewichte

Die Aufgabe des Controllers, das betriebliche Geschehen unter Kontrolle zu halten, und damit zu steuern, zeigt sich insbesondere auch darin, mögliche Fehlentwicklungen frühzeitig zu erkennen und diese vermeiden zu helfen.

Folgt das Unternehmen z. B. nicht den Gesetzmäßigkeiten einer langfristig ausgewogenen Entwicklung, so treten langfristig finanzielle Ungleichgewichte auf. Diese können unter Umständen für einen längeren Zeitraum verborgen bleiben. Wird die Gefahr zu spät erkannt, dann ist der Verlust des Unternehmens um so größer.

Die folgende Grafik kann dies beispielhaft veranschaulichen:

Geschäftssparte \ Laufende Jahre	Jahr 1	Jahr 2	Jahr 3	Jahr 4	Jahr 5	Jahr 6	Jahr 7	Jahr 8
Sparte 1 Haushaltswaschmittel 1980	−1	0	+1	+3	+4	+4	+2	0
Sparte 2 Reinigungsmittel 1980		−1	0	+1	+2	+1	0	
Sparte 3 Haushaltswaschmittel 1985			−1	+1	+2	+2	+3	+1
Sparte 4 Reinigungsmittel 1985				−2	+0	+1	+2	+1
Sparte 5 Haushaltswaschmittel 1990								
Summe Finanzüberschuß abzügl. Finanzunterschuß im Gesamtunternehmen in DM	−1	−1	0	+3	+8	+8	+7	+2

Abb. 67 *Langfristig sich entwickelndes finanzielles Ungleichgewicht des Gesamtunternehmens*

Wie die Grafik zeigt, verläuft die Entwicklung des Gesamtunternehmens bis zur Geschäftssparte 4 und bis zum Jahr 4 wie im vorhergehenden Beispiel langfristig ausgewogen. Dann tritt eine Unterbrechung in der Entwicklung ein.

Im 5. Jahr wird keine neue Geschäftssparte entwickelt. Anlaufverluste hierfür fallen nicht an. Der Ertrag steigt daher im 5. Jahr auf +8.

Dieser günstige Ausweis des Ertrags zeigt sich auch noch im 6. Jahr. Auch in diesem Jahr kann, wie im vorhergehenden Beispiel, noch ein Ertrag von +8 erwirtschaftet werden. Nach außen hin scheint das Unternehmen weiterhin auf Erfolgskurs zu steuern.

Erst im 7. Jahr nimmt der Ertrag geringfügig auf +7 ab. Der große Einbruch geschieht jedoch im 8. Jahr. Der Ertrag sinkt beträchtlich, und zwar auf +2. Die Geschäftssparten 1 und 2 bringen keinen Ertragsbeitrag mehr, die Geschäftssparten 3 und 4 zeigen abnehmende Erträge. Nachfolgesparten wurden nicht rechtzeitig entwickelt, um den Ertragsabfall langfristig ausgewogen auszugleichen. Dabei zeigt das Beispiel, daß über einen längeren Zeitraum das Ertragsbild zwar noch gut aussah, der Ertragsrückgang aber später um so größer ausfiel.

8. Die Gap-Analyse

Die Gap-Analyse (Lücken-Analyse) zeigt dem Controller, welche Lücke besteht zwischen:

- den gewünschten **Produkt-Marktzielsetzungen** des Unternehmens und
- der **Prognose** der tatsächlich zu erwartenden Ergebnisse. Die Prognose erfolgt dabei unter der Annahme, daß keine Änderungen der gegenwärtigen Unternehmensaktivitäten geplant sind.

Diese Planungstechnik zeigt, welche Lücke vom Unternehmen durch neue Produkt-Marktstrategien geschlossen werden muß, um die gewünschten Ziele zu erreichen.

Die Gap-Analyse beruht auf zwei Projektionen:

1. Der **Zielprojektion**.
   Hier wird festgelegt, welche Ergebnisse vom Unternehmen angestrebt werden.
2. Dem **Fortschreiben** der gegenwärtigen Situation in die Zukunft.
   Hier wird festgestellt, was zu erwarten ist, wenn vom Management keine Änderungen der gegenwärtigen Unternehmensaktivitäten geplant sind.

Zwischen diesen beiden Projektionen wird meist eine Lücke (gap) entstehen. Diese Lücke gilt es nun zu schließen.

Diese Zusammenhänge kann der Controller relativ einfach und übersichtlich, hier zum Beispiel für die Umsatzentwicklung, durch folgende Grafik verdeutlichen:

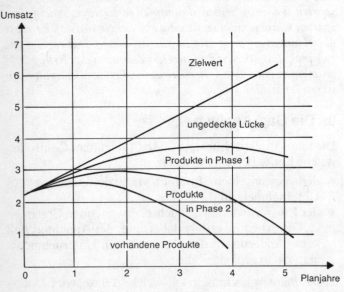

Abb. 68 *Gap-Analyse zum Abschätzen des Umsatzbeitrags von Produkten*

Die Abbildung zeigt für jedes Planjahr den Umsatzbeitrag für drei Bereiche:
1. Umsätze durch zur Zeit vorhandene Produkte.
2. Umsätze durch Produkte, die sich in verschiedenen Phasen der Entwicklung und Markteinführung befinden. In diesem Beispiel handelt es sich um:
   • Produkte in Phase 2 (weitgehend marktreif),
   • Produkte in Phase 1 (etwas später marktreif.).
3. Die noch ungedeckte Lücke, für die noch keine Produkt-Marktstrategien vorliegen.

Um die zu erwartende ungedeckte Lücke auffüllen zu können, müssen rechtzeitig Nachfolgeprodukte entwik-

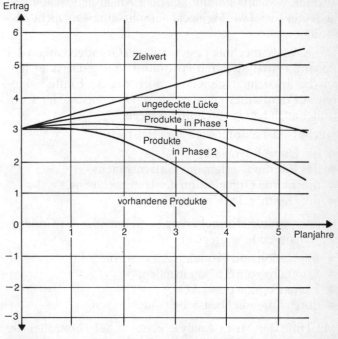

Abb. 69 *Gap-Analyse zum Abschätzen des Ertragsbeitrags von Produkten*

kelt und am Markt getestet werden. Geschieht dies nicht oder nicht rechtzeitig, dann kann auch die Zielprojektion des Unternehmens nicht erreicht werden.

Hier ist der Controller gefordert.

Die Gap-Analyse kann auch für Vorausschätzungen der Ertragsentwicklung angewandt werden. Dann ergibt sich zum Beispiel ein Bild wie bei Abb. 69.

9. Die Misfit-Analyse

Die Misfit-Analyse ist für den Controller eine relativ neue Technik. »Misfit« kommt aus dem Angelsächsischen und bedeutet soviel wie »schlecht zusammenpassen, nicht passend«.

Diese Analysetechnik basiert auf den Grundgedanken der Portfolio-Analyse durch Portfolio-Planung. Darüber hinaus berücksichtigt sie jedoch noch weitere Einflußfaktoren auf den Unternehmenserfolg. Hier spricht der Controller auch häufig von **Soft-Faktoren**.

Solche Soft-Faktoren sind zum Beispiel:

- die Umweltdynamik,
- das Führungssystem des Unternehmens,
- die interne Organisation des Unternehmens,
- die »Kultur« des Unternehmens.

Bei der Strategieformulierung berücksichtigt der Controller flankierende Strategien:

- Innovation und Produktivität steigern,
- Kapitalressourcen bereitstellen,
- Humankapital entwickeln,
- durch Öffentlichkeitsarbeit unterstützen.

Mit Hilfe der Misfit-Analyse versucht der Controller die Produkt- und Marktstrategien der Portfolio-Analyse und Portfolio-Planung zu testen. Hierbei geht es insbesondere darum, ob die gewählten Strategien auch realisiert werden können.

Dabei wird geprüft, ob die notwendigen Rahmenbedingungen für die vorgesehenen Strategien vorliegen. Sind wichtige Rahmenbedingungen nicht vorhanden oder nicht vereinbar mit den Zielsetzungen des Unternehmens und der Unternehmensleitung, dann besteht die Gefahr, daß die geplanten Strategien nicht verwirklicht werden können.

So kann zum Beispiel von der Geschäftsführung eine forcierte Marktdurchdringung mit Hilfe von Kampfstrategien vorgegeben werden. Widerspricht aber diese Strategie dem »Geist« des Unternehmens, so ist das Realisieren dieser Strategien schon im Ansatz zum Scheitern verurteilt.

Dieses Phänomen kann z. B. häufiger beobachtet werden, wenn neue Spitzenführungskräfte in ein etabliertes Unternehmen eintreten und versuchen, mit großem Schwung die Organisation mitzureißen. Die neuen Leute stehen unter Erfolgsdruck, die bestehende Organisation ist vielleicht eher abwartend und skeptisch. Diese Soft-Faktoren hat der Controller mit zu berücksichtigen.

Kapitel 7:
Die Strategien des Unternehmens entwickeln

Die Entwicklung von Strategien für das Unternehmen ist eine der Hauptaufgaben des Controllings. Die Vergangenheit kann nicht mehr beeinflußt werden. Für die Zukunft jedoch können die Weichen noch gestellt werden.

Was ist Strategie für das Unternehmen?

Strategie ist das Festlegen der langfristigen Unternehmenspolitik. Strategie ist auch eine bestimmte Vorgehensweise, knappe Ressourcen einzusetzen.

In einer Wettbewerbswirtschaft ist dabei das Ziel, diese Ressourcen so einzusetzen, daß bei gleichen oder möglicherweise größeren Fähigkeiten der Konkurrenten zumindest gleiche, wenn nicht bessere Ergebnisse erzielt werden.

Das Entwickeln von Strategien ist, wie die gesamte Planung eines Unternehmens, ein dynamischer Prozeß. Das Entscheidende hierbei ist, sich auf Schlüsselgrößen des unternehmerischen Erfolgs zu konzentrieren. Für die langfristige Unternehmenspolitik ist das Regeln grundsätzlicher Fragen und Stoßrichtungen wichtiger als das Festlegen vieler technischer Einzelheiten. Erfolgreiche Beispiele aus der Controlling-Praxis belegen dies.

Die Entwicklungsphasen strategischer Entscheidungsfindung verlaufen dabei von der Finanzplanung zur Langfristplanung, weiter zur strategischen Planung und letztlich zur strategischen Führung. Das verdeutlicht auch folgende Abbildung:

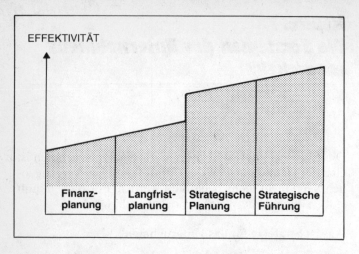

Abb. 70 *Entwicklungsphasen strategischer Entscheidungsfindung*
(Quelle: McKinsey — FAZ)

1. Das Unternehmens-Portfolio

Das Entwickeln von **Strategien für Ertragsquellen** nimmt dabei ohne Zweifel eine Schlüsselrolle in der Unternehmensentwicklung ein. Nur wenn es gelingt, das Leistungsangebot am Markt bereitzustellen, das der Kunde akzeptiert, ist der langfristige Erfolg gesichert.

Die Bedeutung des Denkens in Ertragsquellen zeigt auch folgendes Beispiel:

Auf drei verschiedenen regionalen Märkten, in den Ländern BRD, Frankreich und Portugal, wird das gleiche Erzeugnis »Waschmittel Universal« angeboten. In der BRD kommt dieses Waschmittel zuerst auf den Markt. In Frankreich kommt dasselbe Produkt ein Jahr später, in Portugal drei Jahre später auf den Markt. Entsprechend zeitlich phasenverschoben sind auch die jeweiligen Lebenszyklen.

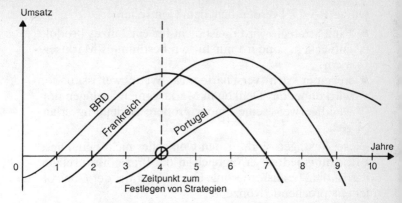

Abb. 71 *Phasenverschiebung der Produkt-Lebenszyklen in verschiedenen regionalen Märkten (BRD, Frankreich, Portugal)*

Im vierten Jahr, im Zeitpunkt der Betrachtung (Analyse), sind nun vom Controller Strategien für das Produkt »Waschmittel Universal« in verschiedenen Ländern zu entwickeln.

Die Grafik verdeutlicht, daß in der BRD das »Waschmittel Universal« im vierten Jahr schon die Phase der Marktblüte erreicht hat; in Frankreich wächst die Nachfrage nach diesem Waschmittel stark; in Portugal beginnt der Marktaufschwung. Aufgrund der unterschiedlichen Ausgangslage sind daher vom Controller für das gleiche Erzeugnis »Waschmittel Universal« in den verschiedenen Ländern zweckmäßigerweise unterschiedliche Strategien zu entwickeln, um erfolgreich zu sein.

Im vierten Jahr ergeben sich dann folgende unterschiedliche Strategien:

- *für die BRD: Abschöpfungs- und später Desinvestitionsstrategie, soweit der Lebenszyklus nicht verlängert werden kann.*
- *für Frankreich: Wachstumsstrategie*
- *für Portugal: Investitions- und Wachstumsstrategie*

Dieses Beispiel verdeutlicht dem Controller:

- Eine Strategie wird meist nicht für ein ganzes Produkt entwickelt, sondern nur für ein bestimmtes Marktsegment.
- In einer sich verschärfenden Wettbewerbssituation wird dabei das Denken in Marktsegmentierungen notwendigerweise eine immer größere Bedeutung erlangen.

Diese Aussagen sind für den Controller nicht neu. Diese Erkenntnis jedoch erfolgreich in die Praxis umzusetzen, das ist die Herausforderung. Hierzu benötigt der Controller entsprechende Konzepte.

Hierfür wurde eine Planungstechnik entwickelt, die unter dem Begriff »Portfolio-Analyse« bekannt ist. Die **Portfolio-Analyse** hat drei Schwerpunkte:

1. Das zur Zeit **verfügbare Leistungsangebot** des Unternehmens wird bewertet.
2. Das **zukünftige Leistungsangebot** wird festgelegt.
3. Die **verfügbaren Ressourcen** werden zugeteilt nach den Prioritäten des Gesamtunternehmens und nicht nach Einzelinteressen von Teilbereichen des Unternehmens.

Dieses Analyseinstrument wird vom Controller eingesetzt mit dem Ziel, Ungleichgewichte in der Unternehmensentwicklung möglichst zu vermeiden. Das Ziel ist, alle Teile des Unternehmens, die zum Erfolg des Gesamtunternehmens beitragen, langfristig in sich gleichgewichtig zu entwickeln.

Um die Portfolio-Analyse und die Portfolio-Planung in der Praxis durchzuführen, ist es für den Controller hilfreich, nach einem neunstufigen **Ablaufschema** vorzugehen. Für das Formulieren von Strategien für Ertragsquellen ist das Ablaufschema wie folgt:

1. Schlüsselgrößen für die Strategieformulierung erkennen und festlegen.
2. Das Ist-Portfolio des Unternehmens bewerten.

3. Aufgrund dieser Erkenntnisse das strategische Ziel-Portfolio festlegen.
4. Zum Erreichen des Ziel-Portfolios Strategien entwickkeln.
5. Das Ziel-Portfolio kritisch überprüfen:
   - Kritische Einflußfaktoren auf den Unternehmenserfolg analysieren und bewerten.
   - Konkurrenzanalysen durchführen.
6. Strategische Alternativen zum Erreichen der strategischen Ziele erarbeiten.
7. Auf Basis der vorangegangenen Analysen das strategische Ziel-Portfolio der Ertragsquellen des Unternehmens festlegen:
   - Hierfür die erfolgversprechendsten Strategien auswählen.
   - Hierfür die notwendigen Ressourcen (Kapital, Personal, Management) zuteilen.
8. Flankierende Strategien entwickeln:
   - Die Innovation und die Produktivität steigern.
   - Kapital bereitstellen.
   - Das Humankapital weiter entwickeln.
   - Durch Öffentlichkeitsarbeit die Zielsetzungen des Unternehmens unterstützen.
9. Die Verträglichkeit der festgelegten Strategien für Ertragsquellen mit den flankierenden Strategien überprüfen. Dies erfolgt durch die sogenannte Misfit-Analyse.

Dieses Ablaufschema erscheint vielleicht auf den ersten Blick etwas kompliziert und verwirrend. Die Praxis hat jedoch gezeigt, daß hiermit brauchbare Ergebnisse erzielt werden können. Dabei kann die Analyse für einen ersten schnellen Überblick relativ grob vorgenommen werden, und auch hierbei sind gute Ergebnisse zu erzielen. Der Erfolg liegt darin begründet, möglichst systematisch vorzugehen.

Ertragsquellen sind Produkte (das sind Güter, Dienstleistungen oder Systeme, wie zum Beispiel großtechnische

Anlagen) in Teilmärkten. Diese Produktdifferenzierung wird auch bei der organisatorischen Abgrenzung und Einteilung des Gesamtunternehmens berücksichtigt. Ertragsquellen sind dann auch organisatorische Teileinheiten des Unternehmens. Der Begriff Ertragsquellen kann daher auch z.B. für folgende organisatorische Einheiten des Unternehmens gebraucht werden:

- Fachbereiche z.B. *Forschung und Entwicklung, Produktion, Marketing & Vertrieb, Finanzen.*
- Geschäftsbereiche z.B. *Haushaltswaschmittel, Reinigungsmittel, Körperpflegemittel, Parfüme, Haarwaschmittel.*
- Unternehmensbereiche z.B. *Konsumgüter für Privathaushalte, Konsumgüter für die Industrie.*
- Divisions wird *häufig synonym für Unternehmensbereiche gebraucht.*
- Landesgesellschaften z.B. *BRD, Frankreich, Benelux, Spanien, Portugal.*

Die Controlling-Instrumente Portfolio-Analyse und Portfolio-Planung können somit zum Beispiel auch angewandt werden:

- Für Geschäftsbereiche innerhalb eines Unternehmensbereichs,
- oder für alle Unternehmensbereiche innerhalb des Gesamtunternehmens.

2. Schlüsselgrößen erkennen und festlegen

Zu Beginn des Festlegens von Strategien stellt sich der Controller meist folgende Frage:

> **Welches sind für mich die relevanten Einflußfaktoren, die für meinen Unternehmenserfolg entscheidend sind? Wie erkenne ich diese Einflußfaktoren?**

Nur dadurch ist gewährleistet, daß die Zielsetzung der Unternehmensentwicklung auch erreicht wird. Es gilt, hierfür relevante Schlüsselgrößen für die unternehmerische Praxis zu erarbeiten.

Der entscheidende Gradmesser unternehmerischen Erfolgs ist die Akzeptanz des Leistungsangebots am Markt. Diese hängt wiederum von der Marktstellung des Unternehmens ab. Größen, die die Marktstellung des Unternehmens ausdrücken, werden damit zu Schlüsselgrößen. Sie sind notwendigerweise entscheidend für den langfristigen Unternehmenserfolg.

Mit welchen wichtigen Einflußfaktoren auf den Unternehmenserfolg hat sich nun im allgemeinen der Controller zu beschäftigen?

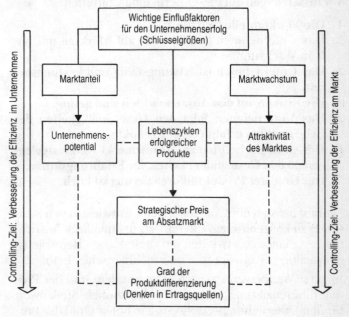

Abb. 72 *Schlüsselgrößen für die Strategieformulierung in einer Wettbewerbswirtschaft*

Aus den vielen möglichen **Einflußfaktoren** sind für die Praxis einer Wettbewerbswirtschaft insbesondere sieben Größen hervorzuheben. Diese sind:

1. der Marktanteil,
2. das Marktwachstum,
3. das Unternehmenspotential,
4. die Attraktivität des Marktes,
5. die Lebenszyklen erfolgreicher Produkte,
6. der strategische Plan am Absatzmarkt,
7. der Grad der Produktdifferenzierung (und damit das Denken in Ertragsquellen).

Studien haben gezeigt, daß **der Erfolg des eigenen Unternehmens** um so größer ist, je mehr der folgenden sieben **Voraussetzungen** auf das Unternehmen zutreffen:

1. **Die Marktanteile sind hoch.**
2. **Das Unternehmen betätigt sich auf Märkten mit hohem Wachstum.**
3. **Das Unternehmen ist leistungsfähig und leistungsbereit.**
4. **Die Risiken auf den Absatzmärkten sind gering.**
5. **Das Unternehmen folgt den Gesetzmäßigkeiten der Lebenszyklen erfolgreicher Produkte.**
6. **Der strategische Plan am Absatzmarkt wird festgelegt gemäß den Gesetzmäßigkeiten der Erfahrungskurve.**
7. **Der Grad der Produktdifferenzierung ist hoch.**

Hierauf hat sich der Controller beim Entwickeln von Strategien zu konzentrieren. Ein schwerpunktmäßiges Ausrichten der Planungsaktivitäten auf diese sieben Bereiche ist ein wichtiger Schlüssel zum unternehmerischen Erfolg.

In einer Wettbewerbswirtschaft nimmt der Grad der Produktdifferenzierung einen besonders hohen Stellenwert für den Unternehmenserfolg ein. Ein hoher Grad der Produktdifferenzierung wird besonders gefördert durch ein Denken des Unternehmens in Ertragsquellen.

3. Chancen für die mittelständische Wirtschaft

Jede Ertragsquelle stellt ein eigenständiges Ertragspotential dar. Das bedeutet auch für Unternehmen mit geringen Marktanteilen die Chance zum Erfolg.

Die unternehmerische Politik zielt dabei auf eine erfolgreiche **Nischenpolitik**. Innerhalb eines kleinen Marktsegments ist dann der Marktanteil wieder hoch. Die zuvor angeführte Gesetzmäßigkeit »Ein hoher Marktanteil bedeutet mehr Erfolg« ist damit wieder bestätigt.

Das zeigen folgende Beispiele:

- *Der Marktführer bedient bestimmte Teilmärkte bewußt nicht, weil deren Marktvolumen für ihn zu klein sind.*
- *Ein größerer Wettbewerber ist standortmäßig nicht günstig gelegen. Er kann gewisse Teilmärkte nicht kostengünstig beliefern, weil sie von seinem Standort zu weit entfernt sind.*
- *Der Marktführer ist nicht flexibel genug. Er kann dadurch bestimmte Teilmärkte nicht durchdringen.*
- *Aufgrund langjähriger Zusammenarbeit mit bestimmten Unternehmen bestehen enge persönliche Bindungen. Der Marktführer kann diese Vertrauensbindungen nicht aufbrechen.*
- *Größere Wettbewerber erfüllen nicht besondere Kundenwünsche, auf die ein kleinerer Wettbewerber eingeht. Das betrifft zum Beispiel die Ausstattung der Ware, den Kundendienst oder besondere Leistungen und besonderes Entgegenkommen bei der Finanzierung.*

Das Denken in Ertragsquellen läßt damit auch kleineren Wettbewerbern die Chance, erfolgreich zu sein. Das betrifft insbesondere die mittelständische Wirtschaft. Unternehmen mit großem Marktanteil können zwar ihre Marktmacht besser einsetzen. Unternehmen mit kleineren Marktanteilen überleben jedoch durch Spezialisierung.

Damit gelingt es ihnen, ihre besonderen Stärken auf Teilmärkten auszuspielen, obwohl sie vom Gesamtmarkt nur einen kleinen Teil auf sich vereinen.

4. Das Ist-Portfolio bewerten

Als nächster Schritt bei der Formulierung von Strategien für Ertragsquellen ist das Ist-Portfolio des Unternehmens zu bewerten.

Hierfür stehen dem Controller mehrere **Analyseinstrumente** zur Verfügung:

- der Lebenszyklus erfolgreicher Produkte
- die Marktanteils-Marktwachstums-Matrix (Vier-Felder-Matrix)
- die Neun-Felder-Matrix (Portfolio-Matrix)
- der Lebenszyklus von Technologien.

Die Vier-Felder-Matrix und die Portfolio-Matrix zeigen dem Controller, welche Wettbewerbsposition die einzelnen Ertragsquellen des Unternehmens einnehmen. Werden alle zur Zeit verfügbaren Ertragsquellen des Unternehmens in einer Portfolio-Matrix eingetragen, so ergibt sich zum Beispiel das Bild auf S. 259. Dabei verdeutlichen unterschiedlich groß gezeichnete Kreise unterschiedlich große Umsatzanteile. Die Kreise sind dabei um so größer, je größer der Umsatz der entsprechenden Ertragsquelle ist.

Wie ist nun diese Portfolio-Matrix für die praktische Controllertätigkeit zu interpretieren?

Die Analyse ergibt:

- *Die Ertragsquellen 1 bis 5 befinden sich in einer sehr guten Wettbewerbsposition. Die Attraktivität des Marktes ist groß, das Unternehmenspotential ist mittel bis hoch.*
- *Die Ertragsquellen 6 bis 8 befinden sich in einer relativ schwachen Wettbewerbsposition. Die Attraktivität des Marktes ist nicht groß. Auch das Unternehmenspotential ist nicht hoch eingestuft.*

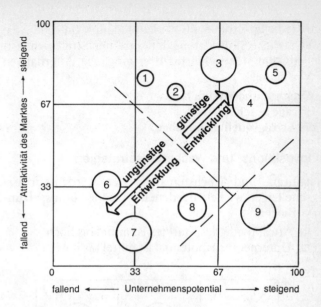

Abb. 73 *Beispiel eines Ist-Portfolios*

- *Die Ertragsquelle 9 befindet sich in einer Wettbewerbssituation, die als eine Art Zwischenstufe anzusehen ist. Das Unternehmenspotential ist zwar hoch, die Attraktivität des Marktes wird jedoch als gering eingestuft.*

5. Alternative Strategien entwickeln

Bis jetzt wurde das Ist-Portfolio des Unternehmens bewertet.

Die verfügbaren Ertragsquellen sind in der Vier-Felder-Matrix positioniert. Bei deren Analyse ergeben sich nun für den Controller grundsätzlich drei Arten von Strategien. Sie werden auch als Normstrategien bezeichnet:

1. **Investitions- und Wachstumsstrategien,**
2. **Abschöpfungs- oder Desinvestitionsstrategien,**
3. **selektive Strategien.**

Eine schnelle Grobanalyse erlaubt dem Controller, die grundsätzliche Stoßrichtung der einzelnen Strategien festzulegen. Ihm stehen hierfür drei mögliche Alternativen zur Verfügung:

1. **Wachsen und investieren,**
2. **Erträge abschöpfen oder**
3. **die Ertragsquellen aufgeben.**

5.1 Investitions- und Wachstumsstrategien

Investitions- und Wachstumsstrategien werden für Ertragsquellen entwickelt, bei denen folgende **Voraussetzungen** vorliegen:

- Die Attraktivität des Marktes ist mittel bis hoch.
- Das Unternehmenspotential ist mittel bis hoch.

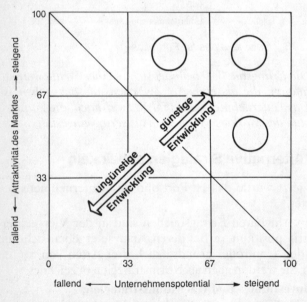

Abb. 74 *Positionierung der Ertragsquellen, für die Investitions- und Wachstumsstrategien entwickelt werden*

In der Portfolio-Matrix befinden sich diese Ertragsquellen im rechten oberen Segment.

Hierbei kann es sich um folgende Ertragsquellen handeln:

- Produkte in expandierenden Marktsegmenten,
- Produkte auf früheren Wachstumsmärkten, die sich in der Reifephase befinden. Die Wachstumsraten liegen dabei aber immer noch auf der Höhe der durchschnittlichen Wachstumsrate der Branche (der Industrie).
- Produkte auf Investitionsmärkten. Dabei kann es sich um Produktinnovationen oder um Prozeßinnovationen handeln. Investitions- und Wachstumsstrategien werden in der Praxis meist auch für Innovationsmärkte entwickelt.

Investitions- und Wachstumsstrategien zeigen folgende **charakteristische Eigenschaften**:

- Die strategische Stoßrichtung zielt darauf, die Wettbewerbsvorteile gegenüber dem stärksten Konkurrenzunternehmen mindestens zu halten oder weiter auszubauen.
- Kurzfristig wird noch ein negativer Cash-Flow erzielt. Mittel- bis langfristig wird jedoch ein positiver Cash-Flow erwartet.
- Diese Ertragsquellen stellen die Ertrags- und Wachstumspotentiale der Zukunft dar. Sie genießen im Unternehmen erste Priorität.
- Diese Ertragsquellen erfordern hohe Investitionen.
- Die hierfür entwickelten Strategien decken einen mittel- bis langfristigen Zeitraum ab.
- Im Bereich der operativen Programme und Maßnahmen (Taktik) gilt es, technische Schwachstellen und Marketingschwachstellen zu beseitigen. Weiterhin gilt es, das Eindringen von Konkurrenzunternehmen in diese Marktsegmente möglichst zu verhindern.

5.2 Abschöpfungs- und Desinvestitionsstrategien

Abschöpfungs- oder Desinvestitionsstrategien werden für Ertragsquellen entwickelt, bei denen folgende **Voraussetzungen** vorliegen:

- Die Attraktivität des Marktes ist mittel bis gering.
- Das Unternehmenspotential ist mittel bis gering.

In der Portfolio-Matrix befinden sich diese Ertragsquellen im linken unteren Segment.

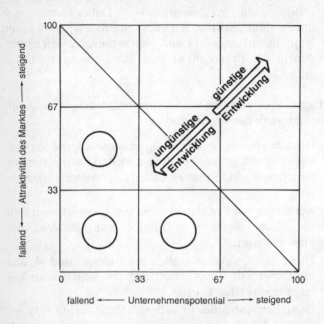

Abb. 75 *Positionierung der Ertragsquellen, für die Abschöpfungs- oder Desinvestitionsstrategien entwickelt werden*

Sinkt die Attraktivität des Marktes und nimmt das Unternehmenspotential ab, so wird die zweckmäßige Strategie sein, diese Ertragsquellen abzuschöpfen.

Der nächste Schritt ist dann meist ein stufenweises Herausgehen aus diesen Ertragsquellen durch Desinvestition. Ergibt sich durch Ausnützen aller Rationalisierungspotentiale und Synergieeffekte kein positiver Cash-Flow mehr, so sind diese Ertragsquellen aufzugeben. Sind die Deckungsbeiträge noch positiv, so ist es im allgemeinen noch zweckmäßig, diese positiven Beträge zur Deckung des Investitionsbedarfs bei anderen Ertragsquellen mit Ertrags- und Wachstumspotentialen heranzuziehen. Neuinvestitionen in diese Ertragsquellen sind jedoch nicht mehr zu tätigen.

Bei Ertragsquellen in diesem Segment der Portfolio-Matrix handelt es sich:

- meist um Auslaufprodukte. Sie werden ersetzt durch Produkte mit höherem Leistungspotential (Kosten-Nutzen-Potential) oder größerer Umweltfreundlichkeit.
- In diesem Segment können sich Produkte jedoch auch plötzlich befinden, weil rasche und tiefgreifende politische oder technische Änderungen eintraten. Zu denken ist hier zum Beispiel an Substitutionsprodukte aufgrund technologischer Schübe.

Abschöpfungs- oder Desinvestitionsstrategien zeigen die folgenden **charakteristischen Eigenschaften**:

- Die strategische Stoßrichtung zielt darauf, Erträge abzuschöpfen oder die Ertragsquelle ganz aufzugeben.
- Kurzfristig wird noch ein positiver Cash-Flow erzielt. Mittel- und langfristig ist der Cash-Flow negativ.
- Die Ertragsquellen können noch zum gegenwärtigen Ertrag des Unternehmens beitragen. Sie sind aber im allgemeinen desinvestitionsverdächtig.
- Keine wesentlichen zusätzlichen Investitionen werden mehr getätigt.
- Die Strategien decken nur einen kurzfristigen Zeitraum ab.
- Im Bereich der operativen Programme und Maßnah-

men (Taktik) gilt es, alle Rationalisierungspotentiale und Synergieeffekte auszunützen. Dies gilt insbesondere für das Straffen und Zusammenlegen von Produktion, Vertrieb und Administration.

5.3 Selektive Strategien

Für eine Reihe von Ertragsquellen ist es relativ einfach, die entsprechende strategische Stoßrichtung zu bestimmen. Für eine Reihe von Ertragsquellen kann grünes Licht gegeben werden durch investieren und wachsen. Bei vielen Ertragsquellen heißt es auch relativ eindeutig: Erträge abschöpfen und Ertragsquellen aufgeben. Schwierig wird es jedoch für den Controller bei den Ertragsquellen, für die eine so relativ eindeutige Aussage nicht mehr zu treffen ist.

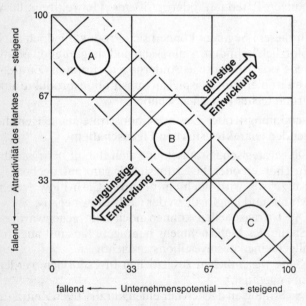

Abb. 76 *Positionierung der Ertragsquellen, für die selektive Strategien entwickelt werden*

In der Portfolio-Matrix befinden sich diese Ertragsquellen in einem Korridor, der von links oben nach rechts unten verläuft.

Bei diesen Ertragsquellen fällt es meist sehr schwer, eindeutige strategische Stoßrichtungen herauszuarbeiten. Grundsätzlich kann hier der Controller zwischen drei strategischen Stoßrichtungen wählen. Aber welche Vorgehensweise soll er vorschlagen und auswählen?

- **Offensivstrategie?** Das wäre der Fall bei der Ertragsquelle A, wenn hier investiert wird, um zu wachsen.
- **Defensivstrategien?** Das wäre der Fall bei der Ertragsquelle C, wenn die Erträge abgeschöpft werden.
- **Übergangsstrategien?** Das wäre der Fall bei der Ertragsquelle B, wenn sehr schwer zu entscheiden ist, in welche Richtung man letztendlich marschieren soll. Hier bietet sich auch häufig an abzuwarten, um Zeit zu gewinnen.

Ertragsquellen, bei denen die Marktattraktivität hoch, das Unternehmenspotential jedoch (noch) gering ist, verlangen im allgemeinen eine Offensivstrategie (Beispiel Ertragsquelle A). Das bedeutet höhere Investitionen, verbunden mit steigenden Ertrags- und Wachstumspotentialen. Gelingt es dem Unternehmen jedoch nicht, sein Unternehmenspotential zu erhöhen, insbesondere seinen relativen Marktanteil zu erhöhen, so ist dann die zweckmäßige Strategie die Aufgabe dieser Ertragsquelle.

Offensivstrategien zeigen die folgenden charakteristischen Eigenschaften:

- Die strategische Stoßrichtung zielt auf den Aufbau von Wettbewerbsvorteilen gegenüber den wichtigsten Wettbewerbern. Das Ziel ist die Erhöhung des relativen Marktanteils.
- Der Cash-Flow ist kurz- und auch mittelfristig negativ, langfristig jedoch positiv.

- Aus Ertragsquellen in dieser Position werden die zukünftigen Ertragspotentiale ausgewählt.
- Im Bereich der operativen Programme und Maßnahmen (Taktik) gilt es, hohe Investitionen in Kapital und Personal zu tätigen, obwohl die zukünftige Entwicklung sehr schwer abzuschätzen ist und große Risiken birgt.

Ist die Marktattraktivität gering, das Unternehmenspotential jedoch hoch, so bieten sich Defensivstrategien meist als strategische Stoßrichtung an. Hier ist dann auch der Cash-Flow ergiebig (Beispiel Ertragsquelle C).

Devensivstrategien zeigen die folgenden charakteristischen Eigenschaften:

- Die strategische Stoßrichtung zielt darauf, den relativen Wettbewerbsvorteil zu halten und insbesondere Konkurrenzunternehmen abzuhalten, in diese Ertragsquellen einzudringen.
- Der Cash-Flow ist kurz- und mittelfristig positiv.
- Die Ertragsquellen tragen zum gegenwärtigen Ertrag des Unternehmens bei.
- Die zusätzlichen Investitionen zum Erhalt der Wettbewerbsposition sind gering.
- Im Bereich der operativen Programme und Maßnahmen (Taktik) gilt es, alle Rationalisierungspotentiale konsequent auszuschöpfen.

Für Ertragsquellen in der mittleren Position, wie bei der Ertragsquelle B, ist meist eine **Übergangsstrategie** zu empfehlen. Hier ergeben sich grundsätzlich die folgenden beiden Möglichkeiten:

- **wachsen,** jedoch kurzfristig einen negativen Cash-Flow in Kauf zu nehmen;
- **schrumpfen,** dabei jedoch kurzfristig einen höheren Cash-Flow zu erzielen.

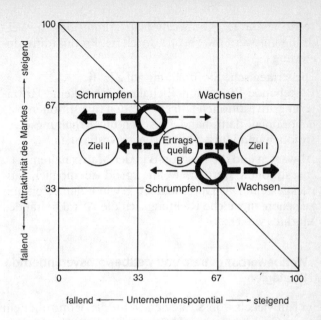

Abb. 77 *Mögliche strategische Stoßrichtungen für Ertragsquellen, die in den Bereich der Übergangsstrategien fallen*

Oft ist es für den Controller auch schwierig, gerade hier die richtige Richtung zu wählen. Meist erzielen Ertragsquellen in dieser Position (Ertragsquelle B) einen hohen Cash-Flow. Wie die Praxis zeigt, befinden sich in dieser Position auch häufig viele Ertragsquellen. Eine Strategie kann hier z.B. auch sein, abzuwarten und zu sehen, in welche Richtung sich die Attraktivität des Marktes verschiebt. Für die Zuteilung der Ressourcen (Kapital, Personal, Managementtalent) gibt es dann wiederum nur drei strategische Möglichkeiten:

1. Die strategische Stoßrichtung auf Ziel I:
   Neue Programme entwickeln, dabei Erweiterungsinvestitionen tätigen. Dies geschieht zum Beispiel durch

Joint Ventures, Kooperationen, Akquisitionen, Verdrängungswettbewerb und forcierte Produktdifferenzierung.

2. Die strategische Stoßrichtung auf Ziel II:
Bestehende Programme behalten, dabei keine Erweiterungsinvestitionen tätigen. Werden Investitionen vorgenommen, dann handelt es sich um Erhaltungsinvestitionen und Umstrukturierungsinvestitionen.

3. Abwarten und die Position B in der Matrix halten:
Investitionen werden, wenn irgendwie möglich, zurückgestellt. Das Unternehmen gewinnt dann Zeit, um zu sehen, in welche Richtung sich die Attraktivität des Marktes verschiebt.

5.4 Wettbewerbsneutrale und wettbewerbsverändernde Strategien

Beim Entwickeln von Strategien ist für den Controller ein weiterer Gesichtspunkt interessant. Die Frage lautet: Wie verhält sich das Unternehmen am zweckmäßigsten gegenüber Mitbewerbern oder Konkurrenten?

Versucht der Controller die Strategien weiterzuentwickeln in bezug auf ihre Stoßrichtung gegenüber den Mitbewerbern, dann sind grundsätzlich zwei Strategien möglich:

1. **wettbewerbsneutrale Strategien,**
2. **wettbewerbsverändernde Strategien.**

Zu 1: **Wettbewerbsneutrale Strategien**

werden im Rahmen von akzeptierten Marktformen beziehungsweise im Rahmen des bestehenden Marktprozesses entwickelt. Das ist zum Beispiel der Fall, wenn das Unternehmen die zur Zeit bestehenden eigenen Marktanteile und die der Mitbewerber akzeptiert. Das Unternehmen versucht dann nicht, die eigenen Marktanteile auf Kosten der Mitbewerber zu erhöhen.

Zu 2: Wettbewerbsverändernde Strategien

zielen auf eine Umwandlung der bestehenden Marktform beziehungsweise auf eine Unterbrechung des bestehenden Marktprozesses ab. Das ist zum Beispiel der Fall, wenn das Unternehmen die zur Zeit bestehenden eigenen Marktanteile und die der Mitbewerber nicht akzeptiert. Das Unternehmen versucht dann durch Kampf oder Verhandlung diese Situation zu seinen Gunsten zu verändern.

Diese Strategien haben notwendigerweise sehr unterschiedliche Auswirkungen auf die Unternehmensentwicklung und auf die Ressourcenbindung.

Wettbewerbsneutrale Strategien zielen auf den Erhalt des gegenwärtigen Marktgleichgewichts. Wettbewerbsneutrale Strategien sind oft zu finden auf oligopolistischen Absatzmärkten, d.h. wenige Anbieter sind vorhanden, die in etwa gleichgewichtig den Markt bedienen.

Wettbewerbsverändernde Strategien zielen auf eine Veränderung des gegenwärtigen Marktgleichgewichts. Dies führt immer zu einer Reaktion der betroffenen Konkurrenten. Häufig entstehen dann ruinöse Verdrängungswettkämpfe. Diese Strategie ist meist sehr kostspielig und bindet in hohem Maße Managementtalent. Aber auch die strategische Stoßrichtung der Verdrängung durch Verhandlung, insbesondere durch Kooperation oder Akquisition, ist aggressiv und führt zu entsprechenden Reaktionen.

Beide Strategien, wettbewerbsneutrale und wettbewerbsverändernde Strategien, können wiederum alternativ mit jeder Normstrategie gekoppelt werden.

Damit ergeben sich für den Controller meist eine Reihe von gleichermaßen erfolgversprechenden Alternativen des Handelns. Die Entscheidung wird dadurch im konkreten Einzelfall nicht einfacher, die erfolgversprechendste Alternative auszuwählen und vorzuschlagen.

Einen schnellen Überblick über die wichtigsten Alternativen strategischen Handelns für die einzelnen Ertragsquellen zeigt dem Controller folgende Zusammenstellung.

Die strategische Stoßrichtung zielt auf die Mitbewerber / Die strategische Stoßrichtung zielt auf den Markt und auf die Ressourcenzuteilung (Kapital, Personal, Managementtalent)	Wettbewerbsneutrale Strategien	Wettbewerbsverändernde Strategien
Investitions- und Wachstumsstrategien	Alle Wettbewerber wachsen mit den gleichen Wachstumsraten im Markt	Die Wachstumsraten der einzelnen Wettbewerber im Markt sind nicht gleich. Manche Wettbewerber wachsen schneller. Die relativen Marktanteile verändern sich.
Abschöpfungs- und Desinvestitionsstrategien	Alle Wettbewerber ziehen sich gleich schnell und zur gleichen Zeit aus dem Markt zurück	Die Wettbewerber ziehen sich verschieden schnell aus dem Markt zurück
Selektive Strategien	Alle Wettbewerber verfolgen gleichzeitig entweder Offensiv-, Defensiv- oder Übergangsstrategien	Die Wettbewerber verfolgen unterschiedliche Strategien
Das Ergebnis auf dem Markt sind dabei	langfristig stabile Verhältnisse	langfristig unstabile Verhältnisse

Abb. 78 *Kombination von Markt- und Konkurrenzstrategien für Ertragsquellen*

Werden wettbewerbsverändernde Strategien verfolgt, dann führt dies notwendigerweise langfristig immer zu unstabilen Verhältnissen; im Zweifel für den einen oder anderen bis zur bitteren Niederlage. Hier ist der Controller aufgerufen, das betriebliche Geschehen unter Kontrolle zu halten und damit zu steuern.

Ein Beispiel schwerpunktmäßiger Kombinationen von Norm- und Kampfstrategien zeigt auch folgende Abbildung:

Kampf- strategien \ Norm- strategien	Investitions- und Wachstums- strategien	Abschöpfungs- und Desinvesti- tionsstrategien	Selektive Strategien
Angriffs- strategien	(x)		
Verteidigungs- strategien		(x)	
Umgehungs- strategien			(x)

Abb. 79 *Norm- und Kampfstrategien im Marketing für Neue Technologien (Basisstrategien)*
(Quelle: Gablers Magazin 4.89)

5.5 Das Konzept »artverwandter« Strategien

Bereits festgehalten wurde, daß steigende Marktanteile eine höhere Verzinsung des eingesetzten Kapitals bedeuten. Je höher die Marktanteile, desto höher ist auch die Kennziffer ROI (return on investment = Verzinsung des eingesetzten Kapitals). Das wurde durch die PIMS-Studie (Profit Impact of Marketing Strategies = Der Einfluß von Marketing-Strategien auf den Gewinn) in den USA aufgrund zahlreicher Beispiele empirisch belegt.

Jetzt ergibt sich aber gelegentlich für den Controller ein interessantes Phänomen. Entgegen dieser Erfahrung ergibt sich plötzlich in der Praxis auch folgender Zusammenhang zwischen **Kapitalrentabilität** und **Marktanteil**:

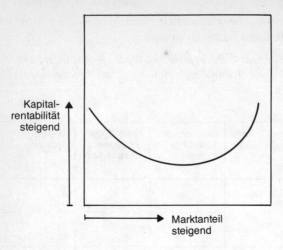

Abb. 80 *Zusammenhang zwischen Kapitalrentabilität und Marktanteil*

- Unternehmen mit kleinen Marktanteilen können sehr profitabel sein. Das zeigt die linke obere Seite der Kurve. Voraussetzung hierfür ist: Spezialisierung auf Produkte und Märkte, das heißt die richtige Auswahl von Ertragsquellen. Diese erfolgreiche Marktnischenpolitik erbringt dann Ergebnisse, die über dem Durchschnitt liegen.

- Die Unternehmen, die hohe Marktanteile (bei hoher Mengenausbringung) haben, und damit geringe Stückkosten, erwirtschaften ebenfalls bessere Ergebnisse. Das zeigt die rechte obere Seite der Kurve. Der schlechteste Platz ist der tiefste Punkt der U-Kurve. Unternehmen, die sich hier befinden, haben entweder nicht genügend hohe Marktanteile oder keine von Wettbewerbern klar abgegrenzte Produkt/Marktspezialisierung.

In diesem Zusammenhang wurde ein weiteres System von Strategien entwickelt: das Konzept »artverwandter Strategien«. Es kommt aus den USA und geht auf Prof. Porter zurück. Basis hierfür ist die Erfahrungskurve. Die Gesetzmäßigkeiten der Erfahrungskurve werden in der Praxis getestet. Dadurch können drei wichtige »artverwandte Strategien« dargestellt werden:

1. Eine Strategie, die auf besondere und **einzigartige Produkte** zielt (Differenzierung).
2. Eine Strategie, die auf **geringe Kosten** zielt (Kostenführerschaft).
3. Eine Strategie, die auf **Spezialmärkte** zielt (Konzentration auf Schwerpunkte).

Was ergibt sich nun hieraus für die Controlling-Praxis?

1. Die **Kostenführerschaft** anzustreben bedeutet eine Massenproduktion weitgehend standardisierter Produkte; und des weiteren jeden Konkurrenten preislich zu unterbieten. Hier besteht noch ein enger Bezug zu den Gesetzmäßigkeiten der Erfahrungskurve.
2. Die **Produkt-Differenzierung** bedeutet, etwas herzustellen, was die Kunden als einzigartig ansehen. Eine besondere Qualität, der Name oder ein besonders vorzüglicher Kundendienst werden mit über dem Durchschnitt liegenden Preisen honoriert.
3. Eine **Marktnischenpolitik** bedeutet die Konzentration auf besondere Abnehmergruppen, geografische Märkte, Vertriebskanäle oder besondere Produktlinien, die von anderen klar abgegrenzt sind. Damit handelt es sich um ein Denken in Ertragsquellen.

Erfolgreiche Strategien zu entwickeln unter Berücksichtigung der Gesetzmäßigkeiten artverwandter Strategien verlangen daher vom Unternehmen und vom Controller folgendes Vorgehen:

1. Feststellen, welche Wettbewerbskräfte in bestimmten Branchen vorherrschen!
2. Feststellen, welche Segmente dieser Branche gezielt angegangen werden können!

3. Versuchen, sich in Segmenten der Branche zu betätigen, in denen kein ruinöser Verdrängungswettbewerb stattfindet. Das bedeutet, das unternehmerische Denken und Handeln konsequent auf Ertragsquellen ausrichten!

6. Das Ziel-Portfolio prüfen

Hat der Controller sich darüber Klarheit verschafft, in welche Richtung sich die einzelnen Ertragsquellen entwickeln sollen, dann hat er kritisch zu prüfen: Wie realistisch und realisierbar sind meine Vorschläge? Können meine Ideen auch verwirklicht werden?

Dabei sind insbesondere zwei Gesichtspunkte zu beachten:

1. die Analyse der Konkurrenten,
2. die Beurteilung kritischer Einflußfaktoren auf den Unternehmenserfolg, die nicht von Mitbewerbern, sondern von anderen Entscheidungsträgern festgelegt werden. Vorrangig sind hier Vorschriften und Empfehlungen staatlicher Stellen zu berücksichtigen.

Für die Ertragsquellen des eigenen Unternehmens hat der Controller bereits die strategische Positionierung festgelegt. Wie werden sich nun die Wettbewerber verhalten?

Um dies abschätzen zu können, arbeitet der Controller mit den gleichen Analyseinstrumenten wie für das eigene Unternehmen. Gut geschulte Controller in den Konkurrenzunternehmen werden das gleiche tun.

Die Ertragsquellen der Wettbewerber sind dann analog der eigenen Analyse in einer entsprechenden Neun-Felder-Matrix der Wettbewerber zu positionieren. Liegen diese Portfolio-Darstellungen der Wettbewerber vor, dann können wiederum entsprechende strategische Stoßrichtungen abgeleitet werden. Bei der Analyse wird natürlicherweise davon ausgegangen, daß sich die Konkurrenten wirtschaftsrational verhalten. So kann sich zum Beispiel folgende Matrix-Situation ergeben:

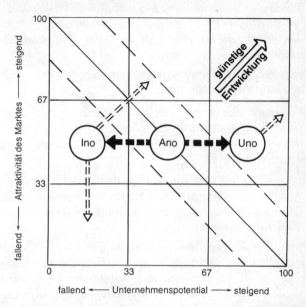

Abb. 81 *Strategische Positionierung der wichtigsten Mitbewerber der gleichen Ertragsquelle*

Worüber gibt das Beispiel nun Auskunft?
Bei der gleichen Entscheidung, einem Waschmittel für die BRD, sind drei Wettbewerber vorhanden:
- *das eigene Unternehmen Ano und*
- *die beiden Konkurrenzunternehmen Ino und Uno.*

Nach der Positionierung der Ertragsquelle in der Matrix befindet sich das eigene Unternehmen Ano in einer Übergangsposition. Zwei Stoßrichtungen als Normstrategien sind hier grundsätzlich möglich:

1. Sich entlang der horizontalen Linie nach rechts zu entwickeln oder

2. *sich entlang der horizontalen Linie nach links zu entwickeln.*

Das Konkurrenzunternehmen Ino befindet sich in einer relativ ungünstigen Position. Das Unternehmenspotential wird hier nicht sehr gut eingestuft. In diesem Fall sind folgende Normstrategien möglich:

- *Entweder eine forcierte Expansionsstrategie oder*
- *eine Desinvestitionsstrategie.*

Das Konkurrenzunternehmen Uno befindet sich dagegen in einer relativ guten Position. Hier bietet sich bei der ersten Beurteilung als Normstrategie eine Investitions- und Wachstumsstrategie an.

Die naheliegende Frage für den Controller ist jetzt wohl: Was werden die wichtigsten Konkurrenten voraussichtlich tun? Hierbei ist die Analyse zweckmäßigerweise in drei Schritten durchzuführen:

1. Darstellen der gegenwärtigen Strategien.
2. Feststellen der wichtigsten Ressourcen, die die Konkurrenten in der Vergangenheit eingesetzt haben, um die gegenwärtige Position zu erreichen. Das betrifft die wichtigsten unternehmerischen Funktionen: Produktionsstandorte, technische Ablaufprozesse und Technologien, Personalressourcen, finanzielle Ressourcen, Organisationsentwicklung, Management und Führungsstil sowie Öffentlichkeitsarbeit.
3. Prognose der wichtigsten Ressourcen, die diese Wettbewerber voraussichtlich in der Zukunft einsetzen können, um die strategischen Ziele zu erreichen.

Durch diese drei Schritte kann der Controller (zumindest grob) abschätzen, welche strategischen Stoßrichtungen für die zwei Hauptkonkurrenten Ino und Uno möglich und zu erwarten sind. Damit erhält das eigene Unternehmen Ano quantitative Aussagen über die Konkurrenz. Diese Zusammenstellung kann der Controller nun auch übersichtlich in einem Arbeitsbogen eintragen. Dann kann durchgespielt werden, welche Reaktionen voraussichtlich von Ino und Uno zu erwarten sind im Hinblick auf die möglichen strategischen Stoßrichtungen des eigenen Unternehmens Ano.

Das führt zu verschiedenen möglichen Szenarien. In diesem Zusammenhang wird auch häufig von **Szenario-Technik** gesprochen.

Die Szenario-Technik wird von Unternehmen vorwiegend in der strategischen Planung eingesetzt (z. B. Standort-, Investitions-, Geschäftsbereichs-, Forschungs- und Produktplanung). Im öffentlichen Bereich dienen sie als Entscheidungsgrundlage für Langfristprogramme (z. B. Rohstoffsicherung, Infrastrukturverbesserung, Forschungsförderung).

Die unstetige Umweltentwicklung verlangt ein Denken, das mögliche Veränderungen berücksichtigt. Die Zukunft ist daher vermehrt mit alternativen Szenarien zu erfassen.

Für die Praxis wurde folgender, relativ einfacher und übersichtlicher Analysebogen zum Durchspielen verschiedener Szenarien entwickelt.

Strategie des eigenen Unternehmens / Voraussichtliche Aktionen und Reaktionen der Mitbewerber	offensive Strategien		defensive Strategien		abwartende Haltung
	wettbewerbsneutral	wettbewerbsverändernd	wettbewerbsneutral	wettbewerbsverändernd	
Mitbewerber B					
Mitbewerber C					

Abb. 82 *Analysebogen zum Abschätzen von Aktionen und Reaktionen der wichtigsten Mitbewerber auf die möglichen Strategien des eigenen Unternehmens*

Mit Hilfe dieses Analysebogens können z.B. folgende Strategien für einen ersten schnellen Überblick einzelner Ertragsquellen durchgespielt werden:

1. Wenn das eigene Unternehmen eine **Offensivstrategie** verfolgt (z.B. eine Investitions- und Wachstumsstrategie) und sich dabei wettbewerbsneutral oder wettbewerbsverändernd verhält, wie verhalten sich dann voraussichtlich die beiden wichtigsten Konkurrenten B und C?

2. Wenn das eigene Unternehmen eine **Defensivstrategie** verfolgt (z.B. eine Abschöpfungs- oder Desinvestitionsstrategie) und sich dabei wiederum wettbewerbsneutral oder wettbewerbsverändernd verhält, wie verhalten sich dann voraussichtlich die beiden wichtigsten Wettbewerber B und C?

3. Wenn das eigene Unternehmen A eine **abwartende Strategie** verfolgt, d.h. eine Übergangsstrategie, wie verhalten sich dann voraussichtlich die wichtigsten Wettbewerber B und C?

Das Ergebnis dieser Szenario-Technik ist eine Reihe von verschieden wahrscheinlichen Wenn-dann-Reaktionen der wichtigsten Konkurrenten. Durch diese Technik der Wettbewerbsanalyse kann der Controller abschätzen:

- Welche strategischen Möglichkeiten stehen den wichtigsten Wettbewerbern zur Verfügung?

- Welche von diesen strategischen Stoßrichtungen werden von den Konkurrenten realistischerweise eingeschlagen, wenn die strategische Geschäftspolitik des eigenen Unternehmens ohne große Veränderungen fortgeführt wird?

- Wie werden die Wettbewerber voraussichtlich reagieren, wenn sich die strategische Stoßrichtung des eigenen Unternehmens ändert?

- Welche alternativen Strategien stehen dem eigenen Unternehmen dann zur Verfügung?

Dieses Durchspielen strategischer Alternativen hat naturgemäß bei verschiedenen Branchen einen sehr unterschiedlichen Stellenwert. So zeigt die Praxis, daß in Branchen mit etablierten Unternehmen ohne große innovative Dynamik weniger strategische Alternativen realistisch sind als in Branchen mit hoher innovativer Dynamik.

Im Zeichen eines sich verschärfenden globalen Wettbewerbs wird jedoch auch für diese Unternehmen der Druck stärker, einfallsreich zu sein und die Innovation zu steigern.

Zu Unternehmen mit relativ hoher Innovation zählen insbesondere Unternehmen der Elektronik, der Datenverarbeitung, der Informations- und Kommunikationstechnologie und der Luft- und Raumfahrtindustrie. Diese Abgrenzungen sind jedoch veränderbar, insbesondere durch Pionierunternehmen, die auch in etablierten Branchen sehr schnell innovative Veränderungen anstreben.

7. Das Ziel-Portfolio festlegen

Hat der Controller abgeschätzt wie realistisch einzelne Strategien sind, dann kann das strategische Ziel-Portfolio des eigenen Unternehmens festgelegt werden.

Das folgende Beispiel versucht dies zu veranschaulichen:

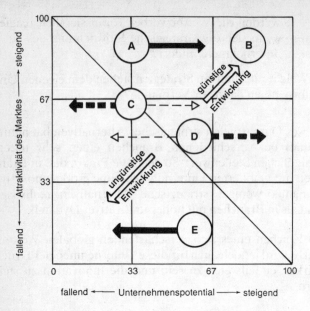

Abb. 83 *Festlegen des strategischen Ziel-Portfolios des eigenen Unternehmens*

In diesem Beispiel hat das Unternehmen fünf Produktbereiche A, B, C, D und E. Alle Produktbereiche haben den gleichen Umsatz. Die Kreise sind deshalb in der Matrix gleichgroß eingezeichnet. Das vom Controller festgelegte strategische Ziel-Portfolio weist für die einzelnen Produktbereiche die folgenden strategischen Zielrichtungen auf:

- *Produktbereich A*
  Haushaltswaschmittel — Investitions- und Wachstumsstrategie

- *Produktbereich B*
  Reinigungsmittel — Investitions- und Wachstumsstrategie

- *Produktbereich C*
  Körperpflegemittel — Selektive Strategie

- *Produktbereich D*
  Parfüme — Selektive Strategie
- *Produktbereich E*
  Haarwaschmittel — Abschöpfungs- und Desinvestitionsstrategie

Die eingezeichneten Pfeile in der Matrix zeigen dabei die strategischen Stoßrichtungen.

Die Ausgeglichenheit der gewählten Ziel-Portfolios veranschaulicht die folgende Grafik:

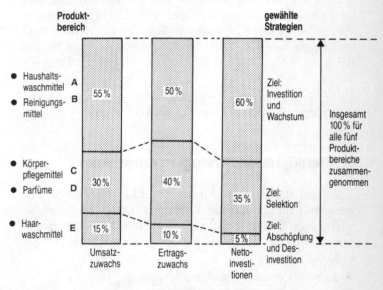

Abb. 84 *Ausgeglichenes strategisches Ziel-Portfolio*

Die beiden Produktbereiche A und B, Haushaltswaschmittel und Reinigungsmittel, zeigen einen negativen Cash-Flow. Die Nettoinvestitionen sind noch höher als der Ertragszuwachs. Die Wachstumsraten des Umsatzes sind jedoch überproportional hoch. Diese beiden Produktberei-

che sind ausersehen, in künftigen Jahren hohe Erträge zu erwirtschaften.

Die beiden Produktbereiche C und D, Körperpflegemittel und Parfüme, zeigen einen positiven Cash-Flow. Die Nettoinvestitionen sind hier geringer als der Ertragszuwachs. Die Wachstumsraten sind jedoch ebenfalls geringer. Diese Produktbereiche haben die Phase der Marktblüte erreicht. Ihr Ertragsüberschuß dient zum schnellen Aufbau der wachstumsstarken Produktbereiche A und B.

Auch der Produktbereich E, Haarwaschmittel, zeigt einen positiven Cash-Flow. Auch hier sind die Nettoinvestitionen geringer als der Ertragszuwachs. Der Ertragszuwachs ist aber nicht mehr so groß wie bei den Produktbereichen C und D, da hier die Phase der Marktabnahme erreicht ist. Nach der Abschöpfung folgt hier später dann die Desinvestition.

Dieses Produktportfolio erfüllt die Voraussetzungen für ein langfristiges finanzielles Gleichgewicht im Unternehmen.

8. Flankierende Strategien entwickeln

Was sind flankierende Strategien? Flankierende Strategien sind unterstützende Strategien. Diese sind für die wichtigsten Funktionen des Unternehmens zu entwickeln. Dabei handelt es sich insbesondere um folgende Aufgaben:

- Innovation und Produktivität steigern,
- Kapitalressourcen bereitstellen,
- Humankapital entwickeln und
- durch Öffentlichkeitsarbeit unterstützen.

Das Entwickeln von Strategien für Ertragsquellen zielt auf den Markt. Es ist eine nach außen gerichtete Tätigkeit.

Das Entwickeln von flankierenden Strategien zielt auf die interne Organisation des Unternehmens. Es ist eine nach innen gerichtete Tätigkeit. Hier wird das Unternehmenspotential entwickelt. Betriebswirtschaftliche Überlegungen spielen hierbei ebenfalls eine große Rolle. Beide Aufgabengebiete sind für den Controller wichtig. Auch das Unternehmenspotential ist unter Kontrolle zu halten, das heißt zu steuern.

Wo sind Grundsätze für flankierende Strategien im Unternehmen festgelegt? Hierzu liegen häufig unternehmensinterne Anweisungen vor.

Die Grundsätze flankierender Strategien werden unternehmensintern meist als Richtlinien oder Methoden und Verfahren bezeichnet. Sie werden meist für folgende Funktionsbereiche des Unternehmens entwickelt:

- Produktion und Technik,
- Finanzen,
- Personal und Soziales,
- Öffentlichkeitsarbeit.

8.1 Innovation und Produktivität steigern

Zur Unterstützung der praktischen Durchsetzung des strategischen Ziel-Portfolios gilt es, die Unternehmenspolitik auf Innovation und Produktivitätssteigerung auszurichten.

Dabei gilt die Wirtschaftlichkeitsregel:

☞ **Von allen möglichen Innovationen sind stets jene begünstigt, die bei gleicher Leistung den Bedarf an Ressourcen minimieren.**

Zu denken ist hierbei zum Beispiel an den Ersatz vergänglicher chemischer Energiequellen durch die biologische Solartechnologie.

Für die einzelnen Normstrategien sind schwerpunktmäßig folgende flankierende Strategien zu entwickeln:

- Investitions- und Wachstumsstrategien erfordern vor allem:
  - eine hohe Innovationsrate im eigenen Unternehmen oder einen Ankauf von Innovationswissen durch Kauf von Patenten und Lizenzen;
  darunter fallen auch Ankäufe von Unternehmen mit hoher Innovationskraft bzw. Kooperationen mit solchen Unternehmen;
  die Innovationen betreffen dabei Produkt- und Verfahrensinnovationen;
  - eine hohe Forschungs- und Entwicklungsquote;
  - ein gut ausgebautes Verbesserungsvorschlagswesen;
  - das Ausschöpfen von Synergieeffekten durch Informationstechnologien.
- Desinvestitions- oder Abschöpfungsstrategien erfordern in erster Linie:
  - einen verstärkten Einsatz der Wertanalyse;
  - ein Senken der Stückkosten gemäß den Gesetzmäßigkeiten der Erfahrungskurve;
  - ein gut funktionierendes Verbesserungsvorschlagswesen.
- Selektive Strategien erfordern vorrangig:
  - einen alternativen Einsatz von Methoden und Verfahren, die bei den beiden anderen Strategien eingesetzt werden; die endgültige Auswahl hängt hierbei wiederum davon ab, ob schließlich Offensiv- oder Defensivstrategien gewählt werden.

8.2 Kapitalressourcen bereitstellen

Je nach der ausgewählten Strategie sind auch unterschiedliche Finanzierungserfordernisse für das Unternehmen notwendig.

Als Kernsatz gilt hier:

> **Das Bereitstellen von Kapitalressourcen hat so zu erfolgen, daß ein langfristiges finanzielles Gleichgewicht gewährleistet ist.**

Das Hauptaugenmerk der Unternehmensentwicklung ist dabei auf eine zentrale unternehmensübergreifende Steuerung und Kontrolle des Cash-Flow zu legen.

Für die einzelnen Normstrategien sind schwerpunktmäßig folgende flankierenden Strategien zu entwickeln:

- Investitions- und Wachstumsstrategien erfordern vor allem:
  - das Verkraften einer finanzwirtschaftlichen Situation, bei der die Mittelbindung größer ist als die Mittelfreisetzung (negativer Cash-Flow);
  - die Akzeptanz einer zusätzlichen Verschuldung und damit einen steigenden Verschuldungsgrad;
  - das Erschließen von zusätzlichen Finanzierungsquellen innerhalb oder außerhalb des Unternehmens.

- Desinvestitions- oder Abschöpfungsstrategien erfordern in erster Linie:
  - das Erschließen von Möglichkeiten, die selbst erwirtschafteten und frei zur Verfügung stehenden Finanzmittel ertragsorientiert innerhalb oder außerhalb des Unternehmens einzusetzen;
  - die Akzeptanz, liquide Mittel offen auszuweisen oder stille Rücklagen zu bilden;
  - die Mittelfreisetzung ist jetzt größer als die Mittelbindung; der Verschuldungsgrad sinkt;
  - eine entsprechende Darstellung des Unternehmens in der Öffentlichkeit, die gegen geäußerte Vorwürfe von monopolistischen oder wettbewerbsverzerrenden Praktiken in der Öffentlichkeit aufklärend wirkt.

- Selektive Strategien erfordern vorrangig:
  - einen alternativen Einsatz von Methoden und Verfahren, die bei den beiden anderen Strategien eingesetzt werden. Die endgültige Auswahl hierbei hängt wiederum davon ab, ob Offensiv- oder Defensivstrategien gewählt werden.

8.3 Humankapital entwickeln

Zur Unterstützung der praktischen Durchsetzung des strategischen Ziel-Portfolios gilt es weiterhin, das Humankapital entsprechend auszuwählen, einzusetzen und weiterzuentwickeln. Das gilt insbesondere auch für das Management.

Für die einzelnen Normstrategien sind schwerpunktmäßig folgende flankierende Strategien zu entwickeln:

- Investitions- und Wachstumsstrategien erfordern vor allem:
  - ein Ausrichten von Expertenwissen und Managementqualifikationen auf Forschung und Entwicklung, Produktion, Vertrieb und Marketing;
  - die Qualitätssicherung genießt einen hohen Stellenwert;
  - gefordert werden fachliche Qualitäten, die produktorientiert und produktinnovationsorientiert sind; das gilt verstärkt, wenn wettbewerbsverändernde Strategien verfolgt werden.

- Desinvestitions- oder Abschöpfungsstrategien erfordern in erster Linie:
  - eine Ausrichtung von Expertenwissen und Managementqualitäten auf Finanzen und Kostenmanagement;
  - Schwerpunkte sind dabei der Aufbau eines zentralen Informationswesens und ein stark ausgeprägtes Budgetdenken;
  - straffe finanzwirtschaftliche Planung und Kontrolle gewinnen an Bedeutung. Kostenkontrollen werden verstärkt durchgeführt;
  - Rationalisierungsanstrengungen werden verstärkt;
  - Wertanalysen genießen einen hohen Stellenwert;
  - wettbewerbsverändernde Strategien verlangen Verhandlungsgeschick;

- im Bereich gesellschaftlicher Veränderungen wird die Kunst hoch veranschlagt, Marktabgrenzungen vorzunehmen;
- Produktaufgabe und Teilbetriebsstillegungen erfordern ein Krisenmanagement.

- Selektive Strategien erfordern vorrangig:
eine entsprechende Ausrichtung von fachlicher Qualifikation entsprechend der strategischen Stoßrichtung:
  - offensiv (bei Investitions- und Wachstumsstrategien) und
  - defensiv (bei Desinvestitions- oder Abschöpfungsstrategien).

8.4 Durch Öffentlichkeitsarbeit unterstützen

Die Berücksichtigung der Wertschätzung des Unternehmens in der Öffentlichkeit ist stärker ins Bewußtsein gerückt. Zur Unterstützung der strategischen Stoßrichtung ist ohne Zweifel auch eine entsprechende Öffentlichkeitsarbeit notwendig. Worauf hat der Controller hierbei insbesondere zu achten?

Verschiedene strategische Stoßrichtungen bewirken in der Öffentlichkeit unterschiedliche Reaktionen. Strategien, die auf die Konkurrenz zielen, insbesondere wettbewerbsverändernde Strategien, werden in der Öffentlichkeit meist mit großem Interesse beobachtet. Sollen unliebsame Konkurrenten ausgeschaltet werden? Entstehen vielleicht Monopole? Hier gäbe es dann eine Marktform, bei denen der Produzent, Verkäufer oder Käufer aus einer einzigen oder wenigen Wirtschaftspersonen besteht und somit die Konkurrenz bzw. eine freie Preisbildung ausgeschaltet sind. Unternehmensstrategien werden auch in der Öffentlichkeit zunehmend dahingehend überprüft, ob sich das Unternehmen seiner gesellschaftspolitischen Verantwortung bewußt ist und danach handelt.

Die Akzeptanz der gewählten Strategien am Markt und in der breiten Öffentlichkeit sind durch eine entsprechende Öffentlichkeitsarbeit entscheidend zu beeinflussen. Auch hier ist der Controller gefordert.

8.5 Die Strategien richtig kombinieren

Selbst wenn alle vorgenannten Schritte vollzogen wurden, kann der Controller plötzlich mit folgender Situation konfrontiert werden:

- Schlüsselstrategien für Ertragsquellen liegen vor.
- Flankierende Strategien wurden ebenfalls erarbeitet.
- Eine unterstützende Strategie paßt jedoch nicht in das Gesamtbild, nämlich das Entwickeln von Humankapital.

Um die angestrebte Kampfstrategie durchzusetzen, sind entsprechende fachliche und Managementqualifikationen des Mitarbeiterstammes notwendig. Da diese Qualitäten in diesem Beispiel kurzfristig nicht verfügbar sind, ist für die überschaubare kurze und mittlere Zukunft die erfolgreiche Realisierung dieser Kampfstrategie nicht möglich.

Das kurz- bis mittelfristige Ziel muß dann sein, das entsprechende Humankapital, die entsprechenden Personalressourcen, intern zu entwickeln oder von extern zu gewinnen.

Die Misfit-Analyse ermöglicht eine vorsichtige Einschätzung der Verträglichkeit der einzelnen Einflußfaktoren.

Hier ist ein Fingerspitzengefühl für das Machbare notwendig. Nicht alle Einflußfaktoren auf den Unternehmenserfolg können zahlenmäßig bewertet werden.

Eine einigermaßen treffsichere qualitative Analyse ist dabei einer detaillierten, aber nicht so treffsicheren quantitativen Analyse vorzuziehen.

Kapitel 8:
Erfolgreiche Controlling-Konzepte

1. Das strategisch-operative Controlling

Ein besonders interessanter Aspekt des Controlling ist das Konzept des strategischen und operativen Controlling. Gelegentlich findet man hierzu auch den zusammengefaßten Begriff **strategisch-operatives Controlling**.

Das strategisch-operative Controlling schließt dabei

1. zunächst alle **Einzelaspekte** des Planungs- und Kontrollzyklus ein,
2. vernetzt aber darüber hinaus alle Aspekte des Planungs- und Kontrollzyklus synergetisch zu einem **Verbundeffekt**.

Controlling hilft zunächst einmal dem Management, Bilanz zu ziehen und tatsächlich eingetretene Erfolge mit den erwarteten und geplanten Erfolgen zu vergleichen. Darüber hinaus hilft Controlling, Abweichungen von den Zielvorgaben so früh wie möglich zu erkennen und diese Abweichungen noch während des Planungszeitraumes zu berücksichtigen.

Controlling beschäftigt sich darüber hinaus mit dem gesamten Planungszyklus des Unternehmens, angefangen von der Langfristkonzeption über die mittelfristige Planung bis zur Kurzfristplanung (operativen Planung) und den Budgets.

Das strategisch-operative Controlling hat fünf **Schwerpunktaufgaben** zu erfüllen:

1. **Ungünstige Abweichungen gegenüber Zielvorgaben, die eintreten oder sich abzeichnen, so früh wie möglich**

festzustellen. Weiterhin müssen diese Abweichungen den Entscheidungsträgern mit Vorschlägen korrigierender Maßnahmen offenkundig gemacht werden. Ungünstige Abweichungen sind zum Beispiel Unterschreitungen der vorgegebenen Umsätze bzw. Überschreitungen der vorgegebenen Kosten. Hier handelt es sich um Probleme des Leistungsabfalls gegenüber Vorgabewerten.

2. **Günstige Abweichungen gegenüber Zielvorgaben, die schon eingetreten sind oder sich abzeichnen, offenkundig machen.** Weiterhin müssen diese Abweichungen den entsprechenden Entscheidungsträgern mit Vorschlägen, diese Abweichungen verstärkt zu nutzen, mitgeteilt werden. Günstige Abweichungen sind zum Beispiel Überschreitungen der vorgegebenen Umsätze bzw. Unterschreitungen der vorgegebenen Kosten. Hier handelt es sich um Fragen neuer, günstiger Gelegenheiten für das Unternehmen.

3. **Zielerfüllungen feststellen und die Leistung der dafür Verantwortlichen zu bewerten.** Diese Aufgabe ist Basis für die Wertschätzung und Anreizsysteme, wie zum Beispiel für Entlohnung und Beförderung. Hier geht es um Fragen der relativen Bewertung der Leistung gemäß den Leistungsanforderungen.

4. **Für eine einheitliche Geschäftspolitik sorgen.** Besonders in größeren Unternehmen besteht immer die Gefahr, daß es durch die Eigenmächtigkeit seiner Teilbereiche auseinanderfällt. Das Controlling sorgt dafür, daß Entscheidungen getroffen und durchgeführt werden, die den Zielsetzungen des Gesamtunternehmens entsprechen. Hier geht es um Fragen der Koordination und Systematik im Gesamtunternehmen.

5. **Neue Ausgangsdaten für Zielsetzungen, Strategien und Maßnahmen zu gewinnen.** Diese Werte sind Basisdaten für das Neuüberdenken von Strategien und für das Neuerarbeiten operativer Programme. Mit dem

Festlegen neuer Ausgangsdaten schließt sich der Planungs- und Kontrollzyklus.

Worin unterscheiden sich nun das operative und das strategische Controlling?

Die gebräuchliche Unterscheidung zwischen dem operativen und dem strategischen Controlling ergibt sich aus der Übernahme der Planungsfunktion durch den Controller beim strategischen Controlling. Beim operativen Controlling werden dem Controller die Ziele und Pläne vorgegeben, aus denen er die Jahresbudgets für die einzelnen Abteilungen und Stellen bildet.

Der enge Zusammenhang zwischen den Gesamtzielen des Unternehmens, den Strategien, der kurzfristigen Planung und den hierfür festgelegten Kostenvorgaben kann durch folgende Abbildung verdeutlicht werden.

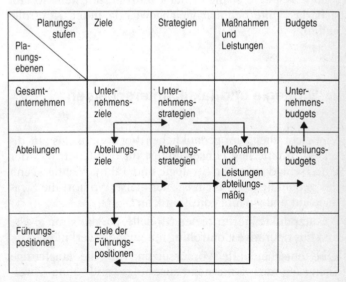

Abb. 85 *Zusammenhang zwischen Strategien und Budgets*
(Quelle: Grössl, »Management Lexikon«)

Für die operative Durchführung von Zielvorgaben sind insbesondere die Leistungsziele der einzelnen Abteilungen festzulegen. Das geschieht auch durch die Führungskonzeption: **Management by Objectives — Führen durch Zielvorgaben.** Ein enger Zusammenhang zwischen den einzelnen Planungsstufen wird hierbei hergestellt; die Leistungen werden mit den entsprechenden Kostenvorgaben (Budgets) verknüpft.

Die Effektivität (d.h. die richtigen Sachen zu machen) und die Effizienz (d.h. die Sachen richtig zu machen) hängen dabei weitgehend von strategischem und operativem Controlling ab.

Mit dem Konzept des strategisch-operativen Controlling steht dem Controller ein umfassendes Instrumentarium für eine erfolgsorientierte Controllertätigkeit zur Verfügung. Zu betonen sind hier gleichermaßen kurz- wie langfristige Aspekte erfolgreicher Controllertätigkeit. So läßt sich das Unternehmen gleichgewichtig unter Kontrolle halten.

2. Strategie und Taktik unterscheiden

Vielleicht eher zum gedanklichen Verständnis als zur direkten praktischen Umsetzung ist für den Controller der Unterschied zwischen Strategie und Taktik wichtig. Denn das gedankliche Problem ist hier meist: Wo hört die Strategie auf und wo fängt die Taktik an?

Ansatzpunkte hierfür bieten Modelle, die das strategische und das operative Controlling miteinander verknüpfen.

Eine entscheidende Voraussetzung für die langfristige Sicherung des Unternehmenserfolgs sind ohne Zweifel realistische und realisierbare Strategien. Werden hier die Weichen falsch gestellt, dann können Fehlentwicklungen zwar kurzfristig verdeckt werden, längerfristig sind die negativen Auswirkungen dann aber meist um so deutlicher sichtbar. Kluge taktische Maßnahmen im operativen Bereich zeigen nur für einen begrenzten Zeitraum Erfolg, wenn sie nicht durch realistische und realisierbare Strategien unterstützt werden.

Der Controller arbeitet mit diesen beiden Konzepten. Für ihn ist es deshalb wichtig, die Unterschiede zu erkennen.

Die wichtigsten Unterschiede zwischen

- operativem Management = **Taktik**
  und
- strategischem Management = **Strategie**

sind:

1. Operatives Management strebt danach, Ziele zu erreichen. Die Ziele selbst sind vorgegeben. Operatives Management kann daher auch als »zielstrebend« bezeichnet werden.

   Strategisches Management dagegen ist weitgehend darauf ausgerichtet, den »gewünschten« Zustand erst festzulegen. Hier werden noch Ziele gesucht. Es kann daher auch als »zielsuchend« bezeichnet werden.

2. Bei der operativen Planung sind für das Unternehmen die Kapitalressourcen weitgehend gebunden. Dies betrifft zum Beispiel gebundenes Kapital in Fabrikationsstätten, Verkaufsniederlassungen und in Forschungs- und Entwicklungsstätten. Kurzfristig können diese Ressourcen kaum ohne einschneidende Unterbrechung des Betriebsprozesses mit negativen Auswirkungen auf Finanzen und Personal umgelenkt werden. Langfristig ist dies aber möglich.

3. Bei der strategischen Planung ist es für das Unternehmen im Gegensatz zur operativen Planung zweckmä-

ßig, bei der Auswahl der Ertragsquellen gedanklich von einem Zeitpunkt Null der Kapitalbindung auszugehen. Hier kann gefragt werden, was würden das Gesamtunternehmen und die strategischen Planungs- und Kontrolleinheiten tun, welche Auswahl unter verschiedenen Ertragsquellen würden sie vornehmen, wenn sie am Zeitpunkt Null stehen und ganz von vorne anfangen könnten.

Diese gedankliche Abstraktion geht davon aus, daß alle heute gebundenen Kapitalressourcen frei verfügbar wären. Würde das Unternehmen auch dann die frei verfügbaren Ressourcen so binden, wie sie zur Zeit gebunden sind? Bei der operativen Planung ist die Auswahl unter den möglichen Ertragsquellen getroffen und der Einsatz von Kapitalressourcen festgelegt. Die Aufgabe besteht jetzt darin, diese ausgewählten Potentiale zu realisieren.

Bei der strategischen Planung werden die Gedanken von der augenblicklichen Bindung der Kapitalressourcen abgelenkt. Dadurch wird die Gefahr vermieden, bestehende Ungleichgewichte der Gegenwart in die Zukunft zu übernehmen.

4. Die operative Planung lenkt die Aufmerksamkeit auf größere Details. Die strategische Planung lenkt die Aufmerksamkeit auf eine begrenzte Anzahl wichtiger Einflußfaktoren, die für den Ertrag und für den Erfolg des Unternehmens langfristig entscheidend sind. Dieses Vorgehen zwingt die Geschäftsleitung, sich auf das Wesentliche zu konzentrieren.

Diese Zusammenhänge zeigen die Bedeutung einer geschickten Auswahl möglicher Strategien für die Zukunft des Unternehmens. Bestehende Ungleichgewichte, die durch die strategische Planung nicht gelöst oder erst geschaffen werden, sind durch nachfolgende Maßnahmen operativer Art ohne einschneidende Unterbrechung des Betriebsprozesses auf Finanzen und Personal kaum mehr aufzuheben. Eine schwache oder überhaupt nicht vorhandene Strategie kann durch kluge taktische Manöver im operativen Bereich langfristig nicht ersetzt werden.

3. Das Vorwärtscontrolling

Ein besonders interessantes Konzept effektiver Controllertätigkeit ist das Vorwärtscontrolling. Mit ihm betont der Controller insbesondere sein auf die Zukunft ausgerichtetes Denken und Handeln. Die Weichen können noch gestellt werden; hierin liegt ein besonders großer Beitrag zum Unternehmenserfolg.

Eine wichtige Aufgabe des Controllers ist es, Abweichungen gegenüber Zielvorgaben so früh wie möglich festzustellen. Um dann auch notwendig werdende Gegensteuerungsmaßnahmen einleiten zu können, benutzt der Controller das Instrument des Vorwärtscontrolling. Er geht dabei folgendermaßen vor:

1. **Kritische Einflußgrößen** mit Signalwirkung auf den Unternehmenserfolg werden festgesetzt.

2. In Ansätzen erkennbare **Abweichungen** der kritischen Einflußgrößen werden auf den gesamten Planungszeitraum hochgerechnet und die Auswirkungen auf den Unternehmenserfolg abgeschätzt.

   Die Abweichungen der kritischen Einflußgrößen auf den Unternehmenserfolg betreffen dabei Abweichungen von Zielvorgaben bzw. Grunddaten der Planfestsetzung.

3. Sobald Ansätze ungünstiger Entwicklungen der kritischen Einflußgrößen erkennbar sind, werden notwen-

dige Gegensteuerungsmaßnahmen getroffen. Bei diesem Vorgehen wird in der Praxis auch häufig von einem **Frühwarnsystem** gesprochen.

4. Sobald Ansätze günstiger Entwicklungen der kritischen Einflußgrößen erkennbar werden, sind diese Abweichungen für das Unternehmen zusätzlich nutzbar zu machen. Bei diesem Vorgehen wird in der Praxis häufig von einer **Vorwärtskontrolle** gesprochen.

Kritische Einflußgrößen auf den Unternehmenserfolg können dabei **Aktionsgrößen** und **Erwartungsgrößen** sein.

Aktionsgrößen werden vom Unternehmen selbst festgelegt. Abweichungen bei Aktionsgrößen sind Abweichungen von Zielvorgaben.

Kritische Aktionsgrößen können zum Beispiel sein:

- Eigenentwicklung neuer Produkte gemäß einem bestimmten Terminplan,
- Fabrikationsverlagerungen,
- Ausbilden von Schlüsselpersonal,
- Auswahl der richtigen Ertragsquellen,
- Erreichen bestimmter Produktivitätssteigerungen und bestimmter Stückkostensenkungen.

Erwartungsgrößen werden von anderen Entscheidungsträgern, wie zum Beispiel von den Mitbewerbern, festgelegt. Abweichungen bei Erwartungsgrößen sind Abweichungen von den Grundannahmen der Planfestsetzung.

Kritische Erwartungsgrößen können zum Beispiel sein:

- Mindestumsätze ausgewählter Ertragsquellen,
- Auftragseingang und Auftragsbestand ausgewählter Ertragsquellen,
- Erwerb von Patenten,
- Kooperationsverhandlungen,

- Genehmigungen durch staatliche Behörden,
- neue Substitutionsprodukte der Mitbewerber,
- Zinstrends auf den internationalen Kapitalmärkten.

Kritische Einflußgrößen auf den Unternehmenserfolg sind die Voraussetzungen, auf denen Zielsetzungen, Strategien und operative Programme aufgebaut sind. Tritt eine kritische Einflußgröße nicht, wie bei der Planfestsetzung festgelegt, auf, so sind notwendigerweise auch die darauf aufgebauten Schlußfolgerungen in Frage gestellt.

Diese Erkenntnis ist für den Controller nicht neu. Sie jedoch effektiv in der Praxis umzusetzen, das ist die besondere Herausforderung des Controllers.

In Ansätzen erkennbare Abweichungen der kritischen Einflußgrößen werden analysiert. Ihre ergebnismäßigen Auswirkungen auf den gesamten Planungszeitraum können dann hochgerechnet werden. Damit kann der Controller abschätzen, welcher Erfolg am Ende des Planungszeitraums voraussichtlich eintreten wird, wenn das Unternehmen gemäß den festgelegten und genehmigten Plänen weiterarbeitet.

Dann geht das Unternehmen einen Schritt weiter und reagiert auf diese Signalwirkungen. Im Falle von ungünstigen Abweichungen ergreift das Unternehmen Gegensteuerungsmaßnahmen. Im Falle von günstigen Abweichungen versucht das Unternehmen diese zusätzlich über den genehmigten Plan hinaus nutzbar zu machen.

Die **Gegensteuerungsmaßnahmen** erfüllen dabei zwei Aufgaben:

1. Durch rechtzeitige Gegensteuerung werden die Zielvorgaben für den Planungszeitraum doch noch erfüllt.

2. Ist dies durch entscheidende Änderungen der Einflußgrößen, die außerhalb des Zugriffs der Planungseinheit

liegen, nicht mehr möglich, dann wird wenigstens das Ausmaß des Schadens eingedämmt.

In diesem Zusammenhang ist wiederum besonders wichtig, Controlling nicht als ein Führungsinstrument zu verstehen, das die Abweichungen gegenüber den Planvorgaben für den Planungszeitraum feststellt. Diese Abweichungen können nicht mehr geändert werden. Die wichtigste Aufgabe des Controlling ist hier vielmehr, schon frühzeitig sich abzeichnende Änderungen gegenüber Zielvorgaben zu erkennen und noch während des Planungszeitraums zu berücksichtigen.

Als besonders fruchtbar hat sich dabei in der Praxis erwiesen, die Controllingergebnisse zwischen der Zentrale und den Linienstellen regelmäßig durch Besprechungen zu diskutieren. Schriftliche Berichte allein sind keine Basis für eine optimale Zusammenarbeit.

Das Überprüfen durch das Frühwarnsystem und Vorwärtscontrolling kann zu einer Neufestsetzung von Strategien und operativen Programmen außerhalb des Planungszyklus führen. Dabei kann auch die Mittelzuteilung (Personalressourcen, Kapitalressourcen und Managementleistungen) geändert werden.

Bezüglich des **Ziel-Mitteleinsatzes** und dessen Änderung gibt es für das Unternehmen unter anderem folgende Möglichkeiten:

1. Die Zielvorgaben werden geändert. Entsprechend wird der Mitteleinsatz neu überdacht und geändert. Die Gesamtsumme der zur Verfügung gestellten Mittel wird neu festgesetzt.

2. Die Zielvorgaben bleiben die gleichen und werden gegenüber dem Plansatz nicht geändert. Die Mittel werden jedoch modifiziert eingesetzt. Die Gesamtsum-

me der zur Verfügung gestellten Mittel bleibt aber konstant.
3. Die Zielvorgaben bleiben die gleichen und werden gegenüber dem Planansatz nicht geändert. Es werden jedoch zusätzlich neue Mittel genehmigt.
4. Bei gleichbleibenden Zielvorgaben werden weniger Mittel eingesetzt.

Fall 1 kann eintreten, wenn aufgrund politischer Einflüsse ein Absatzmarkt verlorengeht, zum Beispiel durch Importbeschränkungen. Die ursprünglich freigegebenen Mittel zum Realisieren dieses Marktpotentials werden dann, soweit sie noch nicht verwendet worden sind, eingefroren und zum Erfüllen neuer Zielvorgaben eingesetzt. Dies kann zum Beispiel das Erschließen eines neuen Marktes sein.

Dieser Fall kann auch eintreten, wenn ein Mitbewerber erheblich schneller als erwartet ein Substitutionsprodukt entwickelt und auf den Markt bringt.

Auf wettbewerbsneutralen Strategien aufgebaute Zielvorgaben können sich dann in Richtung Kampfstrategie ändern, die der Mitbewerber jetzt dem Unternehmen aufdrängt. Die Mittelfreigabe wird dann ebenfalls neu überdacht.

Fall 2 kann zum Beispiel eintreten, wenn ein Absatzprogramm nicht gemäß dem Zeitpunktschema abläuft, wie es durch Vorgabewerte festgelegt wurde. Durch eine gezielte Konsumentenaufklärung und geänderte Marketingprogramme wird versucht, das ursprünglich gesetzte Ziel doch noch zu erfüllen. Dies geschieht jedoch ohne zusätzliche Mittelfreigaben, sondern nur durch einen geänderten Einsatz der Mittel.

Fall 3 ist ähnlich wie Fall 2. Hier werden aber zu den freigegebenen Mitteln zusätzliche Mittel freigegeben. Zusätzliche Marketinganstrengungen oder ein verbessertes Produkt, das aber höhere Kosten verursacht, sollen zum Beispiel die ursprünglich geplanten Umsatzzahlen doch noch erreichen helfen.

Fall 4 kann eintreten, wenn bei den geplanten Vorgabewerten eine starke Konkurrenz mit in das Kalkül gezogen wurde und in den Zielvorgaben hohe Werbungs- und Verkaufsförderungskosten ihren Niederschlag fanden. Bleibt aber die starke Konkurrenz aus, weil diese Produkte bei ihr aus dem Produktionsprogramm gestrichen wurden, so können die Zielvorgaben mit einem geringeren Mitteleinsatz erreicht werden als ursprünglich festgelegt wurde.

Mit Hilfe des Vorwärtscontrolling hat der Controller ein schlagkräftiges Instrument zur Verfügung, frühzeitig, schnell und flexibel in einem sich ändernden Wirtschaftsumfeld zu agieren und zu reagieren.

4. Controlling als Frühwarnsystem

Besonders wichtig für den Controller ist, **schwache Signale** zu registrieren. Was sind schwache Signale?

Signale sind Erkennungszeichen. Sie deuten an, ob sich das Unternehmen noch auf Kurs befindet oder ob sich Abweichungen abzeichnen. Diese schwachen Signale muß der Controller möglichst frühzeitig erkennen, um seiner Aufgabe gerecht zu werden, das Unternehmen unter Kontrolle zu halten. Änderungen in der Wettbewerbssituation, zum Beispiel, kündigen sich oft nur unmerklich an. Diese schwachen Signale sind aber rechtzeitig zu registrieren, um entsprechend darauf reagieren zu können.

Für den Controller besonders wichtig sind dabei die folgenden **Schlüsselgrößen** für den langfristigen unternehmerischen Erfolg:

1. der Marktanteil,
2. das Marktwachstum,
3. das Unternehmenspotential,
4. die Attraktivität des Marktes,
5. die Lebenszyklen erfolgreicher Produkte,
6. der strategische Preis am Absatzmarkt,
7. der Grad der Produktdifferenzierung (und damit das Denken in Ertragsquellen).

Diese Schlüsselgrößen gilt es für das eigene Unternehmen und für die wichtigsten Wettbewerber kritisch zu verfolgen.

Der Controller moderner Prägung kommt hierbei wiederum seinen beiden Haupttätigkeiten nach:

1. Seiner **nach außen** gerichteten Tätigkeit mit Zielrichtung Markt.
2. Seiner **nach innen** gerichteten Tätigkeit mit Zielrichtung Betriebswirtschaft.

Interessant ist in diesem Zusammenhang, daß sechs der sieben genannten Größen auf den Markt zielen, jedoch nur eine Größe auf die Betriebswirtschaft. Das mag vielleicht auf den ersten Blick überraschen. In einer Wettbewerbswirtschaft spielt jedoch ohne Zweifel der Markt eine entscheidende Rolle. Schwache Signale hier möglichst frühzeitig zu registrieren ist eine wichtige Voraussetzung für den Erfolg.

Folgende Fragestellungen sind dabei für den Controller sehr hilfreich:

1. Verändern sich die Marktanteile zu Ungunsten des eigenen Unternehmens?
2. Nehmen die Wachstumsraten auf den Märkten ab, auf denen ich mich schwerpunktmäßig betätige?
3. Zeichnen sich negative Entwicklungen im Unternehmen ab, die die Leistungsfähigkeit und Leistungsbereitschaft verringern?

4. Nehmen die Risiken auf den Absatzmärkten zu?
5. Versucht das Unternehmen, möglicherweise aus kurzfristigen Ertragsgesichtspunkten, eine Geschäftspolitik zu verfolgen, die nicht den Lebenszyklen erfolgreicher Produkte folgt?
6. Wird versucht, möglicherweise wiederum aus kurzfristigen Ertragsgesichtspunkten, den strategischen Preis am Absatzmarkt nicht nach den Gesetzmäßigkeiten der Erfahrungskurve festzulegen?
7. Verringert sich der Grad der Produktdifferenzierung gegenüber den wichtigsten Wettbewerbern?

Wie wichtig schwache Signale für die Wirtschaft und für die Unternehmen sind, zeigen Stimmen von der CeBIT '89 — Hannover Messe:

Schluck aus der Pulle

»Mit Software und Dienstleistungen macht man deutlich mehr Profit als mit Hardware. Trotzdem bleibt sie als Basisgeschäft unverzichtbar. Auf der Grundlage unseres neuen Anwendungssystems AS/400 haben wir unsere Verkäufe in der mittleren Datentechnik im vergangenen Jahr um 45 Prozent steigern und beim Preis/Leistungs-Verhältnis einen großen Schluck aus der Pulle nehmen können. Wir werden auch weiterhin jede Chance wahrnehmen, mit den Preisen nach oben zu gehen.«

Fünf-Jahres-Frist

»Es geht kein Weg daran vorbei, daß Netzwerk, Betriebssysteme und mit großer Wahrscheinlichkeit auch die Hardware nach weltweiten Standards produziert und vertrieben werden. Das dauert höchstens noch fünf Jahre. Wir haben uns schon vor zehn Jahren zu diesen Standards bekannt und bewußt das Risiko in Kauf genommen, daß der Anwender sich seine Hardware selber heraussuchen kann. Unsere Chance liegt darin, die Kunden mit einem umfassenden Dienstleistungsangebot an uns zu binden.«

Nicht erschüttert

»Wir hatten es 1988 mit einem dramatischen Preisverfall zu tun. Um fünf Prozent Umsatz mehr zu machen, mußten wir 20 Prozent mehr liefern. Hinzu kam die extreme Entwicklung der Chippreise. Wenn beides zusammenkommt und wenn dazu noch — wie bei uns — ein Produktumbruch stattfindet, dann läßt sich das in der Gewinn- und Verlustrechnung ablesen. Auch in der Personalpolitik: Aber das Streichen von 1600 Arbeitsplätzen ist eigentlich kein Vorgang, der das ganze Unternehmen erschüttert.«

Armes Europa

»In Europa werden zu wenig Mittel in Zukunftstechnologien gesteckt. In den Vereinigten Staaten wird dagegen seit den fünfziger Jahren gezielt von staatlicher Seite investiert, und zwar über die Weltraumbehörde Nasa und den Verteidigungshaushalt. Und in Japan läuft es über das Handels- und Technologieministerium Miti sowie die schwer durchschaubaren Konzernkonglomerate. Die Japaner setzen eben konsequent auf Mikroelektronik als strategische Waffe für die gesamte Exportwirtschaft.«

Quantensprung

»Pünktlich zur Jahrtausendwende können wir einen technischen Quantensprung in der Informationsverarbeitung erwarten — aber nicht einen kurzen, steilen, sondern einen langgestreckten über etwa fünf Jahre: Die Einführung der neuronalen Architektur in der Rechnertechnik. Das heißt, die Informationserkennung und -verarbeitung wird nach gleichen Prinzipien wie in natürlichen Nervennetzen erfolgen. Dann werden Computer schlagartig komplexe Situationen und Probleme analysieren und lösen können.«

(Quelle: Wirtschaftswoche, Nr. 12, 17. März 1989)

Um seiner Aufgabenstellung gerecht zu werden, muß der Controller daran interessiert sein, ein Frühwarninformationssystem möglichst systematisch aufzubauen. Wichtig ist für ihn zu erkennen, ob und wie gehandelt werden muß, insbesondere auch, ob ein Ereignis für die Änderung einer Strategie relevant ist. Ein Muster zur systematischen Erfassung und Auswertung von Ereignissen zeigt folgendes Beispiel:

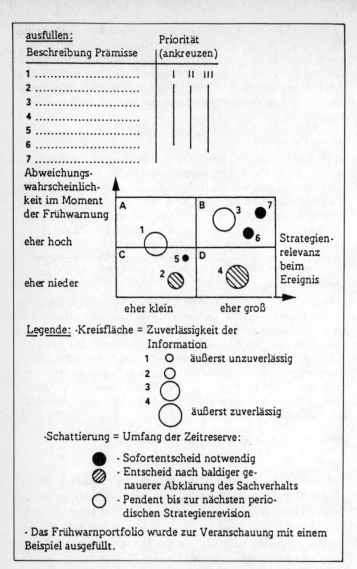

Abb. 86 *Darstellung des Frühinformationsstands*
(Quelle: Winterhalter, »Strategisches Controlling«)

5. Management- und Personalführungsstile

Ein Aspekt des Controlling, der in jüngster Zeit stärker beachtet wird, ist eine psychologische Sichtweise. In einer arbeitsteiligen Unternehmung hängt der Erfolg von der Zusammenarbeit vieler Menschen ab. Neben der Fachkompetenz der Mitarbeiter kommt die **Sozialkompetenz** des Miteinanderarbeitens zur Geltung. In Japan ist hierfür ein Sprichwort weit gebräuchlich:

»Kigyô wa hito nari. Das Wesen eines Unternehmens sind Menschen.«

Ist die Aufgabe des Controllers, das Unternehmen unter Kontrolle zu halten, dann wohnt der Zusammenarbeit mit anderen Stellen des Unternehmens ein natürlicher Konflikt inne. Unterschiedliche Sachinteressen werden zwangsläufig aufeinandertreffen; Meinungsverschiedenheiten werden entstehen. Mit diesem Spannungsfeld muß der Controller fertig werden.

Die **Anerkennung** der Controllertätigkeit hängt von zwei Gesichtspunkten ab:

1. Werden formaltechnische Gesichtspunkte akzeptiert?
2. Werden psychologische Gesichtspunkte akzeptiert?

Formaltechnische Gesichtspunkte sind zum Beispiel:

Termine, Formulare, Zuständigkeits- und Verantwortungsbereiche, die organisatorische Einteilung des Gesamtunternehmens in Planungseinheiten.

Durch die Einteilung des Gesamtunternehmens in Planungseinheiten wird für innerbetriebliche Übersichtlichkeit und Ökonomie gesorgt. Dies schließt klare Verantwortungsbereiche mit entsprechender Weisungsbefugnis ein. Darüber hinaus sorgen entsprechend festgelegte Planungseinheiten für eine marktorientierte organisatorische Ausrichtung des Gesamtunternehmens.

Psychologische Gesichtspunkte berücksichtigen das menschliche Zusammenarbeiten. Wichtig dabei ist der Führungsstil, der menschliche Aspekte berücksichtigt. Durch ihn wird garantiert, daß das Prinzip der Überschaubarkeit und Ökonomie auch wirklich in der Organisation durchgesetzt wird. Dazu gehören u. a. **Führen durch Zielvorgaben, kooperativer Führungsstil, Führen durch Konsens und Autorität.** Häufig wird auch der sogenannte **situative Führungsstil** besonders empfohlen.

Was bedeutet dies nun für die Controllerpraxis?

Beide Aspekte, formaltechnische und psychologische Gesichtspunkte sind gleichermaßen wichtig und zu berücksichtigen.

Sind die Formalien vorhanden, fehlt es aber am richtigen Führungsstil, dann ist höchstwahrscheinlich auch die Motivation für die Durchführung sehr gering. Wird andererseits der Führungsstil akzeptiert, fehlen aber die Formalien, dann führen fehlende Systematik und Koordination notwendigerweise zu geringer Effizienz.

Mit welchem Führungsstil sollte nun der Controller in der Praxis am zweckmäßigsten arbeiten?

Um den Anforderungen einer modernen Controllertätigkeit — zweckgerichtet, ökonomisch und mit geringsten unternehmensinternen Reibungsverlusten — zu genügen, wurde ein Führungsstil entwickelt, der unter dem Begriff **Führen durch Zielvorgaben** bekannt ist. Dieser Führungsstil bedeutet:

- Es werden Ziele gesetzt.
- Durch Delegation wird das Ausführen von gesetzten Zielen in der Unternehmenshierarchie nach unten ver-

lagert. Gleichzeitig werden damit höhere Hierarchiestufen entlastet.
- Individueller Tüchtigkeit wird im Rahmen der Zielvorgaben ein breiter Spielraum gelassen.
- Durch verstärkte Kontrolle werden Zielerfüllungen gewährleistet und Zielabweichungen schnell aufgezeigt.

Dieser Führungsstil wird ergänzt und erweitert durch das Konzept **des kooperativen Führens**. Es beinhaltet:

- Auflockern autoritärer Organisationsstrukturen.
  Damit werden Mitdenken, Innovation und Kreativität in der gesamten Unternehmung gefördert.
- Bei der Zielfestsetzung möglichst viele Mitarbeiter teilnehmen lassen.
  Zielvorgaben werden damit durch Konsens zwischen verschiedenen, auch hierarchisch übergeordneten bzw. nachgeordneten Stellen des Unternehmens und nicht allein kraft Autorität festgelegt.
- Die Kontroll-Verantwortung delegieren.
  Die Kontrolle wird wiederum gemeinsam von verschiedenen Stellen in der Unternehmenshierarchie ausgeübt.

Ein weiterer, praxisorientierter Führungsstil kann als **Führen durch Konsens und Autorität** bezeichnet werden. Dabei wird folgendermaßen vorgegangen:

- Es wird versucht, durch kooperatives Vorgehen einen Konsens zu erreichen.
- Gelingt dies nicht, dann sind kraft Autorität Entscheidungen zu fällen, die nicht allen Beteiligten gemäß ihren individuellen Zielvorstellungen entsprechen, aber im Gesamtunternehmensinteresse zu treffen sind.

Die Beteiligten wissen, warum die Entscheidungen getroffen wurden. Sie kennen die Gründe und hatten die Möglichkeit, an der Entscheidungsfindung teilzunehmen und die Zielvorstellungen mitzubestimmen. Das persönliche Engagement für die Zielsetzungen des Unternehmens wird dadurch verstärkt.

Führen durch Konsens und Autorität kommt den Erwartungen der Entfaltung der Persönlichkeit entgegen, sorgt aber auch für eine notwendige straffe Führung des Gesamtunternehmens.

Dieser Vorgehensweise kommt auch der **situative Führungsstil** sehr nahe. Er berücksichtigt die konkret vorliegende Situation; entsprechend ist dann das konkrete Handeln auszurichten. Entscheidungen können dann durchaus mehr oder weniger autoritär erfolgen, ganz wie es die konkrete Situation eben erfordert.

In diesem Zusammenhang kann auch folgende kleine Geschichte erzählt werden:

Ein Controller eines größeren amerikanischen Unternehmens wurde auf einem Seminar gefragt: »Wie gelingt es Ihnen denn sicherzustellen, daß die vereinbarten Ziele erreicht und die vereinbarten Maßnahmen durchgeführt werden? Was ist, wenn sich Schwierigkeiten ergeben?« Darauf entgegnete der Controller: »In meiner Antwort empfehle ich.« Und auf die erneute Frage eines Zuhörers: »Und wenn dies nichts nützt?«, sagte er: »Dann ist meine Antwort: Ich empfehle nachdrücklich. Und damit habe ich eigentlich in meiner bisherigen Controllerpraxis ganz gute Erfahrungen gemacht.«

Psychologische Aspekte werden bei einem gesteigerten Selbstbewußtsein der Mitarbeiter in der Zukunft eine vielleicht noch größere Rolle spielen. Hierbei wird auch häufig auf das MBO-System von Odiorne verwiesen: »Management by objectives« — **Führen durch Zielvorgaben.** Eine übersichtliche Darstellung dieses Führungskonzeptes zeigt folgendes Bild:

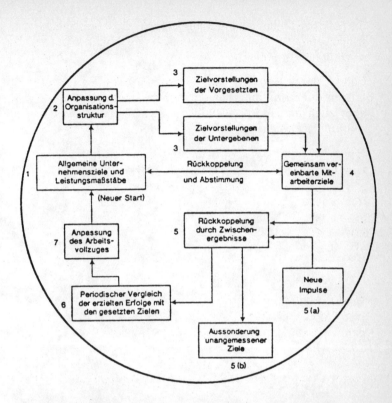

Abb. 87 *Führen durch Zielvorgaben als Kreislaufschema*
(Quelle: Odiorne, »Management by Objectives, Führung durch Zielvorgaben«)

So wird die Unternehmenssteuerung zu einem kreativen und dynamischen Prozeß.

Kapitel 9:
Spezielle Controlling-Techniken

1. Ein kurzer Überblick

Zum Unterstützen der Controlling-Funktion kennt die Praxis eine Reihe von Verfahren und Techniken. Sie wurden speziell für einzelne Funktionen des Controlling entwickelt. Schwerpunktmäßig handelt es sich dabei um Planungs-, Budgetierungs- und Kontrolltechniken.

> **Technik in diesem Sinne ist das Beherrschen der zweckmäßigsten und wirtschaftlichsten Mittel, um ein bestimmtes Ziel zu erreichen.**

Sie dient zur Unterstützung der Controlling-Funktion und wird situationsbedingt eingesetzt. Oft handelt es sich dabei um mathematisch-statistische Verfahren. Eine Übersicht häufig eingesetzter Einzeltechniken des Controlling zeigt folgende Zusammenstellung. Eine detailliertere Erläuterung aller einzeln aufgeführten Controller-Techniken würde jedoch den vorgegebenen Rahmen sprengen. Der interessierte Leser ist hier auf die zu diesem Themenkreis vorliegende Spezialliteratur verwiesen.

1.1 Planungstechniken

Diese können wiederum unterteilt werden in **quantitative** und **qualitative Methoden**.

Quantitative Methoden sind zum Beispiel:

Trendextrapolation, Regression, Simulation, Spieltheorie, Lebenszyklusanalyse, Input-Output-Analysen, Zeitreihenanalyse, Technik der gleitenden Durchschnitte, Technik der exponentiellen Glättung.

Qualitative Methoden sind zum Beispiel:

Szenarios, historische Analogien, Delphi-Methode, Morphologie, Relevanzbaum, Systemanalyse, Brainstorming, Synektik, Entscheidungstabellen, Methode 635, Entscheidungsbaumverfahren.

Integrierte Methoden, die versuchen, beide Aspekte zu berücksichtigen, sind zum Beispiel:

a) Das **SEP-System (strategische Erfolgsposition)** des Sankt Gallener Hochschullehrers Cuno Pümpin

b) **SISP (Strategic Information System Planning),** eine Erfindung des Massachusetts Institute of Technology (MIT), Boston, USA. Auf das SISP-System setzt insbesondere die Wirtschaftsprüfungsgesellschaft Arthur Young, die eng mit der Schwäbischen Treuhand AG (Schitag) verbunden ist.

c) Das **Sieben-S-Konzept** des Beratungsunternehmens **McKinsey**: Structure, Systems, Strategy, Staff, Skills, Style, Superordinate Goals (Shared Values).

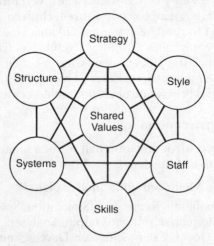

Abb. 88   *McKinsey-Sieben-S-Modell*   (Quelle: FAZ)

Bekannt wurde auch das McKinsey-SOS-Konzept (Strategic Opportunity Scanning). Das SOS-Konzept umfaßt ein Instrumentarium, das erprobte Analyse- und Kreativitätstechniken praxisbezogen nutzt und das erforderliche strategische Denken durch intensive Einbeziehung der Führungs- und Durchführungsebenen auf eine breite Basis stellt.

d) Das Konzept des aktiven **Corporate Restructuring** des Beratungsunternehmens **Roland Berger & Partner GmbH**
   Es umfaßt nach deren eigener Definition:
   1. Positionsbestimmung (Europastrategie oder Nischengeschäft?);
   2. Portfolio-Mapping für eine differenzierte Diversifikation;
   3. aktives Corporate-Finance sowie Aus- und Abbau durch Zu- und Verkauf;
   4. Neudefinition der optimalen Betriebsgröße;
   5. Reduzierung von Fertigungstiefen und Produktvarianten;
   6. Verbundbildung;
   7. Ausweitung des Forschungs- und Entwicklungsbudgets und Intensivierung des Marketings sowie
   8. Management- und Organisationsumstellung auf Europa.

   (Quelle: Roland Berger & Partner GmbH, in: »die computer zeitung«, 30. November 1988)

e) Das Konzept der **Erfahrungskurve** der **Boston Consulting Gruppe**.

f) Das Konzept **Energo-Kybernetische Strategie (EKS)** von **Wolfgang Mewes**.

Das Ziel quantitativer und qualitativer Planungstechniken ist insbesondere, Prognosen als wichtige Voraussetzung für Planung und Entscheidung zu erarbeiten.

Wie wichtig relevante und verläßliche Prognosen für die Planung und für Entscheidungen sind, muß nicht mehr besonders betont werden. Prognosetechniken helfen hier; sie sind methodische Hilfsmittel zur Ableitung von Vorhersagen.

So kann der Controller z.B. mit folgenden **Trendfunktionen** arbeiten:

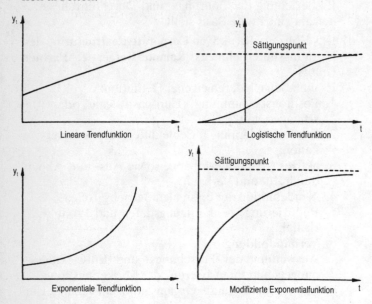

Abb. 89 *Ausgewählte Trendfunktionen*

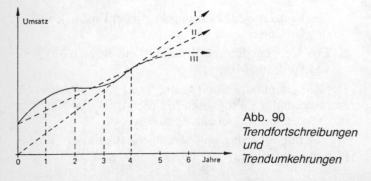

Abb. 90
Trendfortschreibungen und Trendumkehrungen

Das Erkennen von Trendumkehrungen ist dabei wichtiger als die Trendfortschreibung.

Ein weiteres Prognoseinstrument ist die **Zeitreihenzerlegung**. Aus der folgenden Ursprungsreihe können z.B. ein Trend, Konjunkturschwankungen, Saisonschwankungen und Zufallsschwankungen herausgelesen werden.

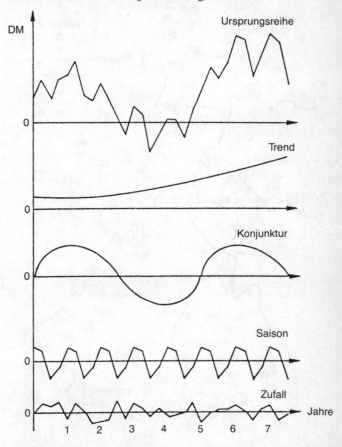

Abb. 91   *Zeitreihenzerlegung*
(Quelle: Henschel, »Wirtschaftsprognosen«)

Abb. 92 *Nielsen-Gebiete in der Bundesrepublik Deutschland*

Das Denken in Ertragsquellen gewinnt für eine effektive Controllertätigkeit immer mehr an Bedeutung. Wichtig hierbei ist unter anderem auch die periodische Erhebung des Endverbraucherumsatzes, der Einkäufe und Lagerbestände bestimmter Waren und Marken, z.B. in Einzelhandelsgeschäften.

Der Amerikaner A. C. Nielsen hat hierbei mit seinem Institut sein System der Handelsforschung nahezu weltweit durchsetzen können. In der Sprache der Marketingpraxis sind hierbei die Begriffe »Distributionsanalyse« und »Nielsen« fast zu Synonymen geworden.

Die A. C. Nielsen-Company hat dabei einzelne Länder in vergleichbare (d.h. in sich jeweils homogene = gleichartige) Wirtschaftsräume eingeteilt. Die Einteilung für die Bundesrepublik Deutschland zeigt folgendes Beispiel. Marktforschungsuntersuchungen betrachten, wenn regionale Unterschiede untersucht werden, in der Regel die Daten nach diesen Nielsen-Gebieten.

1.2 Budgetierungsmethoden

Hier kann es sich handeln um Vorarbeiten der Kostenermittlung, Verfahren zur Kostensenkung, aber auch um Verfahren zur Gewinnsteigerung:

- **Vorarbeiten der Kostenermittlung** sind z.B.: Proportionaler Satz, Hoch-Tiefpunkt-Methode, grafische Interpolation, planerisch-synthetische Verfahren, Break-Even-Analyse.
- **Verfahren zur Kostensenkung** sind z.B.: Grundlagenanalyse, Wirtschaftlichkeitsanalyse, Technizitätsanalyse, Checklisten-Technik, Sensibilitätsanalyse, Nutzwertanalyse, Wertanalyse, Prüfmatrix.
- **Verfahren zur Gewinnermittlung** sind z.B.: Systemanalyse, Systemplanungsmethoden, Quellenauswertung, Ideenfindungstechniken, Intuition.

Bei diesen Budgetierungsmethoden handelt es sich häufig um unverknüpfte Einzeltechniken. Bei relativ geschlossenen Gesamtkonzepten kann der Controller z. B. folgende Verfahren einsetzen:

- Null-Basis-Budgetierung (Zero-base-budgeting)
- Planning-Programming-Budgetierungs-System (PPBS)
- Das OST-System (Objectives, strategies, tactics)
- OVA-Analyse; Overhead Value Analysis; Gemeinkostenwertanalyse.

1.3 Weitere Controlling-Techniken

- Bei der **Ermittlung der Kostenvorgaben** wird je nach Ausmaß der Kostenrechnung mit einer Vollkosten- oder mit einer Teilkostenrechnung gearbeitet. Wird nach dem Kostenbegriff unterschieden, dann kommen alternativ Normal- oder Plankostenrechnungen zum Einsatz.

- Häufig wird auch mit **Kontrolltechniken** gearbeitet. Dabei greift der Controller auf Kennzahlen und Kennzahlensysteme, Prüfmatrix, Schwachstellenanalyse und Checklisten-Technik zurück.

- Beschäftigt sich der Controller mit **Steuerungstechniken**, dann arbeitet er z. B. mit Kennzahlen, Anweisungen und organisatorischen Regelungen.

- Beim Einsatz weiterer betriebswirtschaftlicher Instrumente kann der Controller z. B. zurückgreifen auf:
  - Deckungsbeitragsrechnungen,
  - Wirtschaftlichkeitsanalysen und
  - Investitionsrechnungen.

Eine typische **Deckungsbeitragsrechnung** hat z. B. folgendes Aussehen:

Stück-Nettoerlös
./. Stück-Einzelkosten

= Stück-Deckungsbeitrag
Summe der Stück-Deckungsbeiträge
./. Produkt-Einzelkosten

= Produkt-Deckungsbeitrag
Summe der Produkt-Deckungsbeiträge
./. Produktgruppen-Einzelkosten

= Produktgruppen-Deckungsbeitrag
Summe der Produktgruppen-Deckungsbeiträge
./. Sparten-Einzelkosten

Summe der Sparten-Deckungsbeiträge
./. Unternehmens-Einzelkosten

= Unternehmens-Deckungsbeitrag
   (= Unternehmensergebnis)

Wie viele Deckungsbeitragsschichten zu bilden sind, hängt wesentlich von der Zurechenbarkeit der Kosten ab. So wird man etwa Sparten-Deckungsbeiträge nur dann ermitteln, wenn die für einzelne Sparten direkt erfaßbaren Kosten einen signifikanten Umfang annehmen. In der Praxis trifft man jedoch selten mehr als fünf Deckungsbeitragsschichten an.

(Quelle: krp 6/87 Kostenrechnungssysteme [3])

2. Die Null-Budgetierung

Ein interessantes Controlling-Konzept ist die Null-Budgetierung, auch Null-Basis-Budgetierung genannt. Das Konzept kommt aus den USA und ist hier unter dem Begriff »Zero-base-budgeting« verbreitet.

Bei der Freigabe der Mittel im Rahmen der Budgets wird häufig an der **Mittelzuteilung** Kritik geübt. Wenn es um die Mittelzuteilung durch Personal- und Kostenbudgets geht, dann wird oft pauschal auf der Basis von Vergangenheitswerten weitergearbeitet, gewöhnlich mit einem pauschalen Zuschlag oder Abschlag.

Dieses Vorgehen hat notwendigerweise zwei Schwächen:

1. Es berücksichtigt nicht genügend neue, geänderte Anforderungen.
2. Es überträgt bestehende Unwirtschaftlichkeiten und Ungleichgewichte der Vergangenheit in die Zukunft.

Um diesen Gefahren zu entgehen, wurde ein neues Konzept des Budgetierens eingeführt, die sogenannte Null-Budgetierung. Hier geht das Unternehmen von der gedanklichen Voraussetzung aus, die bestehende Situation einmal ganz zu vergessen und gedanklich so zu verfahren, als ob man am Zeitpunkt Null stünde.

Einmal im Jahr wird für jede operative Planungseinheit (= Teilbereiche des Unternehmens, für die operative Programme erarbeitet werden) ein Überdenken des Ziel-Mitteleinsatzes vorgenommen. Dem Ziel entspricht dabei der Beitrag, den die operative Planungseinheit zur Verwirklichung der Ziele des Unternehmens zu leisten hat. Durch dieses Überdenken vermeidet das Unternehmen eine einfache Fortschreibung von Vergangenheitswerten.

Die Null-Budgetierung schließt sich damit auch gedanklich dem Vorgehen beim Erstellen von strategischen Plänen an. Auch hier werden regelmäßig die Zielsetzungen sowie Chancen und Risiken grundsätzlich in Frage gestellt und neu überdacht.

Dieses Vorgehen ist zwar im allgemeinen mit mehr Arbeit verbunden, da die Aufgabenstellung, die Aufgaben und der Ziel-Mitteleinsatz für jede operative Planungseinheit einmal im Jahr grundsätzlich neu überdacht werden müssen. Richtig angewandt vermittelt dieses Vorgehen aber ein Gefühl der größeren Gerechtigkeit unter den verschiedenen operativen Planungseinheiten bei der Festlegung der Personal- und Kostenbudgets.

Ungleichgewichte der Vergangenheit werden damit nicht automatisch in die Zukunft übertragen. Der Prozeß der Mittelzuteilung wird dadurch ökonomischer und unterliegt einer ständigen Neuanpassung. Der Unternehmenskörper wird damit als beweglicher, flexibler Organismus betrachtet, der auf neue Gegebenheiten schnell und unter dem Gesichtspunkt des Erfolgsbeitrages reagiert.

Das **Zero-Base-Budgeting** wurde in den 60er Jahren in den USA von der Firma Texas Instruments entwickelt und 1970 von Peter Pyhrr in der Harvard Business Review beschrieben. Diese Technik hat seitdem vielfältige Beachtung gefunden, insbesondere in US-Unternehmen und Behörden. Allerdings wurde auch Kritik an dem Anspruch dieses Verfahrens geübt, daß es sich um eine neue Technik handle, da ZBB nur eine Sammlung bekannter und bewährter Einzelmethoden zur Kostensenkung und -planung ist.

Zero-Base-Budgeting stand zuletzt im Blickpunkt der amerikanischen Öffentlichkeit, als 1977 der damalige Präsident Carter verfügte, daß die Technik in sämtlichen Bundesbehörden anzuwenden sei.

Einige US-Behörden wenden eine ZBB-Variante an: **das Sunset-Verfahren**. Dabei werden einzelne öffentliche Programme nach einem festen Zeitraum (meist drei bis sieben Jahre) grundsätzlich in Frage gestellt. Der Beweis der Zweckmäßigkeit muß völlig neu angetreten werden. Das Sunset-Verfahren vermeidet den erheblichen Zeit- und Kostenaufwand einer alljährlichen ZBB-Analyse.

3. Das Planning-Programming-Budgeting-System

Eine Controlling-Technik, die insbesondere für die **öffentliche Verwaltung** entwickelt wurde, ist das Planning-Programming-Budgeting-System. Diese Technik kommt aus den USA und wurde zuerst für einzelne Behörden entwikkelt und dann 1965 auf die gesamte Bundesverwaltung der USA ausgedehnt. Das Ziel war, alle Funktionen, Aktivitäten und Projekte des Staates zu umfassen und in einem **integrierten System** zu vereinen.

Nach 1965 übernahmen zahlreiche Länder der westlichen Welt das PPBS und führten es auch in den untergeordneten öffentlichen Gebietskörperschaften ein. Es ist ein Instrument der Verwaltungsführung und strebt die Verbesserung der Qualität der Entscheidungen an. Seine Elemente sind:

Planning. In der Planungsphase werden gesellschaftliche und nationale Ziele ermittelt, aus denen dann stufenweise operationale Ziele bis auf die regionale und kommunale Ebene abgeleitet und vorgegeben werden.

Programming. In der Programmingphase erfolgt die Ausarbeitung von alternativen Programmen zur Verwirklichung der Ziele, die in der ersten Phase formuliert wurden.

Budgetierung. Stehen die zu realisierenden Programme fest, werden ihre Kosten ermittelt und gehen in die mehrjährige Ausgabenplanung ein, aus der die jährlichen Budgets abgeleitet werden, in denen die finanziellen Mittel den einzelnen Verwaltungsbereichen zugeordnet werden.

Ein operationales System liegt dann vor, wenn die drei Phasen des PPBS in einer problemgerechten Folge durchgeführt und jeweils Abstimmungen zwischen dem erstrebten Soll- und dem verwirklichten Istzustand vorgenommen werden.

Die mit diesem Instrument gemachten Erfahrungen blieben jedoch weit hinter den Erwartungen zurück. So kam es 1973 in den USA zum Scheitern dieser Konzeption: Die einzelnen Behörden sind nicht mehr verpflichtet, zusammen mit ihren Haushaltsvoranmeldungen mehrjährige Aufgaben- und Finanzplanungen, Denkschriften über die einzelnen Programme und besondere Problemanalysen und Zeitpläne vorzulegen.

Dieses Beispiel zeigt, daß auch auf den ersten Blick sehr ausgefeilte, umfassende Controlling-Konzepte den Praxistext nicht bestehen. Es stellt sich dann heraus, daß die Konzepte zu aufwendig und zu überladen sind und der erwartete Nutzen in keinem angemessenen Verhältnis zu den aufzuwendenden Kosten steht.

Auch Controlling-Konzepte unterliegen dem Gesetz der Wirtschaftlichkeit.

4. Verfahren zur kurzfristigen Umsatz- und Gewinnsteigerung

Verfahren zur kurzfristigen Umsatz- und Gewinnsteigerung werden in der Praxis häufig mit einem erlösorientierten Controlling verbunden. Für **erlösorientiertes Controlling** wurden auch in der Praxis eine Reihe von Konzepten entwickelt.

Eine spezielle Zielsetzung kann dabei z.B. sein, Marktanteile kurzfristig profitabel zu erhöhen. Hierzu sind Absatz- und Erlössteigerungsprogramme verfügbar. Diese Programme haben folgende Zielsetzungen: Systematisch in gemeinsamer Arbeit von Unternehmen und Beratern die absatzbezogenen Ressourcen des Unternehmens zu mobilisieren. Die Praxis zeigt, daß hier unter Umständen durchaus beträchtliche kurzfristige Umsatzsteigerungen möglich sein können. Diese Programme werden dabei meist in vier Schritten abgewickelt:

1. In einem ersten Schritt werden die Untersuchungsfelder ausgewählt, welche die höchsten Erfolgschancen beinhalten. Erfolgschancen ergeben sich dabei u.a. durch das Produktprogramm, durch die Vertriebskanäle und durch den Außendiensteinsatz.

2. Pro Untersuchungsfeld werden dann die Ideen zur Steigerung des Vertriebserfolgs entwickelt. Dies geschieht in völlig freier kreativer Zusammenarbeit von Mitarbeitern des Unternehmens und Beratern.
3. In einem dritten Schritt werden die gefundenen Ideen bewertet. Die Bewertung erfolgt nach dem Nutzen, das heißt nach dem Absatz- und Erlöseffekt, aber auch nach dem möglichen Risiko. Damit werden die effizientesten Umsatzsteigerungsmaßnahmen ausgewählt.
4. In einem vierten Schritt werden dann die ausgewählten Maßnahmen in einem konkreten Maßnahmenplan zusammengefaßt. Für jede einzelne Aktion wird dann ein Zeitplan festgelegt bzw. der erwartete Erfolg und Aufwand. Für jede Aktion wird auch ein Durchführungsverantwortlicher benannt. Die einzelnen Aktionen sind dadurch direkt kontrollierbar.

Verfahren zu Umsatz- und Gewinnsteigerung haben ohne Zweifel einen besonderen Reiz für den Controller, betonen sie doch insbesondere auch die nach vorne, auf den Markt gerichtete Tätigkeit.

Kapitel 10:
Der Weg zum erfolgreichen Controller

1. Welche Anforderungen werden gestellt?

Eine Auswahl von Anzeigen einer großen überregionalen deutschen Tageszeitung verdeutlicht die geforderten beruflichen und menschlichen Qualifikationen vor dem Hintergrund eines breiten Angebotsspektrums:

Technischer Controller

Schwerpunkt seiner Aufgabe sind die Beratung, Planung und Steuerung des Werkes, insbesondere in Fragen der Kosten inkl. der Kalkulation, der Wirtschaftlichkeit und der Kapitalbindung. Mit großer Kompetenz auf Basis einer fundierten betriebswirtschaftlichen Ausbildung ausgestattet, muß er in der Lage sein, die Aufgaben der operativen und strategischen Planung, der Investitionsrechnung, des Soll-Ist-Vergleiches und der Schwachstellenanalyse wahrzunehmen. In einem dynamischen Umfeld mit angenehmer, kooperativer Arbeitsatmosphäre wird ein sehr hohes Maß an Kreativität, eigener Initiative und Stehvermögen erwartet.

Wenn Sie als graduierter oder diplomierter Betriebswirtschafter oder Wirtschaftsingenieur bereits Erfahrung im Controlling eines modern gesteuerten Unternehmens sammeln konnten und neben analytischem, unternehmerischem Denken über Durchsetzungskraft und positive Einstellung zur Kooperation mit Kollegen und anderen Funktionsbereichen verfügen, sollten Sie sich mit uns in Verbindung setzen. Vorteilhaft wären außerdem Kenntnisse im Umgang mit dialog-orientierter Standard-Software (SAP) und PC-Erfahrung.

Werks-Controller

Sie werden im wesentlichen für die Investitionsüberwachung (von der Mitwirkung bei der Planung bis zur Kontrolle), die Personalplanung sowie die Kostenstellenrechnung zuständig sein. Darüber hinaus befassen Sie sich mit Wirtschaftlichkeitsrechnungen, der Koordination des Berichtswesens und betriebswirtschaftlichen Sonderaufgaben.

Ihre Qualifikation können Sie durch ein technisch/betriebswirtschaftlich geprägtes Studium (Dipl.-Kfm./Dipl.-Wirtsch.-Ing./Dipl.-Ing.) oder durch entsprechende Berufserfahrung erworben haben. Als kompetenter Gesprächspartner für Fach- und Führungskräfte aller Bereiche zeichnen Sie sich durch betriebswirtschaftlichen und technischen Sachverstand sowie kooperatives Verhalten aus.

Betriebswirt/in
als Bereichs-Controller

Im Bereich des Controlling erweitern wir unsere Aktivitäten und möchten einem engagierten Mitarbeiter die betriebswirtschaftliche Betreuung der Organisationseinheit »kaufmännischer Bereich« übertragen. Schwerpunktaufgaben sind — in enger Zusammenarbeit mit den Fachabteilungen — die kurz- und mittelfristige Planung, die Erstellung und Kommentierung von Abweichungsanalysen sowie die Pflege und Weiterentwicklung eines ergebnisorientierten Berichtswesens. Daneben gilt es, betriebswirtschaftliche Sonderaufgaben wahrzunehmen und den Fachbereich aktiv bei betriebswirtschaftlichen Fragestellungen zu unterstützen.

Wir erwarten den Nachweis eines abgeschlossenen wirtschaftswissenschaftlichen Studiums, möglichst mit den Schwerpunkten Rechnungswesen, Unternehmensplanung. Ferner ist für uns eine mehrjährige Industriepraxis im Controlling, der Kostenrechnung oder einem ähnlichen Bereich unerläßlich. Weitere wichtige Kriterien sind gute Englisch- und EDV-Grundkenntnisse im Bereich kommerzieller Anwendungen. Persönlich erwarten wir Einsatzbereitschaft, Initiative und Spaß an einer selbständigen und eigenverantwortlichen Arbeit in einem engagierten Team.

Konzern-Controller

In enger Zusammenarbeit mit dem Vorstandsvorsitzenden ist er verantwortlich für die Konsolidierung und Abstimmung der kurz-, mittel- und langfristigen Planung, die Durchführung von Soll-Ist-Vergleichen, deren Analyse und Kommentierung sowie die Einleitung und Überwachung von Aktionen zur Verbesserung der Kosten- und Ertragssituation. Er wird die hierfür vorhandenen Instrumentarien und Systeme verfeinern, ggf. neu konzipieren und zu einem aussagefähigen Planungs- und Controllingsystem entwickeln.

Mit dieser Schlüsselposition wenden wir uns an den kompetenten Controller mit einschlägigem Hochschulstudium, der sich in adäquater Aufgabenstellung bewährt hat.

Darüber hinaus erwarten wir die Fähigkeit, betriebswirtschaftliche Zusammenhänge in ihrer Gesamtheit zu analysieren und zu beurteilen, unternehmerische Prägung, Stehvermögen, Überzeugungskraft und Führungsstärke.

Auslandscontroller

Ihre Aufgabe:

- operatives und strategisches Controlling unserer US-Tochtergesellschaft und der Beteiligung
- Planung, Erfolgskontrolle und Berichtswesen
- Optimierung bestehender Informationssysteme und Kommunikationswege
- Erstellung von Wirtschaftlichkeitsberechnungen bei Beteiligungen und Akquisitionen

Ihre Qualifikation:

- wirtschaftswissenschaftliches Studium
- 3—5 Jahre Berufserfahrung in den beschriebenen Aufgabengebieten
- verhandlungssicheres Englisch
- analytisch-konzeptionelles u. unternehmerisches Denken
- diplomatisches Durchsetzungsvermögen
- Fähigkeit zur Teamarbeit
- Bereitschaft zu längeren Auslandsaufenthalten

Unternehmens-Controller

Aufgabenschwerpunkte:

- Ausbau und gezielte Anwendung der Controlling-Instrumente, vor allem der Kostenstellen- und Kostenträgerrechnung, der kurzfristigen Erfolgsrechnung sowie der Deckungsbeitragsrechnung
- Ausbau der Unternehmensplanung (Soll-Ist-Vergleiche und Abweichungsanalysen für alle Bereiche)
- Aufbereitung und Präsentation von Entscheidungshilfen, z.B. für Investitionen
- Vorbereitung einer umfassenden EDV-Entscheidung (Hardware und Software)
- Beratung der Geschäftsleitung in allen betriebswirtschaftlichen und organisatorischen Fragen
- Konsequente Durchsetzung des Controlling-Prinzips

Der ideale Bewerber bringt ein abgeschlossenes Studium als Betriebswirt oder Wirtschaftsingenieur mit und hat schon einige Jahre im Controlling eines Industriebetriebs gearbeitet. Er beherrscht die moderne Controlling-Instrumente aus Theorie und Praxis, besitzt auch gute EDV- und Organisationskenntnisse und hat persönliches Format. Ein Abschluß als Bilanzbuchhalter (IHK-Prüfung) würde das Bild positiv abrunden, ist aber nicht Bedingung.

Persönlich sollte er freundlich und kontaktfreudig sein, eine wesentliche Voraussetzung für konstruktive Teamarbeit.

Leiter Controlling

Neben der Führung der direkt unterstellten Bereiche Rechnungswesen, Organisation, Personalwesen liegen die weiteren Aufgabenschwerpunkte in der Sicherstellung des Berichtswesens an die Muttergesellschaft und in der Unterstützung der Vertriebsbereiche der Niederlassung.

Diese mit großer Eigenverantwortung ausgestattete Position, die direkt dem Niederlassungsleiter unterstellt ist, möchten wir einem Diplom-Kaufmann/Diplom-Betriebswirt mit mehrjähriger Erfahrung im Controlling übertragen.

Produktions-Controller

Zu seinem/ihrem Aufgabengebiet gehören insbesondere

- Produktions-Controlling
- Verfolgung und Analyse der Produktionsabläufe unter Kostengesichtspunkten
- Mitarbeit beim Aufbau eines betriebswirtschaftlichen Produktionssteuerungs- und Überwachungssystems
- Mitarbeit beim Aufbau eines monatlichen Berichtswesens

Wir erwarten:

- Hochschul- oder Fachhochschulabschluß
- 2 bis 4 Jahre einschlägige Berufserfahrung
- PC-Erfahrung
- analytisches Denkvermögen, Durchsetzungsvermögen sowie ein hohes Maß an Einsatzbereitschaft.

Controller

Aufgabenbeschreibung

- Weiterentwicklung von Führungs-, Planungs- und Controllingsystemen und deren Umsetzung in DV-gestützte Anwendungen mit Hilfe der IDV
- Ausrichtung der Organisation auf die Unternehmensziele sowie kooperative Zusammenarbeit mit den beteiligten Fachabteilungen
- Systematische Information des Vorstandes auf der Basis aussagefähiger Planungs- und Controllingsysteme

Wir erwarten eine Persönlichkeit mit teamorientierter Einstellung.

Anforderungsprofil

- Abgeschlossenes wirtschaftswissenschaftliches Studium mit den Schwerpunkten Rechnungswesen, Planung und Controlling oder gleichwertige, in der Praxis erworbene Kenntnisse
- Mehrjährige Berufserfahrung, gesammelt in den Bereichen Kostenrechnung/Rechnungswesen, Planung und Controlling, sowie sehr gute betriebswirtschaftliche Kenntnisse und DV/IDV-Erfahrung
- Analytisches Denkvermögen, Verhandlungsgeschick und Durchsetzungsvermögen

Auslands-Controller

Wesentlicher Aufgabenbereich ist die Aufbereitung und Analyse der Daten unserer ausländischen Vertriebsgesellschaften sowie deren Betreuung in kaufmännischen Belangen. Damit können Sie entscheidend zum Unternehmenserfolg beitragen.

Zur Funktion:

- Budgetierung und strategische Planung
- Ergebniskontrolle, Analyse und Optimierung
- Unterstützung der Vertriebsgesellschaften in finanztechnischen, bilanziellen und organisatorischen Fragen

Zum Anforderungsprofil:

- Fachbezogenes Studium und Praxis in den Bereichen Betriebswirtschaft/Controlling/Rechnungswesen
- Beherrschung des Controlling-Instrumentariums Anwenderkenntnisse bei PCs
- Verhandlungssichere englische Sprachkenntnisse und Bereitschaft zu Auslandsreisen
- Kreativität, Durchsetzungsvermögen, Eigeninitiative, analytisches Denken

Zentrales Controlling

Schwerpunktaufgaben sind:

- Monatliche Analyse und Kommentierung der aktuellen Geschäftsentwicklung
- Überprüfung der Investitionsvorhaben auf Plausibilität, Wirtschaftlichkeit und Planeinhaltung
- Geschäftsanalysen
- Vorbereitung und Erstellung von Analysen und Präsentationen für den Vorstand und den Aufsichtsrat.

Aufgrund der anspruchsvollen Aufgabenstellung erwarten wir ausgeprägte analytische Fähigkeiten, Zuverlässigkeit, Leistungsbereitschaft, Durchsetzungsvermögen und Teamfähigkeit. Ein mit gutem Abschluß erworbenes Diplom und sichere Englischkenntnisse setzen wir voraus. Einige Jahre Berufserfahrung in einem international tätigen Unternehmen würden den Einstieg in die Aufgabe erleichtern.

Leiter Absatzcontrolling

zu besetzen. Das Aufgabengebiet umfaßt im wesentlichen die Unterstützung bei Planung und Kontrolle von Umsatz, Vertriebs- und Marketingaufwendungen, die Analyse und Kommentierung von Budgetabweichungen, Beratung und Entscheidungshilfen für den Absatzbereich sowie Überlegungen zu Ergebnisverbesserungsmaßnahmen.

Wir denken an einen Betriebswirt (FH, Uni), der seine Befähigung im Controlling bereits durch Berufserfahrung in einem internationalen Industrieunternehmen unter Beweis gestellt hat.

Wir erwarten ausgeprägtes analytisches Denken, Kontaktfähigkeit, überdurchschnittliches Engagement und Stehvermögen. Erfahrungen in PC-/EDV-Anwendungen sind Voraussetzung.

Unternehmens-Controller/in

Neben der allgemeinen Aufgabe der Aufbereitung der Unternehmensdaten erwarten wir von ihm frühzeitige Hinweise auf Entwicklungen, Risiken und voraussehbare Planabweichungen, sowie die Ausarbeitung der hieraus abzuleitenden Handlungsalternativen. Außerdem sind die Instrumente des Controlling kreativ weiterzuentwickeln.

Unser künftiger Mitarbeiter verfügt über ein abgeschlossenes Hochschulstudium der Betriebswirtschaft, Volkswirtschaft oder des Wirtschaftsingenieurwesens und sollte die gestellten Aufgaben in einem Industriebetrieb — nach Möglichkeit in einem Konzernunternehmen — bereits mehrere Jahre erfolgreich durchgeführt haben. Einschlägige Erfahrungen im Vertriebs- und Produktions-Controlling müssen vorausgesetzt sein. Die vielfältigen Aufgaben erfordern ausgeprägtes strategisches und analytisches Denken sowie die Fähigkeit zur Erarbeitung von Konzeptionen. Ein hohes Maß an Einsatzbereitschaft, Überzeugungsfähigkeit und Durchsetzungsvermögen setzen wir als selbstverständlich voraus.

Die hier aufgeführten Beispiele zeigen nur einen kleinen Ausschnitt aus den vielfältigen Angeboten für qualifizierte Controller mit und ohne mehrjährige Berufserfahrung.

2. Ausbildung zum Controller

Häufig wird der Controller gefragt: »Wo kann man denn die Prinzipien und auch das Handwerkszeug des Controlling erlernen? Welche Möglichkeiten gibt es auf dem Markt? Wie wird man eigentlich ein anerkannter Controller?«

Diese und ähnliche Fragestellungen signalisieren, daß ein Erklärungsbedarf besteht, daß aber einfache Rezepte offensichtlich nicht vorhanden oder bekannt sind.

Wer sich heute als anerkannter gestandener Controller betrachtet, hat sich meist nach langjähriger Ausbildung und Berufspraxis — häufig mit Schwerpunkten im Finanz- und Rechnungswesen, aber auch in der Unternehmensplanung und -organisation — langsam, aber stetig in das sich neu entwickelnde Tätigkeitsfeld eingearbeitet. Häufig hat er sich dabei sein Wissen im **Selbststudium** angeeignet oder aber auch an **Weiterbildungsveranstaltungen** teilgenommen, wo sehr oft Schwerpunktthemen behandelt wurden.

Was bietet dagegen heute die **Ausbildung an Fachhochschulen, Hochschulen und Universitäten**?

Controller sind gefragt, doch bisher werden nur wenige an diesen Instituten ausgebildet. Daß hier jedoch ein größerer Nachholbedarf vorhanden ist, das wurde jetzt erkannt. Das zeigt sich schon allein an der zunehmenden Einrichtung von Controlling-Lehrstühlen und entsprechenden Ausbildungsplänen an diesen Ausbildungsstätten.

Welche Möglichkeiten bietet darüber hinaus heute die **Ausbildung in den Unternehmen** selbst?

Mittlere bis große Unternehmen besitzen meist eine eigene Stabsstelle Controlling. Berufspraktikern, die während ihrer Studien- oder Ausbildungsjahre noch nicht mit dem akademischen Controlling in Berührung kommen konnten, weil es noch nicht existierte, haben hier häufig unternehmensintern die Chance, in diese Controlling-Funktionen hineinzuwachsen. Unternehmensinterne Schulungen sorgen hierfür.

Angebote privater Ausbildungs- und Fortbildungsinstitute

Eine Reihe von privaten Ausbildungs- und Fortbildungsinstituten (oder Kooperationsunternehmen mit staatlicher oder halbstaatlicher Unterstützung) haben hier eine Marktlücke entdeckt. Ohne hier den Anspruch auf Vollständigkeit zu erheben, eine Rangordnung oder gar eine Wertung abzugeben, seien hier nur beispielhaft für den deutschsprachigen Raum angeführt:

① 1971 gründete Dr. Albrecht Deyhle die **Controllerakademie in Gauting bei München**. Hier wird u.a. folgendes Fünf-Stufen-Konzept angeboten:

Das Konzept ist so gebaut, daß in der »Grundseminar« genannten Stufe I der gesamte Stoffkomplex in seiner Vernetzung vorkommt: Rechnungswesen-System, Unternehmensplanung-Konzeption sowie Organisation der Führung durch Ziele. Eingeflochten sind die Aufgabe und Rolle des Controllers. Im Sandwich-Verfahren (Seminar/Praxis/Seminar...) sind arbeitsbegleitend die Stufen II bis V angeordnet. Stufe II nimmt einzelne Schwerpunkt-Themen der Controller-Arbeit her wie Kostenstellen-Budget, Preiskalkulation, Finanzplanung, Verwaltungskosten-Controlling. Stufe III baut die Methodik des Personal-Controlling aus, vertieft sich in Projektcontrolling, ins Berichtswesen des Controllers und bringt die überzeugungs-psychologische Rezeptur für die Controllerpraxis.

Die fünf Seminarstufen dauern jeweils eine Woche und sind so gestaltet, daß von Stufe zu Stufe die Themenvermittlung durch die Dozenten abnimmt, während das Selbertun des Teilnehmerkreises im Seminarstoff zunehmendes Gewicht erhält. Das Selbermachen gilt vor allem für die Stufen IV und V, die deshalb Workshop heißen.

Die Akademie verleiht ein Controller-Diplom.

(Quelle: Controllerakademie in Gauting bei München)

② Das **Hernstein International Management Institut in Wien** bietet ein Bausteinsystem an:

Die Österreicher finden, daß ihr Konzept auch für Deutsche interessant sei. Der Clou des Angebots steigt bereits bei der Vorbereitung: Eine »individuelle Ausbildungsberatung zur Vereinbarung der individuellen Lernschritte« wird zu Jahresbeginn angeboten. Je nach Vorbildung und Vorkenntnissen wird dann ein individuelles Paket aus Seminaren zusammengestellt, die fast alle einen Abend und zwei Tage dauern: »Grundlagen des Controlling«, »Grundlagen des Finanz- und Rechnungswesens«, »Kostenrechnung und -steuerung«, »Der Controller und das Berichtswesen«, »Entscheidungsorientierte Kostenrechnung und Deckungsbeitragsrechnung«, »Der Controller und der Plan '90« (Erstellung eines Planungshandbuchs für das Unternehmen), »Flexible Plankostenrechnung und Deckungsbeitragsrechnung«, »Budgetierung und Controlling mit PC-Unterstützung« sowie das »Sonstige Handwerkszeug des Unternehmens (Kostensenkung, Kennzahlen, Schwachstellenanalyse, Frühwarnsystem)«.

Am Seminar »Controller wofür?« sollen neben den künftigen Controllern vor allem deren Chefs teilnehmen, damit sie Sinn, Ziel, Aufgaben des Controlling und dessen Rolle im Unternehmen erkennen und ihren Controller entsprechend einsetzen und unterstützen. Denn Probleme bei der Akzeptanz im Unternehmen, die Berührungs- und Existenzängste der Mitarbeiter können die Bemühungen des Controllers schnell verpuffen lassen. Deshalb empfehlen die Hernsteiner, zusätzlich noch Seminare im Bereich Controller-Verhalten und weitere Führungsseminare zu besuchen, um der »Führungsaufgabe Controlling« gerecht werden zu können.

Angelegt ist dieses berufsbegleitende Programm auf ein Jahr. Man kann es aber auch individuell auf zwei Jahre strecken, wenn die Berufspraxis unter der Abwesenheit an etwa 20 bis 25 Arbeitstagen zu sehr leidet bzw. keine Zeit zur Vor- und Nachbereitung der Veranstaltungen bleibt. Als Lohn der Mühe winkt das »Hernstein-Controller-Degree«.

(Quelle: Hernstein International Management Institut, Wien; Wirtschaftswoche: »Karriere« vom 20. 1. 1989)

③ In der **Management-Akademie in Essen** bietet der Kölner Fachhochschulprofessor Dr. Elmar Mayer einen Intensiv-Lehrgang mit fünf Wochenseminaren »Management by Controlling — Weiterbildung zum Controller« an. Workshops sind hierbei Bestandteile aller Seminare.

Nach seinen eigenen Analysen habe er aus dem Rechnungswesen und der Unternehmensplanung ein ganzheitliches »engpaß-, ziel-, nutzen- und zukunftsorientiertes Führungskonzept« entwickelt. Dies erfordere mehr als ein mehr oder minder virtuoses Jonglieren mit betriebswirtschaftlichen Kennzahlen (obwohl dies auch erforderlich ist). Es erfordere eine unternehmerische Philosophie, ein Ziel. Nötig sei eine dokumentationsfähige Zielformulierung, die — so Mayer — »nach dem Sinn des Unternehmens, seinen Verpflichtungen gegenüber den Kunden, Mitarbeitern, Kapitalgebern, Lieferanten und der Umwelt generell fragt und ethische wie moralische Wertmaßstäbe setzt«, die wichtig für die Identifikaton der Mitarbeiter mit dem Unternehmen seien. Neben einem solchen qualitativen Idealziel muß ein in Unternehmensleitzahlen ausgedrücktes quantitatives Realziel formuliert und eine strategische Planung konzipiert sein, die Marketing und Controlling miteinander vernetzt.

Die Akademie verleiht ein Controller-Diplom.

(Quelle: Management-Akademie in Essen; Wirtschaftswoche: »Karriere« vom 20. 1. 1989)

④ Die **Gesellschaft für Controlling in Dortmund** bietet Wochenseminare »Controlling-Ausbildung« an. Den Anspruch hält deren Leiter Dr. Thomas Reichmann dabei durchaus nicht für Hochstapelei, besonders wenn Funktions-Controller ausgebildet werden:

Dies sei ein kompakter Grundkurs, der einer anderthalb Semester dauernden zweistündigen Wochenvorlesung entspreche.

Reichmann hat die Erfahrung gemacht, daß die Unternehmen zwar ihren Mitarbeitern gerne einmal für ein Wochenseminar freigeben, doch ihre Bereitschaft zu weiteren Entsendungen dann rapide sinke. Deshalb sind die weiteren Bausteine, die er anbietet, in jeweils Zwei-Tage-Seminare geschnitten: Produktionscontrolling, Investitionscontrolling, Marketing-Controlling, Controlling und Wertanalyse, DV-Konzepte im Controlling. Reichmann: »Der Unternehmenscontroller sollte über die gesamte Wissens-Palette verfügen, der Funktionscontroller dagegen nur den Grundkurs und das Seminar besuchen, das seiner Aufgabe entspricht.« Bereits nach dem einwöchigen Ausbildungsprogramm wird ein Zertifikat ausgestellt, das um die weiterführenden Seminar-Bausteine ergänzt werden kann.

(Quelle: Gesellschaft für Controlling in Dortmund; Wirtschaftswoche: »Karriere« vom 20.1. 1989)

⑤ Controlling-Lehrgänge veranstaltet auch die **Gesellschaft für ganzheitliche Unternehmensführung mbH in Mannheim** (Praxis für Unternehmenserfolg). Gründer ist Dr. Rudolf Mann.

⑥ An der **Akademie Tübingen** bietet Prof. Dr. Peter Horváth entsprechende Seminare zur Ausbildung und Fortbildung zum Controller an.

⑦ Das **Institut für Controlling und Datenverarbeitung in Heidelberg** richtet sich insbesondere auf die neunziger Jahre ein. Angeboten wird eine breite Palette von Controllingthemen.

⑧ Das **Rationalisierungs-Kuratorium der Deutschen Wirtschaft in Eschborn bei Frankfurt,** ein gemeinnütziger, vom Staat geförderter eingetragener neutraler Verein, verleiht den Grad »Controller RKW«.

⑨ Auch Beratungsunternehmen spezialisieren sich schon auf das Fachgebiet Controlling. Die **Controlling Beratungs GmbH in München** bietet z.B. u.a. eine systematische Gewinnsteuerung durch operatives und strategisches Controlling an.

Mit Controlling-Konzepten befassen sich auch zunehmend eine Reihe **weiterer Institutionen**, wie z.B.:

- Industrie- und Handelskammern,
- Handwerkskammern,
- Wirtschaftsprüfungsgesellschaften,
- Beratungsgesellschaften von Banken,
- private Wirtschaftsschulen,
- Berufsakademien,
- Technologiezentren und
- reagionale Entwicklungsgesellschaften, wie z.B. HLT (Hessische Landesentwicklungs- und Treuhandgesellschaft mbH/Wiesbaden),

um nur einige zu nennen.

Diese Institutionen decken häufig einen regionalen Bedarf ab, versuchen aber auch durch eine überregionale Ausstrahlung größeres Profil zu gewinnen.

3. Die Zukunft des Controllers in Europa

Controlling ist das wirkungsvollste Instrument, die Aktivitäten des Unternehmens kompromißlos auf den Unternehmenserfolg auszurichten. Der Unternehmenserfolg zielt auf die Absatzmärkte des Unternehmens. Diese werden ohne Zweifel zunehmend internationaler. Und hier in Europa ist **der gemeinsame europäische Markt von 1992** nicht mehr fern.

Die Eurowelle rollt! Ab 1992 soll Europa ein einziger großer Markt sein. Ein Markt ohne Grenzen. Ein Markt mit 320 Millionen Verbrauchern.

»Wie wird wohl in den neunziger Jahren die internationale Geschäftswelt aussehen?« wurde unlängst auf einer größeren Controller-Tagung gefragt. Hierzu wurden sofort eine Reihe von Prognosen abgegeben. Dabei wurde auch

Abb. 93 *Der gemeinsame europäische Markt von 1992*

auf Prof. Howard V. Perlmutter verwiesen, der schon in den siebziger Jahren folgendes gemutmaßt hat:

»In zwanzig Jahren wird die Geschäftswelt von etwa 200—300 internationalen Firmen beherrscht werden, die durch weltweite Produktions- und Verteilungsorganisationen Güter, Kapital und Ideen auf den billigsten Märkten kaufen und auf den teuersten Märkten verkaufen und darüber hinaus kapitalkräftig genug sein werden, um intensive Forschung zu betreiben. Die Leitung dieser Unternehmen wird in den Händen von multinationalen Managern liegen, die genügend motiviert und geschult sind, um der Organisation in allen Teilen der Welt zu dienen. Doch bis dahin sind noch viele Hindernisse zu überwinden, besonders auch Hindernisse innerhalb der Unternehmen selbst. Die Entwicklung verläuft dabei von einem **ethnozentrischen** Denken und Handeln über eine **polyzentrische** Einstellung zu einer wirklichen Weltfirma, zu einer **geozentrischen** Firma.«

Perlmutter war Professor an der Wharton School of Finance in Philadelphia/USA und gelegentlich Gastprofessor am Centre d'Etudes Industrielles in Genf/Schweiz.

Was hat er nun mit dieser Klassifikation gemeint?

① Das **ethnozentrische Unternehmen** ist ein zentral orientiertes Unternehmen, das seine ausländischen Tochterfirmen mit strenger Hand von der Zentrale aus leitet. In der Zentrale werden die wichtigen Entscheidungen gefällt, und viele Informationen, Befehle und Ratschläge, Weisungen und Empfehlungen fließen daher von der Zentrale zu den ausländischen Töchtern. Dabei wird stillschweigend vorausgesetzt, daß die Manager des Heimatlandes in der Zentrale ihren ausländischen Kollegen im Wissen voraus sind. Autorität und Befehlsgewalt können dann eben nur in der Zentrale richtig ausgeübt werden. Als Grundregel gilt, daß die Geschäfte nur auf eine Art gehandhabt werden können, und zwar wie es in der Unternehmenszentrale festgelegt wird. Folgerichtig werden auch Schlüsselpositionen im Ausland mit Personal der Zentrale besetzt, das überall die letzten Entscheidungen fällt.

Von dieser Art gibt es zahlreiche Firmen unter den heute bestehenden internationalen Unternehmen, für die es nicht einfach sein wird, sich zu wirklichen multinationalen Unternehmen zu entwickeln. Doch letztlich werden sie dazu gezwungen sein, um sich besser und schneller örtlichen Marktbedingungen anpassen zu können, und um von ihren Gastregierungen mit weniger Argwohn betrachtet zu werden. Aber die Haupttriebfeder für eine Änderung wird von der Belegschaft der verschiedenen Tochterfirmen selbst kommen, deren Arbeitsmoral geringer ist, wenn die Spitzenpositionen von Ausländern besetzt sind.

② Firmen der zweiten Kategorie, die **polyzentrischen Unternehmen**, besitzen mehr Chancen, sich zu internationalen Unternehmen zu entwickeln. Die Zentrale sieht ein, daß es unmöglich ist, alle Veränderungen, die im Ausland passieren, zu verfolgen und schnell und richtig zu reagieren. Dezentralisation wird nötig sein, und die Tochtergesellschaften müssen in die Gastländer integriert werden. Die Spitzenpositionen werden von Einheimischen besetzt werden, die letztlich die volle Verantwortung für die eigenen Operationen in ihren Ländern übernehmen. Das betrifft zuerst die operative und später auch die strategische Verantwortung.

③ Doch die wirklichen Weltfirmen von morgen werden die **geozentrischen Unternehmen** sein, komplexe und gegenseitig abhängige Organisationen. Hier sind auch die Tochtergesellschaften beim Fällen von Entscheidungen in der Zentrale beteiligt. Hier wird eine Politik verfolgt, die in ihrer Zielsetzung gleichermaßen universal und lokal ausgerichtet sein wird.

Produktions- und Verkaufsstrategien werden dabei ausgeführt unabhängig von den emotionalen Präferenzen der Staatsbürger des Landes, in der sich die Zentrale befindet. Der Sitz der Unternehmenszentrale selbst wird hier vielleicht auch nur noch als Zufall der Geschichte betrachtet und kann gemäß steuerlichen oder gesellschaftsrechtlichen Erwägungen durchaus in ein anderes Land verlegt werden. Das Kapital dieser geozentrischen Unternehmen, deren Aktien und somit deren Entscheidungsgewalt wird in den Händen vieler Nationalitäten liegen und nicht in einem Land konzentriert sein. Doch das entscheidende Merkmal dieser wahren multinationalen Firmen spiegelt sich in der internationalen Zusammensetzung des Managements wider. Hier herrscht die Überzeugung vor, daß das Ursprungsland des Unternehmens kein Monopol auf Beschäftigte und Ideen hat, daß innerhalb des Managementteams der Heimatpaß eine untergeordnete Rolle spielt.

Auf diesem Weg scheint sich auch Europa mit dem gemeinsamen Markt von 1992 zu befinden. Wie einst ein gemeinsamer Markt in den Vereinigten Staaten von Nordamerika entstand, so entsteht heute ein gemeinsamer Markt in Westeuropa. Bisherige Schranken werden fallen. Hierauf hat sich die Unternehmenssteuerung einzustellen, um den Unternehmenserfolg zu garantieren.

Kleines Controlling-Lexikon

Attraktivität des Marktes Marktwachstum abzüglich der Risiken auf dem Absatzmarkt. Je größer das Marktwachstum und je geringer die Risiken auf diesem Markt, desto attraktiver ist notwendigerweise auch dieser Markt. Diese Kennzahl ist unternehmensintern zu quantifizieren.

aktives Controlling das Unternehmen setzt Aktionsgrößen; Größen, die das Unternehmen selbst setzen und aktiv beeinflussen kann; es reagiert nicht nur auf Aktionen anderer Unternehmen. Dabei ist nach einzelnen Ertragsquellen zu differenzieren.

antizipatives Controlling die Zukunft wird möglichst frühzeitig vorweggenommen, wenn sich vielleicht auch erst ganz schwach die ersten Signale zeigen.

artverwandte Strategien auch »generic strategies«. Auf den US-Prof. Porter zurückgehendes Konzept der grundsätzlichen Klassifikation von Strategien in drei Kategorien (mit naturgegebenen unterschiedlichem Aktionsbedarf): Differenzieren nach etwas Besonderem und Einzigartigem! Kostenführerschaft anstreben! Konzentrieren auf Schwerpunkt, z.B. Spezialmärkte! (Marktnischenpolitik).

Budgetierung das detaillierte zahlenmäßige Festlegen des ersten Planjahres; häufig auf Monatsbasis.

Controlling das wirkungsvollste Instrument, die Aktivitäten des Unternehmens kompromißlos auf den Unternehmenserfolg auszurichten.

Controller-Organisation die auf den Unternehmenserfolg ausgerichtete Organisation
1. in der Geschäftsführung (mit direkter Weisungsbefugnis und Disziplinargewalt) und
2. neutralen Stellen, meist in der Form zentraler Stabsstellen (ohne direkte Weisungsbefugnis und Disziplinargewalt).

corporate restructuring das insbesondere von der Münchner Beratungsgesellschaft Roland Berger & Partner GmbH entwickelte und vertretene Konzept des Controlling.

Effektivitäts/Effizienzprofil Darstellung, inwieweit effektiv (d.h. die richtigen Sachen machen) und effizient (d.h. die Sachen richtig machen) gearbeitet wird. Das Ziel ist, die richtigen Sachen richtig machen.

Europacontrolling das kompromißlos auf den europäischen Unternehmenserfolg ausgerichtete Controlling. Einen Schritt vor dem Controlling in bezug auf die Triade USA—Europa—Japan.

Europamapping strategisches Erarbeiten der Chancen und Risiken von Ertragsquellen europaweit und deren strategisch ausgerichtete Positionierung auf den europäischen Markt.

ex-ante-Controlling in die Zukunft gerichtetes Controlling.

ex-post-Controlling in die Vergangenheit gerichtetes Controlling.

Freiheitsgradecontrolling beantwortet die Frage nach der Realisierbarkeit von Langfristkonzeptionen, Strategien, operativen Plänen, Maßnahmen und Budgets.

Integriertes Controlling die Fähigkeit, die beiden Aspekte modernen Controllings zu vereinen: eine unternehmensinterne Optimierung und eine langfristige Ausrichtung auf ertragreiche Märkte, oder anders ausgedrückt: den operativen, d.h. den kaufmännischen Aspekt und den strategischen, d.h. den marktorientierten Aspekt zu vereinen.

Innovatives Controlling Innovation und Dynamik im Unternehmen steigern durch Flexibilität und Risikobereitschaft der Organisation und Aufgeschlossenheit gegenüber Veränderungen und rechtzeitige Anpassung, dabei Abkehr von reiner Routine, die den Sinn für Veränderungen einschläfert, Kreativität verkümmern läßt, Innovation hemmt und Zufriedenheit mit der Vergangenheit erzeugt, die sich verändernde Zukunft dabei aber vernachlässigt.

Interaktives Controlling gegenseitig abhängiges Controlling von Zentrale und Linienstellen, Stabsstellen und operativen Einheiten.

Kurzfristplanung die volle Durchrechnung der betriebswirtschaftlichen Gewinn- und Verlustrechnung und der Bilanz. Durch die Kurzfristplanung wird Schritt für Schritt das Agieren in den kommenden zwei Jahren festgelegt.

Kybernetisches Controlling Verzahnung des strategischen und operativen Controlling in einem Regelkreis.

Langfristkonzeption schwerpunktmäßige Aufgabe, die auf den einzelnen Märkten angestrebte Position des Unternehmens zu benennen und den dafür benötigten Investitionsbedarf zu bestimmen.

Management by Controlling die konsequente und kompromißlose Führung des Unternehmens durch modernes Controlling und die Controller-Organisation.

Mittelfristplanung die Eckdaten festlegen, um die Realisierung der Langfristkonzeption sicherzustellen. Eckdaten werden festgelegt für den Auftragseingang, den Umsatz, für die Mitarbeiter, die Investitionen, den Aufwand für Forschung und Entwicklung, das Betriebsergebnis und das Ergebnis vor Steuern.

Modernes Controlling Will Controlling in einem Unternehmen eine wesentliche Rolle spielen, dann muß es sich gleichermaßen operativen, d.h. kaufmännischen und strategischen, d.h. marktorientierten Aufgaben widmen.

New Marketing das New Marketing verfolgt grundsätzlich das Ziel, näher beim Kunden und näher beim Konsumenten zu sein. Die psychologischen Veränderungen im Umfeld der Unternehmen regelmäßig und sensibilisiert in das Denken und Handeln einzubeziehen.

Operative Kennzahlen Hilfsmittel für den Controller, Ertragspotentiale auszuschöpfen.

Operatives Controlling Vorgabe von Plänen und Zielen an den Controller, aus denen er die Jahresbudgets für die einzelnen Abteilungen und Stellen bildet.

Partizipatives Controlling durch partizipatives (teilnehmendes) Controlling zentralen und dezentralen Wünschen und Vorstellungen (der Unternehmenszentrale und der Linienstellen) gleichermaßen gerecht zu werden und im Gesamtunternehmensinteresse zu optimieren.

Planung bottom-up   der Planungsablauf verläuft von unten nach oben.

Planung top-down   der Planungsablauf verläuft von oben nach unten.

Portfolio Mapping   strategisches Erarbeiten der Chancen und Risiken von Ertragsquellen und deren praktische Positionierung im Markt. Der Markt ist segmentiert in Ertragsquellen; die Segmentierung erfolgt nach verschiedenen Einteilungskriterien.

Produktlebenszyklus-Controlling   das wirkungsvollste Instrument, die Aktivitäten des Unternehmens auf den Erfolg eines Produkts während seines gesamten Produktlebenszyklus auszurichten. Das schließt folgende vier Phasen ein: Marktentwicklung, Marktwachstum, Marktblüte und Marktabnahme. Eine besondere Aufgabe des Produktmanagers (Produktcontrollers).

Reaktives Controlling   dem Unternehmen werden Aktionsgrößen gesetzt; Größen, die das Unternehmen nicht selbst setzen und aktiv beeinflussen kann; es reagiert auf Aktionen anderer.

Roll-over-Planung   Planungsphilosophie, die berücksichtigt, daß jeder Plan wieder durch einen neuen Plan abgelöst wird. Planung ist ein sich ständig wiederholender rollierender Prozeß.

Siebenteiliges Puzzle-Controlling   das insbesondere von der Beratungsgesellschaft McKinsey entwickelte und vertretene Sieben-S-Konzept: Structure, Systems, Strategy, Staff, Skills, Style und Superordinate Goals.

Strategisches Controlling   Übernahme der Planungsfunktion durch den Controller; insbesondere auch die Überwachung und Veränderung der Positionierung des Unternehmens in seiner Umwelt und im Markt.

Strategische Erfolgspositionen das auf den St. Galler Managementprofessor Cuno Pümpin zurückzuführende Konzept der strategischen Positionierung des Unternehmens und seiner Leistungen im Markt.

Strategische Führung Entwicklung strategischer Entscheidungsfindung auf die höchste Stufe der Effektivität; ausgehend von der Finanzplanung über die Langfristplanung und weiter über die Strategieplanung zur strategischen Führung.

Strategisches Informations-Controlling Einsetzen der Information und der Informationstechnologie als strategische Waffe; hierzu bekannt: SISP — Strategic Information System Planning, eine Erfindung des Massachusetts Institute of Technology (MIT), Boston, USA.

Strategische Kennzahlen Hilfsmittel für den Controller, künftige Ertragspotentiale zu erkennen.

Strategische Verwundbarkeit strategische Risiken auf dem Absatzmarkt und strategische unternehmensinterne Risiken.

Synergetisches Controlling wirtschaftliche Einheiten in einem Verbund zusammenführen und zusammenwirken lassen; damit Verbundeffekte (Synergieeffekte) erkennen und realisieren.

Szenario Controlling Beschreiben einer möglichen zukünftigen Situation und das Aufzeigen des Entwicklungsverlaufs, der zu dieser Zukunftssituation führt; daraus abgeleitet strategische Alternativen für das Unternehmen aufzeigen.

Umweltkonzept Das mit dem St. Gallener Managementmodell entwickelte Konzept vom Unternehmen als produktivem sozialem System, das in der modernen Gesellschaft unterschiedliche Funktionen erfüllt. Unternehmen werden dabei von einer Vielzahl von Faktoren beeinflußt.

Unternehmenspotential Relativer Marktanteil, den das Unternehmen für sich beanspruchen kann, plus Stärken des Unternehmens, abzüglich der Schwächen des Unternehmens. Für verschiedene Ertragsquellen können sich notwendigerweise verschiedene Unternehmenspotentiale ergeben.

Unternehmenskonzept Teil des St. Gallener Managementmodells: Ziele werden gesetzt, das Leistungspotential wird festgelegt, Strategien werden entwickelt.

Vorwärtscontrolling Abweichungen von den Zielvorgaben so früh wie möglich erkennen und dazu notwendig werdende Gegensteuerungsmaßnahmen einleiten, aber auch zusätzliche Chancen realisieren.

Wirtschaftliches Chancen-/Risikoprofil die gewichtete strategische und operative Positionierung aller Ertragsquellen nach wirtschaftlichen Chancen und Risiken; ein vertretbares Gleichgewicht herzustellen zwischen 1. geringem Einsatz mit hoher Sicherheit und geringen Erträgen bzw. 2. hohem Einsatz mit geringer Sicherheit, aber mit höheren Erträgen.

Literaturverzeichnis

Bornemann, Helmut: Controlling heute, Wiesbaden 1986

Deyhle, A.: Controller Praxis I und II, 3. Aufl., Gauting b. München 1975

Ebert, G., Koineche, J. und Peemöller, V. H.: Controlling in der Praxis, Landsberg a. L. 1985

Horváth, P.: Controlling, München 1979

Mann, Rudolf: Praxis strategisches Controlling, München 1983; mit Checklisten und Arbeitsformularen, Landsberg am Lech 1983

Mayer, Elmar: Controlling-Konzepte, Wiesbaden 1987

Peters, Th. J., Waterman jr., R. H.: In Search of Excellence, New York 1982. Auf der Suche nach Spitzenleistungen, Landsberg am Lech 1983

Preißler, P. R.: Controlling, Lehrbuch und Intensivkurs, München, Wien 1985

Schröder, Ernst F.: Modernes Unternehmens-Controlling, Handbuch für die Unternehmenspraxis, Ludwigshafen 1988

Serfling, K.: Controlling, Stuttgart, Berlin, Köln, Mainz 1983

Stiller, H.: Grundsätze des ordnungsmäßigen strategischen Controlling, Wien 1985

Weitere Veröffentlichungen des Autors

Berschin, Herbert H.: Langfristige Planung für strategische Änderungen, in: Blick durch die Wirtschaft vom 26. 11. 1969

Berschin, Herbert H.: Participation in Planning, in: Long Range Planning, Dezember 1973

Berschin, Herbert H.: Etat national et corporations multinationales, in: Les problèmes de l'Europe, Volume 48, Paris – Rome 1970

Berschin, Herbert H.: Unternehmen führen, Sindelfingen — Stuttgart — Zürich, 2. Aufl. 1985; 3. Auflage im Herbst/Winter 1989

Berschin, Herbert H.: Kennzahlen für die betriebliche Praxis, Wiesbaden 1980

Berschin, Herbert H.: Wie entwickle ich eine Unternehmensstrategie, Portfolio-Analyse und Portfolio-Planung, Wiesbaden 1982

Fachzeitschriften/-zeitungen

Controlling — Zeitschrift für erfolgsorientierte Unternehmenssteuerung; Verlage C. H. Beck/Vahlen, München

Das Capital; Gruner + Jahr, Hamburg

Die Wirtschaftswoche; Gesellschaft für Wirtschaftspublizistik GWP, Düsseldorf

FAZ — Frankfurter Allgemeine Zeitung; Frankfurter Allgemeine Zeitung GmbH, Frankfurt

Gabler's Magazin — Betriebswirtschaft für Manager; Gabler Verlag, Wiesbaden

Handelsblatt — Beilage Karriere; Handelsblatt GmbH, Düsseldorf

krp Kostenrechnungs-Praxis — Zeitschrift für Kostenrechnung und Controlling; Gabler Verlag, Wiesbaden

Stichwortregister

A
Abschöpfungs- und Desinvestitionsstrategien 262
Abschreibungen 215
absolute Zahlen 138
absoluter Marktanteil 179
Aktionsgrößen 296
artverwandte Strategien 271
Attraktivität des Marktes 162
Aufgabe des Controlling 10
Aufgabengebiete des Unternehmens 12
Auslaufprodukte 162
Axiome 19

B
Bilanzüberwachung 198
blind spots 19
bottom-up 48
Branchencontroller 28
break-even-Punkt 63
Budget-Arten 79
Budgetierungsmethoden 317

C
Cash-Flow 214
Cash-Produkte 161
Controlling 9
– Abteilung 33
– Aufgaben 10
– Ausschüsse 28
– Controller 9
– erlösorientiertes 323
– Konzept 10

Controlling
- modernes 12, 18
- Organisation 28
- Planungs-Prozeß 67
- strategisch-operatives 289

Corporate Restructuring 313

D

Deckungsbeitragsrechnung 318
Denken in Ertragsquellen 256
Devensivstrategien 265
dezentrale Planung 52
dezentral geführte Unternehmen 50
dotted-line-Organisation 30
Du-Pont-Formel 140

E

Effektivität 40
Effizienz 40
Energo-Kybernetische Strategie (EKS) 313
Entwicklungsstufen von Organisationen 50
Erfahrungskurve 173, 313
Erfolgs- und Kostenplan 75
erlösorientiertes Controlling 323
Ertragsbudget 82
Ertragsgewissen 24
Ertragskraft-Kennzahlen 146
Ertragspotentiale 191
Ertragsquellen 13, 127, 253
Erwartungsgrößen 296

F

financial auditing 21
Finanzen 130
Finanzmittelbindung 221
Finanzmittelfreisetzung 221
Finanzphasen der Ertragsquellen 155
Finanzsituation 220
finanzwirtschaftliche Position 131

fixe Budgets 79
flankierende Strategien 282
flexible Budgets 79
flexible Steuerung 86
formaltechnische Gesichtspunkte 305
Friedensgewissen 26
Frühwarnsystem 296
Führen durch Konsens und Autorität 307
Führen durch Zielvorgaben 306
Funktionscontroller 27

G

Gap-Analyse (Lücken-Analyse) 243
Gegensteuerungsmaßnahmen 297
Gesamtleistung 188
Geschäftsauftrag 125
gesellschaftspolitische Verantwortung 134
Gesichtspunkte, formaltechnische 305
–, psychologische 306
Grundbedingung erfolgreichen Wirtschaftens 39

H

Humankapital 16

I

Identität von Unternehmen (corporate identity) 38
Innovation und Produktivität 129
integrierte Methoden 312
Internal-Control 23
interne Revision 20
internes Kontroll-System 23
Investitions- und Wachstumsstrategien 260
Ist-Portfolio 258

J

Jahresabschluß 187, 212
›Just in Time‹-Konzept 144

K Kalkulation 197
Kalkulationsverfahren 75
Kanban-Konzept 144
Kapital 15
Kapitalrentabilität 140
Kapitalumschlagshäufigkeit 141, 144
Kennzahlen für Ertragsquellen 148
kontrollierte Dezentralisation 56
Kontrolltechniken 318
Kostenführerschaft 273
Kostensenkungspotentiale 173
Konzept des kooperativen Führens 307
Kurzfristplanung 57

L langfristiges finanzielles Gleichgewicht 235
langfristige finanzielle Ungleichgewichte 242
Langfristkonzeption 57
Lebenszyklen von Technologien 157

M Management
 − operativ (zielstrebend) 293
 − Strategie 293
 − strategisch (zielsuchend) 293
 − Taktik 293
Management by Objectives — Führen durch Zielvorgaben 292, 308
MBO-System (Management by objectives) 308
Marktabnahme 152
Marktanteil, absoluter 179
Marktanteils-Marktwachstums-Matrix 160
Marktblüte 152
Marktnischenpolitik 273
Marktentwicklung 152
Marktposition 128

Markt- und Vertriebsplan 70
Marktwachstum 152
Methoden, quantitative 311
–, qualitative 312
–, integrierte 312
Misfit-Analyse 246
Mission 125
Mittelfristplanung 57
modernes Controlling 12, 18

N
Nachwuchsprodukte 161
Neun-Felder-Matrix 162
Nielsen-Gebiete 316
Nischenpolitik 257
Normstrategien 259
Not- oder Sonderfonds 104
Notpläne 62
Notsituationen 64
Null-Budgetierung 319

O
Offensivstrategie 265
Operational Auditing 21
operative Kennzahlen 140
operative Planung 79
operatives Management 293
Organisationsform einer kontrollierten
   Dezentralisation 31

P
partizipative Organisation 51
Pensionsrückstellungen 217
personalpolitische Position 132
Planning-Programming-Budgeting-System
   321
Planung im Mehrbereichsunternehmen 49
– dezentrale 52
– partizipative 54

Planung
- Horizont 58
- Anpassung 60
- produktbezogene 70
- Handbuch 104
- Formulare 107
- Techniken 311
Portfolio-Analyse 252
Portfolio-Matrix 162
Preispolitik 177
Preissenkungspotentiale 173
Produktdifferenzierung 254, 273
Produktgewinnplan 75
Produktivitätsgewissen 25
Produkt-Kostenplan 76
Produktlebenszyklus 152
Projektcontroller 28

Q

qualitative Methoden 312
quantitative Methoden 311

R

Regionalcontroller 28
relativer Marktanteil 179
Reserven, stille 209
Return on Investment 141
Risiken auf dem Absatzmarkt 169
Risikogewissen 24
Risiko-Kennzahlen 146
Roll-Over-Planung 61
Rücklagen, stille 203

S

SBU — strategic business-unit 58
Schlüsselgrößen 254, 300
Schuldposten 206
schwache Signale 300
schwebende Geschäfte 193

selektive Strategien 264
SEP-System (strategische Erfolgsposition) 312
Sieben-S-Konzept 312
Signale, schwache 300
SISP (Strategic Information System Planing) 312
situativer Führungsstil 308
Soft-Faktoren 246
Soll-Ist-Vergleiche 95
Sonderposten mit Rücklageanteil 210, 217
sonstige Rückstellungen 218
SOS-Konzept 313
Sozialkompetenz 305
Spartencontroller 28
Stabilität des Absatzmarktes 184
Stärken und Schwächen des eigenen Unternehmens 166
Starprodukte 161
steuerrechtliche Abschreibungen 211
Steuerungstechniken 318
St. Galler Managementmodell 41
stille Reserven 209
stille Rücklagen 203
straffe Steuerung 83
Strategien 249, 293
– artverwandte 271
– Abschöpfungs... 262
– Desinvestitions... 262
– energo-kybernetische 313
– flankierende 282
– für Ertragsquellen 250
– Investitions- und Wachstums... 260
– selektive 264
strategische Kennzahlen 140
strategisches Management 293
strategisch-operatives Controlling 289
Strukturanalyse 146
Stückkostensenkung 176

Subziele (Unterziele) 120
Sunset-Verfahren 321
Synergieeffekte 226
Synergieeffekt Markt 229
Synergieeffekt Produkt 229
Systemgewissen 26
Szenario-Technik 277

T

Taktik 293
technischer Konzeptplan 74
Technologie 14, 157
technologische und produktivitätsorientierte Position 129
Top-down 48
Trendfunktionen 314

U

Übergangsstrategien 265
Überlebensfragen 136
Umsatzerlöse 189
Umsatzrentabilität 141
Umweltkonzept 43
Unternehmen, Aufgabengebiete 12
–, dezentral geführte 50
Unternehmensentwicklung 37
Unternehmensimage 17
Unternehmenskennzahlen 137
Unternehmenskonzept 41
Unternehmensplanung 44
Unternehmens-Portfolio 250
Unternehmenspotential 162
Unternehmensstrategie 46
unversteuerte Rücklagen 210

V

Verbundeffekte 226, 289
Verfahren zur Gewinnermittlung 317
Verfahren zur Kostensenkung 317

Verhältniszahlen 138
Verlustpositionen 191
Vermögensposten 204
Vier-Felder-Matrix 160
Vorarbeiten der Kostenermittlung 317
Vorkalkulation 198
Vorwärtscontrolling 295
Vorwärtskontrolle 296

W

Warnindikatoren 96
Wertansatz der Umsatzerlöse 190
Wertberichtigungen 215
wettbewerbsneutrale Strategien 268
wettbewerbsverändernde Strategien 269
Wirtschaftsprüfung 22

Z

Zahlen, absolute 138
Zeitreihenzerlegung 315
zentral geführte Unternehmen 50
zentrale Planung 51
Zero-base-budgeting 319
zielgerichtete Planung 44
Ziel-Mitteleinsatz 298
Ziel-Portfolios 235, 274
Zielsetzungen 119
zielstrebend 293
zielsuchend 293
ZVEI-System 146

KOMPAKTWISSEN

Die Taschenbuch-Reihe von heute, für die Erfolgreichen von morgen

Eduard Altmann
**Mehr Computer
für weniger Geld**
22/159

Hans Christian Altmann
**Überzeugend Reden,
Verhandeln,
Argumentieren**
22/202

Robert Beer
**Börsengewinne mit
dem Computer**
22/201

Reimund Berger/
Wolfgang Borkel
**Grundwissen
Betriebsorganisation**
22/207

Karl-Heinz Bilitza
**Geld verdienen
an der Börse**
22/168

Geldanlage Gold
22/191

Spekulation à la Baisse
22/213

Walter H. Braun
Top-Selling
22/188

Siegfried Brockert
Der beste Chef
22/169

Buschmann/Koessler
**Handbuch der
Kraftfahrzeugtechnik**
2 Bände
22/101

Herb Cohen
**Sie können alles
erreichen**
22/120

Helmut Dittrich
**100 Chancen, Kosten
zu senken**
22/158

Dietmar Eirich
**Textverarbeitung
leichtgemacht**
22/175

Julius Fast
**Körpersignale
der Macht**
22/206

Paul Feldmann
Denktraining
22/136

Günther Feyler
140 Checklisten
22/104

Lothar Fiegen
**Schneller auffassen –
mehr verstehen –
besser behalten**
22/146

Winston Fletcher
Super-E-Training
22/183

Heinrich Frieling
Mensch und Farbe
22/215

Franz Goossens
**Konferenz/
Verhandlung/Meeting**
22/195

Hans-Bernd Graupner/
Helmut Simon
Karriereplanung
22/179

Heiko Griepenkerl
Von den Japanern lernen
22/182

Norbert A. Harlander
**So motiviere ich
meine Mitarbeiter**
22/219

Peter Harten
**So funktioniert
unsere Wirtschaft**
22/180

Heinz Hartwig
Wirksames Werbetexten
22/127

**Besseres Deutsch –
größere Chancen**
22/150

Manfred Helfrecht/
Ernst-Walter Wehner
Aktive Erfolgsstrategie
22/198

Reinhard Höhn
**Das tägliche Brot
des Managements**
22/196

Dipl.-Psych. Ralf Horn
**Alle wichtigen Tests zur
Auswahl von Bewerbern**
22/173

J. E. Klausnitzer
Intelligenzschule
22/112

**Der persönliche
IQ-Test**
22/134

Mit Logik zum Erfolg
22/160

**So teste ich meine
Führungsqualitäten**
22/170

Erfolgstraining
22/176

Michael Korda
Anatomie des Erfolges
22/177

Jürgen Leske
Quellensteuer
22/226

Hans Georg Lettau
Grundwissen Marketing
22/218

KOMPAKTWISSEN

Christian Maier
Erfolg duch Superlearning
22/193

Manfred Mantel
99 Übungen, um leichter und erfolgreicher zu lernen
22/161

Manfred Martin/Gabi Pörner
Inner Management
22/220

Hans Dieter Meyer
Versicherungs-Ratgeber für Geschäft und Beruf
22/186

Müller/Schön
Zweckmäßige und rechtlich abgesicherte Arbeitsverträge
22/165

Jörg Nimmergut
Die Schule der erfolgreichen Bewerbung
22/107

Reinhard von Normann
Schlagend argumentieren
22/155

Walter Obenaus/Nikolaus Notter/Walter Ruf
Ihre Rechte als Arbeitnehmer
22/221

Ernst Obermaier
Grundwissen Werbung
22/203

Gilbert Obermair
EDV-Grundwissen
22/114

Winfried Prost
Manipulieren durch Sprache
22/181

Rainer Michael Rahn
Vom Problem zur Lösung
22/204

Eugene Raudsepp
So steigern Sie Ihre Kreativität
22/142

Kreativitätsspiele
22/153

Gerhard Reichel
Der sichere Weg zum phänomenalen Gedächtnis
22/185

Norman Rentrop
Jetzt selbständig machen
22/171

Günther H. Ruddies
Nie mehr Prüfungsangst
22/125

Bewerbungstraining
22/212

Rolf Rüttinger
Selbstsicherheits-Training
22/187

Rainer Schätzle
Handbuch Börse 1989
22/216

Michael Schiff
Redetraining
22/103

Annelore Schliz/Hannelore Winter
Karriere im Sekretariat
22/189

Walter Schmidt
Persönlichkeit und Karriere
22/217

Heinz Schmincke
Das Büro von morgen
22/210

Uwe Schreiber
Handlexikon Wirtschaft
22/190

Michael J. Skirl
100 Ideen für Werbung und PR
22/184

Marketing nach Maß
22/194

Roland Stahl/Reto K. Gfeller/Ha. A. Mehler
Handbuch Führungskräfte
22/208

Barbara Sternberger
Vermögen vermehren – Steuern sparen
22/149

Hans-Hermann Stück
So gründe ich ein Geschäft oder mache mich selbständig
22/111

Die zweckmäßige Unternehmensform
22/157

Buchführungstraining
22/164

99 Ideen für Nebenverdienst
22/178

Der Leasing-Ratgeber
22/200

Gerd Stuhrmann
Frühzeitig, richtig und steuergünstig schenken
22/167

Frank Ullmann
101 Tips für erfolgreiche Redner
22/163

Tom Werneck/Clemens Heidack
Gedächtnistraining
22/131

Tom Werneck/Frank Ullmann
Konzentrationstraining
22/109

Dynamisches Lesen
22/118

Donald L. Wilson
Mehr Willenskraft
22/130

Wolfgang Wypijeski
Professionelles Korrespondenz- und Text-ABC
22/162

99 Zeugnisse
22/166

Programmänderungen vorbehalten.

Wilhelm Heyne Verlag München

Heyne Report...

*»Heyne Report«:
Bücher über
Probleme unserer
Zeit –
Bücher über
Probleme unserer
Gesellschaft*

Richard Manning
»Sie können uns nicht alle umbringen«
Pulverfaß Südafrika

10/45

Michael Heinrich
Sind die Alpen noch zu retten?
Die Zerstörung eines Lebensraumes

10/47

Ursula Fassbender
REINKARNATION
Berichte aus einem früheren Leben

10/46

Ronald M. McRae
Parapsychologische Kriegsführung
Esoterik als Waffe

10/57

Stephanie Sand
Künstliche Intelligenz

10/13

TOBIAS MÜNDEMANN
Die 68er
...und was aus ihnen geworden ist

10/53

Joachim Soyka
Tatwaffe Computer
Datenmanipulation, Softwarediebstahl, EDV-Spionage

10/51

Stephanie Sand
IBM
Eine kritische Geschichte des Computer-Giganten

10/41

HEYNE RATGEBER

Recht und Steuern im Heyne-Taschenbuch

08/4997 - DM 7,80

08/4959 - DM 7,80

08/9126 - DM 7,80

08/9049 - DM 7,80

08/9149 - DM 7,80

08/9119 - DM 8,80

08/9060 - DM 10,–

08/9124 - DM 7,80

HEYNE TASCHENBÜCHER

Die eigene Persönlichkeit entdecken

Mimik, Gestik, Körperhaltung und Farben spielen im Umgang mit Menschen eine wichtige Rolle: durch sie werden Machtverhältnisse, Sympathie und Abneigung signalisiert. „Stumme Äußerungen" verraten viel über die eigene Persönlichkeit – und die der anderen.

22/215

19/5

22/206

17/14

Wilhelm Heyne Verlag München